한식문화총서
4

조선시대
풍속화에 그려진
우리 음식

한식
화폭
에 담긴

KFF 한식재단
KOREAN FOOD FOUNDATION

Hollym

옛 그림 속 한식문화의 원형을 찾다

역사는 한 민족이 살아온 삶의 궤적입니다. 그 중에서도 음식의 역사에는 다양한 계층의 생활의 흔적들이 생생하게 녹아 있습니다. 우리에게는 우리의 역사만큼이나 길고 다양한 음식, 즉 한식의 역사가 있습니다. 이러한 한식문화의 역사는 고문헌뿐만 아니라 당시의 그림 속에도 생생히 기록되어 있습니다.

그러나 그동안 한식에 대한 역사적 고찰은 다른 부분에 비해 소홀했던 것이 사실입니다. 다행히 최근 들어 한류가 세계적으로 확산되고 김장문화가 유네스코 세계문화유산에 등재되는 등 우리 문화가 세계적으로 주목을 받으면서 한식과 한식의 역사에 대한 관심도 크게 증가하고 있습니다.

한식재단은 이러한 시대적 추세를 반영하고 우리 음식문화의 가치를 정립하기 위해 역사적 사실을 토대로 음식문화를 발굴하고 창조적으로 계승하는 한국음식 원형복원 사업을 추진해 오고 있습니다.

한식 원형의 발굴은 그동안 『조선왕조실록』이나 각종 의궤 등 고문헌을 중심으로 진행되어 왔는데, 이번에는 최초로 조선시대의 풍속화를 통한 원형 찾기를 시도하였습니다.

조선시대의 풍속화는 지금의 사진처럼 당시의 음식 및 식문화에 대한 풍부한 정보를 시각적으로 전달해 주는 귀중한 자료로, 이를 통해 조선시대 한식문화를 확인할 수 있다는 점에서 매우 흥미로운 음식 자원입니다.

이번에 출간되는 『화폭에 담긴 한식』은 조선시대 풍속화와 기록화를 중심으로 한식과 관련된 중요한 그림을 선별하고, 그 그림 속 한식의 원형을 해설한 것입니다. 이 책에서 조선시대 사람들의 일상적인 음식과 식생활, 통과의례 등 특별한 날의 상차림, 왕실의 연회상, 그리고 식재료를 생산하고 음식을 만드는 과정 등을 생생하게 만날 수 있습니다.

아울러 한식재단은 한식재단 홈페이지(www.hansik.org)와 한식 아카이브(archive.hansik.org)를 통하여 이번에 발간되는 『화폭에 담긴 한식』은 물론 그동안 한식과 관련하여 구축한 다양한 한식 콘텐츠를 일반인들에게 제공합니다.

끝으로 이 책이 나오기까지 애써주신 집필자와 편집자의 노고에 감사의 말씀을 드리며, 『화폭에 담긴 한식』을 통해 독자 여러분이 한식의 역사에 한 발짝 다가서는 계기가 되기를 기대해 봅니다.

한식재단 이사장

1부

먹을거리를 마련하다

지금이야 식재료를 간편하게 시장에서 사면 되지만 100여 년 전만 해도 식재료를 구하는 것은 고된 노동을 동반하는 것이었다. 농사 짓고 물고기 잡는 것부터 두부를 만들고 밥을 차리는 것까지 음식이 상에 오르기까지의 과정을 풍속화를 통해 살펴본다.

9

벼 타작

《단원풍속화첩》 중 〈벼 타작〉 | 김홍도 | 18세기 후반 | 종이에 담채 | 27.0×22.7cm | 국립중앙박물관

화폭에 담긴 한식

잘 여문 벼, 밥상에 오를 쌀밥 생각에 절로 흥이 돋아

곡식의 이삭을 떨어 알곡을 거두는 타작에 여념이 없는 일꾼들의 모습이다. 타작대인 개상에 낟가리를 두들겨 알곡을 터는 모습이 보인다. 일꾼 여섯 명 가운데 한 명은 망건을 썼고, 다른 한 명은 총각인지 상투가 없으며, 세 명은 맨상투이다. 이들은 가난한 작인이거나 종 또는 머슴이다. 김홍도가 살았던 시기에 대체로 맨상투를 한 사람들은 천민이었다. 넓은 마당에서 지주인지 마름인지 알 수 없는 감독관인 듯한 양반이 비스듬히 누워 담배를 피우고 있다. 옆에는 술단지가 놓여 있다. 술과 담배로 여유로운 생활을 하는 상류층과 상류층의 감독을 받으면서 부지런히 일하고 있는 하류층의 생활 모습을 보여주는 풍속화이다.

벼 타작은 굵기가 10~15cm 되는 소나무 서너 개를 약 10cm 간격으로 나란히 묶고, 바닥 네 귀에 50~60cm 높이의 발을 붙여 만든 것을 이용하였는데, 이를 '개상'이라 한다. 나무 대신 돌을 비스듬히 세워 쓰기도 하였는데, 이는 '탯돌'이라고 한다. 이외에 절구를 가로로 뉘어놓고 개상을 대신할 때도 많았다. 여기에 곡식 단을 태질하여 알갱이를 떨어내는 것을 '개상질'이라고 하는데, 이때 곡식 단을 단단하게 죄어 묶는 끈을 '탯자리개'라고 한다. 탯자리개는 가운데는 새끼를 세 겹 꼬았고 양끝은 손에 쥐기 쉽도록 머리처럼 땋았다.

전통적인 벼 타작 도구인 탯돌과 개상에 이어 쇠로 빗살처럼 촘촘히 만든 것을 세워놓고 그 위에 타작하는 '그네'가 나왔다. 일제강점기에 일본에서 탈곡기가 들어오면서 벼 타작을 기계로 하기 시작하였으며, 1980년대 이후 콤바인이라는 농기계가 등장하였다. 콤바인은 곡식을 베어낸 그 자리에서 떨어 가마니 따위에 바로 갈무리한다.

한반도는 기원전 2400년경부터 벼를 재배하였다. 이때의 벼는 밭벼[陸稻]이다. 밭벼가 논벼로 옮아온 시기는 분명하지 않지만, 고고학적 발굴을 근거로 한다면 기원전 700년경으로 알려지고 있다. 그러나 논벼보다는 화전(火田)으로 일군 밭벼의 양이 많았을 것으로 보고 있다.

『삼국사기』에는 서기 33년(백제 다루왕 6년)에 왕이 남쪽의 주(州)와 군(郡)에 영을 내려 도전(稻田)을 만들게 하였다는 기록이 있다. 이것은 그때까지 병행되던 밭벼와 논벼 생산이 국가적 차원에서 논벼 생산으로 전환되었음을 의미하며, 주식이 좁쌀에서 쌀로 바뀌는 시대가 왔음을 나타낸다. 『주서(周書)』에 따르면 실제로 백제 한성 시대에는 조세(租稅)로 쌀을 징수하였다.

저습지에서 자라는 벼를 천수답의 논벼 형태로 재배했든, 밭에 씨를 뿌려 재배했든, 또우기에 접어들어 논벼처럼 재배하기도 하는 건답(乾畓) 재배를 했든, 청동기시대의 쌀은 각지 수장(首長)의 권위 계승을 위한 의례적 상징 음식으로 활용되었다. 『의례』가 나온 약 3,000년 전의 예로 보면 공(公)이 대부(大夫)를 접대할 때 정찬에 더하여 차리는 가찬(加饌)의 범주에 들어갈 만큼 쌀은 진기하고 소중하게 취급되었다.

논벼이든 밭벼이든 벼는 타작 과정을 반드시 거쳐야 한다. 타작된 벼는 방아를 찧어 껍질을 벗기고 시루를 사용하여 수증기로 쪄야 밥 또는 떡이 되어, 귀인 접대나 신(神)에게 바치는 음식이 되는 것이다.

벼를 도정한 쌀은 크게 백미와 현미로 나눈다. 벼의 바깥층은 씨앗을 보호하는 기능을 하는 왕겨(겉겨, 매조밋겨)로 이루어져 있다. 왕겨의 무게는 벼 전체 무게의 15~30%를 차지한다. 왕겨를 벗겨낸 현미의 무게는 벼 전체 무게의 70~85%가 되는 셈이다. 밥을 지어 먹으려면 먼저 벼의 왕겨를 벗겨내어 현미를 만들고 다시 현미에 붙어 있는 쌀겨를 벗겨냈다. 현미를 그대로 먹으면 영양은 좋지만 소화율이 낮고 밥맛도 없기 때문이다. 현미에서 쌀겨를 벗겨내는 것을 '도정'이라고 하는데, 현미 중량의 8%에 해당하는 쌀겨 층을 얼마나 깎아냈는지를 숫자로 나타내 1분도에서 10분도로 표시하고 있다. 5분도 쌀은 현미에서 쌀겨를 50% 제거한 쌀이고, 10분도 쌀은 100% 제거한 백미이다.

조선시대 쌀의 명칭으로는 백미(白米), 중미(中米), 조미(糙米)가 있었다. 백미는 말 그대로 밥을 지어 먹을 수 있게 현미를 쓿어서 속겨까지 제거한 쌀이다. 과전법 조문에 등장하는 조미는 왕겨만 벗겨내고 쌀겨는 제거하지 않은 지금의 현미를 말한다. 현미란 일본에서 들어온 용어이고, 우리말로는 매조미쌀(매조미, 조미)이라고 불렀다. 『경국대전』「호전」녹과(祿科)에 등장하는 중미는 백미와 조미의 중간 정도로 속겨를 벗겨낸 쌀이다.

도정 기술이 발달하지 못한 조선시대의 현미와 백미는 지금과 같은 품질이 아니었다.

조선시대의 조미는 껍질이 완전히 벗겨지지 않은 벼와 껍질을 벗긴 쌀이 섞여 있었다. 조선시대의 백미도 10분도로 도정하여 속겨를 완전히 제거한 백미가 아니었다. 정약용이 벼를 찧으면 쌀이 반이 나온다고 한 쌀은 순수한 백미가 아니었던 것이다.

현대의 도정 기술로도 화학적 도정법을 쓰지 않는 한, 겨층만 100% 제거하는 일은 불가능하다. 그러므로 현대에 소비되고 있는 백미도 백미(10분도미), 7분도미, 5분도미가 뒤섞여 있는 경우가 많다. 쌀겨 층을 완전히 제거한 백미를 얻기 위해서는 당시의 도정 기구로는 싸라기 등의 손실이 많이 발생하여 감당하기 어려웠을 것이다.

쌀은 다른 곡물과 비교해볼 때 맛이 탁월하고 영양가도 높으며 계획 재배가 가능하고 보존성 또한 탁월하다. 이 때문에 점차 벼를 중심으로 한 재배가 늘어나 벼 외의 다른 작물이 점차 잡곡이 되고 벼가 주곡식이 되었다.

벼농사 사회가 성립된 이후에도 사람들은 매일의 밥상에 쌀이 오르는 것을 이상으로 하는 생활을 꿈꿔왔다. 쌀은 실로 오랫동안 민중을 매료시키는 곡물로서 대접받았다. 수분을 충분히 흡수한 벼 종자(씨나락 담그기)는 10~15℃의 온도가 되면 발아하여 뿌리를 흙속에 뻗고(씨나락 뿌리기), 동시에 어린 싹은 지상에 출현하여 중심이 되는 줄기로 자라면서 점차 제1엽, 제2엽이 전개된다. 이때가 모내기 시기이다. 이후 줄기의 생장점에서 만들어내는 잎이 차츰차츰 전개되고, 이것과 일정한 관계를 유지하면서 많은 수의 줄기에서 뻗어내린 줄기가 출현하여 흙속에서 자란다.

중심 줄기의 발육에 따라 나눔의 수가 증가하여 처음에 한 자루였던 것이 20~30자루의 줄기를 가진 주(株)가 된다. 이후 이삭을 형성하는데, 이삭은 개화와 꽃가루받이가 끝나면 45~50일에 걸쳐 배젖 속에 양분을 축적하는 등숙기(登熟期)가 진행된다. 등숙기는 유숙기(乳熟期), 황숙기(黃熟期), 완숙기(完熟期)로 구별되고 완숙기에 이르러서 곡식알의 형성이 완료된다. 대략 볍씨 담그기가 5월에 시작되고 완숙기는 10월에 이르기 때문에 약 6개월이 벼의 성장 시기가 되는 셈이다.

이러한 벼 생산의 개시, 벼가 자라는 봄과 여름에는 작물의 무사생장(無事生長)을 빌고, 농사일을 모두 마친 가을에는 수확에 대한 감사 제의(祭儀)가 생겨 농경의례로 정착되었다. 씨나락 담그기, 묘판 만들기, 씨나락 뿌리기, 모내기 같은 파종의례(播種儀禮), 단오제, 농신제, 유두제, 풋굿, 기우제 같은 성장의례(成長儀禮), 천신, 제천의식 같은 수확의례(收穫儀禮), 음력 12월부터 정월 상원(上元)을 중심으로 거행되는 예축의례(豫祝儀

禮)가 벼농사와 관련된 우리들의 1년 생활의례이다. 이들 의례에서는 쌀로 만든 떡과 술이 공물(供物)로 반드시 올라감은 물론이고 이들 의례가 아니더라도 국민 개개인의 관혼상제와 같은 중요한 행사에서도 쌀로 만든 음식(떡과 술)은 가장 귀한 찬품으로 대접받았다.

〈벼 타작〉은 바로 가을 수확의 기쁨을 나타낸 그림이기도 하다. 비록 상류층의 감독을 받으면서 벼를 힘들게 타작하고 있지만, 얼굴에는 고생한다는 느낌이 하나도 없다. 모두가 웃으면서 즐거운 표정이다. 타작 이후 전개될 천신, 제천의식, 예축의례에 대한 기대감의 표현일 것이다.

〈벼 타작〉은 김홍도의 대표적 작품인 ≪단원풍속화첩≫ 중 한 장면이다.
혹자는 이 그림이 지주와 일꾼의 불공평한 신분 관계에 대한
비판을 풍자적으로 보여준다고 한다.
그러나 신분 차별의 불공평을 부과시키기보다는
풍요로운 가운데 하층민들이 즐겁게 일하고 지배층이 여유롭게
지낼 수 있는 태평성대의 모습을 담아낸 것이 아닌가 생각된다.
당시 풍속화의 주요 주제이자 기능은 군주 국가에서 정통성을 가지고
서민을 다스리는 '태평성세'를 그림 속에 드러내는 일이었고
김홍도는 화원으로서 그 역할에 충실했을 것이다.

고기잡이

《단원풍속화첩》 중 〈고기잡이〉 | 김홍도 | 18세기 후반 | 종이에 담채 | 27.0×22.7cm | 국립중앙박물관

조기·밴댕이·황석어로 잡은 즉시 배에서 담근 젓갈

〈고기잡이〉는 어부들이 고기 잡는 모습을 그렸다. 바다에는 조기와 청어 등을 잡기 위해 주목망(柱木網)을 설치했다. 주목망은 조류 방향에 수직으로 말목을 나란히 박고 양쪽 말목에 자루 모양의 그물을 붙여 입구를 벌려 고기를 잡는 도구로 이를 이용하여 조기와 청어 등을 잡는다.

주목망 안쪽에는 2명의 어부가 소쿠리에 담은 생선을 건네주고 있고, 바깥쪽에는 항아리를 실은 배 2척이 있다. 항아리 하나에는 소금이 들어 있을 것이다. 그 자리에서 잡은 생선을 소금에 절여 젓갈을 담그기 위함이다. 당시 최고의 젓갈은 이렇듯 현지에서 잡은 즉시 담근 것이었는데, 젓갈은 민중의 겨우살이에 없어서는 안 되는 식품이었다. 한편 맨 앞쪽의 움막을 친 배 안에서는 어부들이 통발을 수리하면서 쉬고 있다.

소금이 들어 있을 것으로 짐작되는 항아리

지금은 생선이라 하면 신선한 바닷물고기를 떠올리지만, 조선 전기 이후에 생선은 잉어, 붕어, 쏘가리[錦鱗魚]와 같은 민물고기를 지칭했다. 해산물보다는 담수어에 의지했고 바다와 강이 만나는 기수(汽水)의 생선인 숭어와 웅어, 그리고 알을 낳기 위해 강으로 올라오는 연어 등이 주요 포획 대상이었다. 어선이 발달하지 못해 뭍에서 아주 가까운 곳에서만 이루어지는 내만(內灣) 어업 시대였기에 조수 간만의 차를 이용해 물고기를 잡았다. 서해안은 갯벌이 잘 발달해 있고 리아스식 해안이 만을 형성하고 있어 연안

어업을 하기에 좋은 조건을 갖고 있다.

따라서 강과 조수 간만의 차가 큰 내만에서는 어살 또는 돌살[魚箭, 魚梁]과 나무를 바다에 세워서 고기를 잡았다. 어량(魚梁)은 하천을 토석(土石)으로 가로막은 뒤 일부만 틔워 물을 흐르게 하고 그곳에 발을 세워 물 흐름에 따라 내려오는 어류를 잡는 방법이다. 어량과 어살은 같은 것이지만, 어량을 바다에 설치했을 때 이를 어살 또는 돌살(독살)이라 하였다. 조수 간만의 차가 큰 곳에 설치하여 만조 때 들어온 어류가 조류를 따라 나가면서 잡히도록 대, 싸리, 나뭇가지, 갈대 등으로 엮은 발과 돌을 설치하는 것이다. 민어, 숭어, 조기, 청어 등 조수 간만에 따라 들어오는 내만에서 서식하는 모든 바닷고기가 어살 또는 돌살로 포획되었다. 영조 연간인 1757~1765년에 편찬된『여지도서(輿地圖書)』에는 서천, 태안, 남포가 어살을 만드는 살대[箭竹] 생산 지역임을 기록하고 있다. 이는 어획에서 어살의 중요성을 암시하고, 서해안의 경우 대[竹]로 어살을 만들었음을 드러내는 것이다.

대부분 서해안의 어살과 돌살은 국가 소유로, 이곳에서 잡은 물고기는 중국에 보내는 선물로 삼았다. 서해안은 조수 간만의 차가 심하면서도 수심이 얕고 만이 잘 발달되어 설치가 쉬울 뿐만 아니라 뱃길이 있어 한양에 보낼 수산물 보급처였다.

어살과 주목망으로 잡은 어종에는 준치, 민어, 상어, 삼치, 홍어, 연어, 농어, 대구, 오징어, 숭어, 문어, 조기, 청어, 밴댕이, 대하 등이 망라되었는데, 이들에 대하여 간단히 살펴보자.

준치[眞魚]는 가시가 많긴 하지만 가장 맛있다고 하여 진어라 하였다. 청어과의 물고기로 몸길이는 50cm 정도까지 자란다. 얕은 바다의 중층에서 새우나 작은 물고기를 잡아먹고 산다. 연안과 강 하구에 서식한다. 초여름 큰 강의 하류나 하구 근처에 몰려와서 산란한다. 사철 내내 잡히는 물고기이지만 산란 직전 알을 밴 것이 포획 대상감이다. 곡우(穀雨, 양력 4월 20일 또는 4월 21일)가 지난 뒤에 우이도(牛耳島, 전라남도 신안군 도초면에 위치한 섬)에서 잡히기 시작하여 초여름이 되면 북으로 이동하여 충청남도와 경기도 해안가에서 잡히고, 음력 6월에는 황해도 해안에 나타난다.

민어(民魚, 鮰魚, 鮠魚)는 남해와 서해의 연해에서 음력 5월에서 7월 사이에 잡히는데, 젓갈을 담그거나 포(脯)로 만든 알의 맛이 일품이다.

상어[沙魚, 鮫魚]는 껍질이 모래와 같아서 사어라 한다. 상어 중 별상어, 개상어, 두톱상어는 전국 연안에 서식한다. 별상어는 남해안에서 참상어라고도 불렀다.

삼치[麻魚, 芒魚]는 남해와 서해의 연해에 분포한다. 4~5월경에 산란하기 위하여 내만으로 들어온다.

홍어(洪魚)는 남해와 서해의 연해에서 잡힌다. 특히 여름에 맛이 있다.

농어[鱸魚]는 전국 연안에 서식한다. 가을과 겨울철에 기수 하구에서 산란한다. 민물을 좋아하여 강에서도 잡힌다. 봄과 여름에 먹이 활동을 위해 얕은 곳으로 이동하므로 음력 4월에서 5월 사이에 많이 잡히고, 또 이때가 가장 맛이 있다.

연어(鰱魚)는 가을철에 강을 거슬러 올라와 상류의 모래 바닥에 산란한 후 죽는다. 산란 직전 강을 거슬러 올라올 때가 포획 시기이다.

대구(大口)는 한대성 심해어이지만, 겨울철 산란기에는 동해와 서해의 연안 내만으로 옮겨와 산란한다. 산란 직전이 포획 시기이다.

오징어[烏賊魚]는 현재 우리가 알고 있는 오징어가 아니라 남해와 서해의 연안에서 잡히는 참갑오징어(갑오징어라고도 함)를 말한다. 참갑오징어의 뼈는 오적골(烏賊骨)이라 하여 한약재로 쓰인다.

숭어[秀魚]는 전국의 연해에 분포한다. 점차 깊은 곳으로 들어가 겨울을 난 다음, 이듬해 봄이 되면 얕은 바다로 나오는 생활을 반복하므로 봄이 포획 시기이다. 민물과 바닷물을 오가며 펄을 좋아하는 생선이기 때문에 기수 생선의 대표로 맛이 탁월하여 수어라고도 한다.

문어(文魚)는 전 연안에 분포한다. 특히 여름에는 얕은 바다에 서식하기 때문에 이때가 포획의 적기이다.

조기[石首魚]는 제주도 남서쪽에서 겨울을 나고 2월경부터 산란을 위하여 서해안을 따라 서서히 북상한다. 2월 하순경에 흑산도 연해, 3월 하순에서 4월 중순경에 칠산 바다(칠산도가 있는 전라남도 영광군 앞바다)와 위도(전라북도 부안군 위도면에 위치한 섬)에 이르러 산란을 시작하여 4월 하순부터 5월 중순 사이 연평도 근해에 이르며, 6월 상순에는 압록강 대화도 부근에 이른다. 6월 하순에는 발해만에 도달하여 산란을 완전히 끝마친 다음 다시 남쪽으로 내려온다. 봄부터는 산란을 위해 위쪽으로 이동하고 가을에는 월동을 위해 발해만에서 남쪽으로 내려온다. 부화된 조기 새끼들도 9월경에는 서쪽 황해 중심부로 내려온다.

청어(靑魚)는 전국의 연안에서 가을부터 봄에 걸쳐서 어획된다. 동지 전에 경상도 동쪽 연안에 나타났다가 남해를 지나 서해안을 거쳐 음력 3월에는 황해도 서해안[海西]에 나타난다. 황해도 서해안 청어는 남해안 청어에 비하여 두 배가 크다.

밴댕이[蘇魚]는 남해안과 서해안 연안에 분포한다. 내만에서 동물성 플랑크톤을 먹고 산다. 망종(芒種, 6월 5일경) 때부터 잡히기 시작한다. 단오 이후에 소금에 절인다.

대하(大蝦)는 가을에 많이 잡히는 왕새우로, 주로 서해안 연안에 분포한다.

고등어[古刀魚]는 전국의 내만에 떼를 지어 내유한다. 특히 초가을부터 늦가을 사이에 잡히는 것이 살이 올라 맛있다. 2월에서 3월경 제주도 성산포 연안에서 점차 북상하여 남해를 지나 동해와 서해로 올라간다. 북상하면서 산란한 고등어 떼는 날씨가 추워지면 남쪽으로 내려와 제주도 이남에서 월동을 한다. 초가을에 잡히는 것이 서해안 산이다.

황석어(黃石魚)는 남해안과 서해안 근해의 간석지에 사는 어종으로 길이가 4~5치로 작다. 보통 젓갈용으로 쓰인다.

〈고기잡이〉는 김홍도의 대표적 작품인 ≪단원풍속화첩≫ 중 한 장면이다.

이 그림은 물속에 대나무 등의 나무,

즉 어살을 날개형으로 둘러 꽂고, 그 사이에 그물을 달거나

통발을 설치하여 물고기를 잡는 전통적인 어로 방법을 보여준다.

고기잡이의 풍요로움과 어부들의 평화로운 분위기는

어살 위에 물고기를 먹기 위해 몰려든 갈매기 떼들에 의해서 한층 고조된다.

소금가마

人之造盬

〈소금가마〉 또는 〈염조지인(鹽造之人)〉 | 김준근 | 19세기 말 | 종이에 수묵 | 18.8×16.6cm | 오스트리아 비엔나민족학박물관

화폭에 담긴 한식

젓갈, 장아찌, 김치, 장류…
귀하디귀한 소금에 절여 한 해 나기

우리나라는 국토의 3면이 해안이기에 소금 만들기, 즉 제염에 적합한 지리적 조건을 갖추고 있다. 하지만 태양과 바람으로 수분을 증발시켜 소금을 만드는 방법인 천일제염이 등장하기 전에는 화력에 의한 전오제염법(煎熬製鹽法)이 사용되었다. 전오제염법은 진흙을 깐 염전을 조성한 다음 바닷물을 끌어들여 높은 염분을 머금은 진흙을 체를 건 통 위에 얹어 놓고 그 위에 다시 바닷물을 뿌린 고염도의 간수를 모은 다음 이를 끓여서 소금을 제조하는 방법이다.

〈소금가마〉는 바닷물을 직접 끓여서 소금을 얻는 전통적인 전오제염법을 보여준다. 김준근이 주로 해안이 인접한 강원도 원산에서 활동했기 때문에, 그 지역에서 흔히 볼 수 있는 광경이었을 것이다. 그림은 구철 장치를 이용하여 서까래에 매단 철로 만든 소금가마에 바닷물을 부어 졸이는 장면이다. 2명의 염한이 머리에 끈을 묶고 일하고 있다. 땀받이 끈일 것이다. 한 명은 땔감을 넣어서 열심히 불을 때고, 나머지 한 명은 가마에 열기가 골고루 닿을 수 있도록 저어주고 있다.

전오염은 고된 작업의 결과물이다. 바닷물을 끓여 졸여서 소금을 얻는 방법이기 때문에 소금 산출량이 염전에서 나는 양보다 훨씬 적었다. 그래서 당시에는 소금이 대단히 귀했다. 전오제염법의 단점은 여럿 있다. 너무 많은 노동력이 필요하고 막대한 땔감 소비를 초래한다는 점이었다. 50정보의 염전에 3,500정보의 소나무 밭이 필요했다. 따라서 소금을 생산하는 일은 해변 주위에서 나는 많은 땔감을 필요로 하는, 국가적 규모의 대량생산 체계가 확립되어야 할 수 있는 산업이었다. 생산되는 소금 양은 하루를 기준으로 소금을 찌는 가마인 염분(鹽盆) 하나에 한 가마 정도였고, 한 염분에 동원되는 인원도 5명 이상이나 되었다. 생산비에서 연료비와 인건비가 큰 비중을 차지하여 총 비용의 2/3 이상이 넘었다. 이런 상황에서 새로운 제염 기술이 필요하게 되었고, 마침내 1907년 천일제염법이 나오면서 전오제염법은 힘을 잃고 1961년에 사실상 소멸되었다.

소금물을 불에 졸인다 하여 화염(火鹽), 자염(煮鹽)이라는 명칭도 있다. 전오염 생산은 보통 3월에 시작해 10월에 끝난다. 천오염 생산이 가장 활발한 시기는 4~6월이며, 7~8월에는 장마로 소금 생산이 어렵다. 천일염 생산 시기도 5~6월에 가장 많은데, 봄철에 강수량이 적고 증발량이 많기 때문이다.

옛 속담에 '평양감사보다 소금장수', '소금장수 사위 보았다'는 말에서 우리 민족이 소금을 얼마나 귀하게 여겼는지를 알 수 있다. 농경민족인 우리나라는 채소와 곡식 위주의 식생활을 영위했기 때문에 염분 부족을 해결하기 위해 예로부터 짠맛이 나는 반찬을 많이 만들었다. 젓갈, 소금에 절인 생선, 장아찌, 김치, 장류 등 한식에 소금은 필수적이다. 게다가 소금 생산에 유리한 자연적인 조건은 염장 음식의 발달을 가져왔다.

한반도의 기후 조건은 봄, 여름, 가을, 겨울의 사계절이 뚜렷하다. 늦가을과 겨울, 초봄까지는 춥기 때문에 채소를 기를 수 없어 10월부터 그 이듬해 2월까지 약 5개월 동안 소금에 절인 저장 음식을 먹어야 했다. 더군다나 제철 식재료를 음식으로 먹기 때문에 이들의 가공은 소금을 사용하거나 건조시키는 방법을 사용하였다. 이렇듯 식생활에 필수적인 소금 만드는 과정을 『세종실록』에는 이렇게 썼다.

> 동해는 바닷물을 바로 졸이니까 갈아엎어서
> 조수(潮水)를 취하는 어려움이 없지만,
> 남해부터 서해까지는 반드시
> 상현(上弦)과 하현(下弦)의
> 조수가 물러날 때를 기다려
> 세 차례에 걸쳐 소를 부려 갈아 조수를 취하니
> 그 어려움이 밭갈이의 배가 되고
> 소금 구울 때에는 밤낮으로 쉬지 못합니다.

한 달 중 상현과 하현 기간(약 2주일)에 바닷물이 물러가면 염전이 만들어지는데, 이때 바닥을 써래를 매단 소를 이용하여 하루 3회씩 갈아엎고, 그 위에 바닷물을 골고루 뿌려 증발시켜 소금기가 농축된 짠 흙을 만들고, 이 짠 흙에 다시 바닷물을 부어 진한 소금물을 만든 다음 이 소금물을 솥에 담아 끓여 졸임으로써 소금을 생산한다.

전통적으로 국가는 해안의 소금가마를 소유하고 생산된 소금을 직접 실물로 거두어들였다. 삼국시대에 일반 민중은 관염(官鹽)을 나누어 받거나, 고구려 미천왕(재위 300~331)이 젊었을 때 동촌(東村) 사람 재모(再牟)와 함께 소금장수를 하면서 망명생활을 했듯이 사염(私鹽)을 물물교환 방식으로 사들여 사용하였다.

신라에 이어 고려 역시 염분을 국가 소유로 삼았다. 1308년(충선왕 원년)에 중앙 권력자와 지방 호족이 결탁하여 국가에 바치는 소금을 가로채고 사원에서도 염분을 점유하여 국가 재정이 어려워지는 일이 빈번했다. 따라서 국가가 전국의 염분을 수용하여 곳곳에 소금창고를 만들어 전매제를 확립하려고 노력했다. 하지만 소금 만드는 사람들이 가혹한 세금 징수와 무리한 소금 수탈에 견디지 못하고 달아나는 일이 많이 생겼다. 게다가 서해안 해변은 왜구의 침입으로 염전 유지가 어렵게 되어 소금 부족 상태에 시달리게 되었다.

조선시대에도 화염 제조 방식은 그대로 이어졌다. 다만 가마는 대부분 무쇠로 만든 철부(鐵釜)를 사용하였다. 고려 말과 조선 초에 철부의 대량생산이 가능해진 까닭이다. 개흙에 반복하여 바닷물을 적셔서 뒤집어 말려 그 물을 철부에 담아 끓여 졸이는 화염 제조 방법은 오랫동안 계승되었다. 서해안과 남해안 각지에 조성된 염분은 그대로 쓰고, 조성되지 않은 염분은 새로이 만들어 부근에서 염한(鹽干)이라 부르는 인부를 징용하여 소금을 만들었다. 염한은 주로 염업에 종사하여 그 수입으로 생계를 영위하는 사람들로, 매년 정액의 소금세를 납부하는 것이 그들의 의무였다. 개인이 사사로이 소유한 염분일 경우 한 염분당 평균 4가마의 소금을 납부하였다. 징수한 소금과 국가 소유 염분에서 나온 소금은 소금창고에 저장하고 필요할 때마다 방출하는 행정이 1907년 천일염이 생산되기 전까지 계속되었다.

어쨌거나 1700년대에 들어와서는 한 달에 12일 정도밖에 안 되는 작업 시간의 제약이 없어졌다. 그것은 제방을 쌓아 염전을 조성하는 방식이 채택되었기 때문이다. 조수 간만의 차이가 크지 않을 때도 생산이 가능하였으므로, 여건만 허락한다면 더 이상 바닷물이 물러갈 때를 기다리지 않아도 소금을 생산할 수 있었다. 그러니까 한 달 30일을 기준으로 했을 때 기존의 생산량보다 2배 정도 생산성이 증가되었다. 생산성이 좋아졌다고 해도 하루에 소금가마 한 곳에서 한 가마를 생산했기 때문에 여전히 값이 비싸서 한 가마 가격이 쌀값의 1/2 정도였다.

소금가마에 소금물을 담아 끓이기 위해서는 비를 피하기 위한 염막(鹽幕)이 필요하다.

1868년 충청남도 보령에서 염막 2좌(座)와 염분 20좌를 160냥에 방매하였다. 160냥은 쌀 53가마 값에 해당한다. 대충 염분 1좌의 값을 7냥으로 계산하면 쌀 2가마 값보다 약간 많다. 언뜻 보면 어장에 비하여 싼 것 같지만, 염분을 설치하고 나서의 땔감 비용과 인건비를 계산하면 염분에서 생산된 소금 값은 여전히 비쌀 수밖에 없었다.

그래도 전보다 쉽게 구할 수 있게 된 소금은 젓갈류의 생산과 유통을 더욱 쉽게 하였다. 이는 선박 제조술 발달로 비롯된 어획고의 증가와 함께 젓갈 유통의 결정적 요인이 되었지만 『조선잡기』가 나왔던 1894년에도 여전히 귀한 존재여서 일본인은 조선인의 소금에 대한 생각을 다음과 같이 기술하였다.

> 조선의 소금은 빛깔이 회백색이고,
> 여행할 때 구운 소금을 휴대하여
> 이것이 조미료가 되기도 한다.
> 여인숙 주인이 손님에게 구운 소금이
> 있는 것을 알고 청하므로
> 손님이 소금을 나누어주자,
> 주인은 소금을 약염(藥鹽)이라고 말하면서
> 깊숙이 보관하였다.

실로 오랜 세월 동안 내려오던 소금가마를 이용해 만든 소금 제조 방식은 천일염이 도입되면서 서서히 사라졌다. 천일염은 기존의 염전식에 바닷물의 염도가 6~7도 될 때까지 인공저수지에 저장해 놓았다가 그 물을 필요한 양만큼 수차(水車)로 돌려 증발지(蒸發地)로 유입시킨 다음 점차 증발시키면서 소금의 농도가 높은 물인 함수(鹹水)가 되게 하여, 그 함수가 결정지(結晶地)에서 소금으로 만들어지는 과정을 밟는다.

송홧가루가 날리는 5월 하순부터 6월이 소금 생산의 적기이다. 일조 조건이 좋다고 소금 생산이 되는 건 아니다. 서해안 지역의 경우 일조와 함께 건조한 북서풍이 불어야 된다. 남서풍이나 동남풍이 불면 비가 올 조짐이고 생산에 막대한 차질이 생긴다. 비가 오기 시작하면 염전의 소금물은 소금물을 잠깐 보관하는 웅덩이인 함수 웅덩이[鹹水溜]로 빼돌려야 한다. 이 함수 웅덩이는 소금밭 하나와 하나 사이에 일정한 크기와 간격으로 만들어져 있다. 함수 웅덩이에 보관한 소금물은 염도가 높아 빗물이 소금물 위에 뜨기 때문에 아무리 비가 와도 빗물과 섞일 염려가 없다. 날씨가 개면 위에 뜬 빗물만 빼내면 된다. 한밤중에 폭우가 내릴 경우 잠자다 말고 나와 염전의 소금물을 함수 웅덩이로 빼돌려야 하므로 비가 오면 '송아지는 들여 매고 염아니[鹽手]는 내미는 것'이다.

천일염전은 지중해의 시칠리아 섬에서 10세기에 시작되어 지중해 일대에 보급되었다. 이탈리아 선교사가 강희(康熙) 연간에 중국에 천일염 제조법을 전하였다. 이후 중국은 천일염으로 바뀌면서 소금 생산량이 획기적으로 증가하였다. 소금 부족을 겪고 있던 구한말 1902년(고종 39년)에서 1903년 사이 중국에서 값싼 천일염이 수입되었다. 소금을 독점으로 전매하면서 국가 재정을 충당했던 조선 정부로서는 대책을 마련해야 했다. 그래서 1907년 정부 차원에서 일본인 기술자를 고용하여 인천 주안에서 100정보 정도의 염전을 조성하여 천일염 시험 생산을 하였다. 결과는 대성공이어서 그후 천일염이 전매사업으로 추진되어 전오염은 사라지게 되었다. 소금이 민영화된 것은 1962년의 일이다.

1937년 통계 자료에 의하면 총 소금 소비량은 약 35만kg이었다. 그중에서 50% 정도인 약 17만kg은 국내산 천일염, 약 14만kg은 중국에서 수입한 천일염, 나머지 약 4만kg은 재래식 화염(전오염)으로 충당하였다. 당시 태안과 보령 등지에서는 그때까지도 화염을 만들고 있었다. 천일염전은 전매국(專賣局)에서 경영하여 계속 개발되었으나, 1963년 10월 대한염업주식회사라는 국영 기업체로 넘어갔다.

특등염이란 25도에서 30도의 염도와 88% 이상의 순도를 가진 소금으로, 보기에도 결정이 단단한데 보통의 천일염은 80~83%의 순도였다. 우리나라의 소금 결정체는 저온 다습한 환경 탓에 염전 단위 면적당 생산량이 적고 결정도 성숙하지 않은 상태에서 채염되었다. 그래서 불순물이 다량 함유된 저질염이 생산될 확률이 높았다.

소금 불순물을 '간수'라고 흔히 말한다. 간수는 염화마그네슘, 칼륨화합물, 칼슘화합물, 요오드 등의 성분을 포함하고 있다. 염화마그네슘은 소금에 밀착되어 습기를 흡수함으로써 소금을 진득하게 하지만, 마그네슘은 김치를 만들 때 채소의 조직을 긴장시키고 장 발효에서 효모균의 번식을 돕는다. 김치를 담글 때 정제한 재제염(再製鹽)보다 정제하지 않은 자연염에 대한 향수가 남아 있는 것은 이 때문이다.

재제염은 천일염에 포함되어 있는 불순물인 간수를 제거, 용해시켜 먹을 수 있는 소금으로 다시 만든 것이다. 이 재제염의 염도가 88%이다. 또 자연염을 불에 구우면 염화나트륨은 안정되고, 염화마그네슘은 분해되어 물에 녹지 않는 산화마그네슘이 되어 쓴맛이 없어진다. 재제염을 다시 정제하여 1%의 탄산마그네슘을 넣어 까칠까칠하게 만든 것이 이른바 식탁염이다. 방신영이 『조선요리제법(朝鮮料理製法)』을 냈던 1917년경에 이미 재제염과 식탁염이 있었다. 재제염은 재렴, 식탁염은 식탁렴, 천일염전에서 생산된 소금은 호렴(胡鹽) 또는 청렴(淸鹽), 종래의 화염은 본렴이라 하였다. 호렴, 청렴은 천일염이 처음에 청나라로부터 수입한 것에서 비롯된 명칭이다. 어쨌든 『조선요리제법』 시기에 이미 본렴, 호렴, 재렴, 식탁염이 식탁을 점령하고 있었다.

> 본렴은 해렴이라고 하는 것이니
> 바다의 짠물을 이용하여 끓여서 만드는 것이라.
> 호렴은 덩어리 소금이니 장 담그는 데 쓰고
> 김장 절이는 데 쓰기에 좋으니라.
> 재렴은 호렴을 끓여서 정제하여 만드는 것이니
> 희고 깨끗하며 맛은 몹시 짜지 않아 좋으니라.
> 식탁염은 가루와 같이 만든 것이니
> 볶아서 정제하여 만든 것이라
> 음식에 직접 넣어 먹는 것은 매우 좋고
> 상에 올려놓을 경우에는 이것이 매우 좋으니 식료품 상점에서 파나니라.

이 그림은 전통적인 전오제염법을 보여주고 있다.

김준근이 주로 해안이 인접한 강원도 원산에서 활동했기 때문에,

그 지역에서 흔히 볼 수 있었던 광경을 그렸을 것이다.

이 그림은 오스트리아 빈의 오스트리아 비엔나민족학박물관의 소장품이다.

이곳에는 총 109점의 풍속화들이 소장되어 있다.

이 그림들 각 뒷면에는 도장 하나가 찍혀 있는데, 'K. K Collection',

즉 오스트리아 황실(Kaiser King) 컬렉션이라는 것을 나타내는 것이다.

이 도장이 찍힌 그림은 도식적이지 않고 활달한 필선을 보이고 있어

김준근의 초기 작품일 것으로 여겨진다.

져잣길

《여속도첩》 중 〈저잣길〉 | 신윤복 | 18세기 후반~19세기 초반 | 종이에 담채 | 29.7×28.2cm | 국립중앙박물관

화폭에 담긴 한식

각색 생선·나물 들고
남대문 밖 칠패시장에 가는 길

〈저잣길〉은 생선이 든 함지박을 머리에 이고 채소가 든 망태를 팔에 끼고 시장에 팔러 가는 아낙의 모습을 그렸다. 남대문 밖 칠패난전(七牌亂廛)에 물건을 팔러 가는지도 모르겠다.

한양은 17세기 후반부터 인구가 급속하게 증가하고 18세기 이후에는 육상·해상 교통이 발달하면서 한양을 중심으로 상업이 전국적으로 발달하게 되었다. 한양 외곽에 상품 유통의 거점지가 생겨나고 서울 내부의 상업 체제도 변동하였다. 먼저 시전(市廛)이 신설되거나 증설되었다. 1660년 이후에는 미전(米廛)과 외어물전(外魚物廛) 등이 도성 밖에 신설되었다.

한양의 시장은 시전 상인이 활동하던 종로와 난전 상인들의 상설시장인 이현(梨峴)과 칠패(七牌)가 있었다. 종로의 시장은 1412~1414년 3년에 걸친 공사 끝에 종루(현재 보신각 자리)를 중심으로 동대문에 이르는 총 2천 칸이 넘는 규모로 건설되어 현재에 이르기까지 서울의 가장 대표적인 상업지대로 번성하였다. 종로의 시전 상가는 궁궐이나 관아, 양반 사대부가에 필요한 물건을 판매하는 시장이었다. 그러므로 주로 대낮에 거래가 이루어졌다. 이현(배오개)과 칠패 시장은 주로 새벽에 서민들이 이용하였다. 배오개 시장에서는 도시 근교의 채소들이 팔렸고, 남대문 밖에서 번성한 칠패 시장은 어물 유통의 중심지였다. 칠패라는 명칭은 이곳이 우변포도청의 순라군 16패 중 남대문 밖에서 연지(蓮池)까지 순라를 도는 7패가 주둔하는 곳이라는 데에서 유래했다. 칠패 시장은 내·외어물전인들의 눈을 피해 경강 여객 주인들에게서 어물을 떼어온 중간도매업자인 중도아들이 어물 행상들에게 어물을 판매하는 도매시장의 성격을 갖고 있었다. 이 시장들이 18세기 후반 이후 중요 시장으로 성장하였는데, 이현과 칠패에서 거래되는 어물이 내·외어물전의 10배에 달했다고 한다.

임진왜란 이후 한양에서 특정 상품을 판매할 수 있는 자들은 종루(鐘樓)를 중심으로 상권을 형성하고 있던 시전 상인이었다. 이들은 평시서(平市署)와 한성부의 관리·감독을 받았다. 시전에서 파는 물품은 평시서에서 만든 매매 허가 대장인 전안(廛案)에 올라 있었다.

전안에 등록된 물품을 해당 시전 외의 사람이 마음대로 판매할 때에는 난전(亂廛)이라 하여 금하였다. 이는 시전 상인에게 시전의 판매 독점권을 주기 위함이었다. 시전에게 주는 독점적 상업 권리인 난전을 금지하는 전권(廛權)이 시행된 시기는 대동법이 시행되던 인조(재위 1623~1649) 연간으로 추정되며, 정부가 시전에 판매 독점권을 준 것은 국역(國役) 부담의 대가였다.

드디어 대동법 시행과 금속화폐 유통에 따른 장시 산업 발달로 난전이 성행하게 되었다. 정부에 세금을 내는 물건을 도거리로 혼자 맡아서 파는 사상도고(私商都賈)가 출현하였다. 정부는 세금을 시전 상인에게 전적으로 의지하지 않아도 되었으므로 이를 묵인하였다. 사상도고들은 서울에 상품이 들어오는 길목인 송파, 마포, 용산, 뚝섬, 두모포(옥수동)를 거점으로 하여 직접 생산지에 가서 필요한 물건을 사와서 판매하였다. 1600년대 후반에 이르자 상권은 도성 밖으로 확대되어 동대문 밖 이현난전과 남대문 밖의 칠패난전이 형성되었다. 특히 남대문 밖 칠패난전은 어패류 유통의 중심지였다. 1700년대 후반의 〈한양가〉는 이를 잘 반영한다.

팔로(八路)를 통했고 연경(燕京), 일본 닿았으니
우리나라 소산들도 부끄럽지 않건마는
타국 물화 교합(交合)하니 백각전(百各廛) 장할씨고
칠패의 생선전에 각색 생선 다 있구나
민어, 석어, 석수어와 도미, 준치, 고도어며
낙지, 소라, 오적어(烏賊魚)에 조개, 새우, 전어로다
남문 안 큰 모전에 각색 실과 다 있구나
청실뢰, 황실뢰와 건시, 홍시, 조홍시며
밤, 대조(大棗), 잣, 호도에 포도, 경도(瓊挑), 오얏이며
석류, 유자, 복숭아에 용안(龍眼), 여지(荔枝), 당대추라.

〈한양가〉에 등장하는 칠패난전은 어패류를 독점 매매하였다. 이현난전의 경우 칠패난전에서 나눠준 각종 건어와 염장어를 산같이 쌓아놓고 팔기도 하였다.

> 근래에 와서 무뢰한 자들이 작당하여 남대문 밖 칠패의 복처(伏處)에 마음대로 개설하여 …… 아침에 모였다가 저녁에 흩어지고, 인마가 숲을 이루어 무수히 난매하고 있으면서 조금도 꺼리지 않고 있다. 그들은 패거리를 동교(東郊, 동대문 밖)의 누원주막과 남교(南郊, 남대문 밖)의 동작진두(動雀津頭, 노량진)에 보내어 남북으로부터 서울로 오는 어상(魚商)을 유인하여 물건을 넘겨받으니 …… 모두 칠패에 들여와서 성안의 중도아(中途兒)를 불러모아 날마다 난전을 벌이고 있다. 남자는 광주리를 지고 여자는 함지박을 이고 연이어 들어오면서 각처의 길가에 늘어서서 매매하고 있다. …… 이현과 병문(屛門, 골목 어귀의 길가) 등에 산같이 쌓아놓은 각종 건염어(乾鹽魚)는 칠패난전이 나누어준 물건이 아닌 것이 없다.

1700년대 후반의 〈한양가〉에 나타난 민어, 석어, 석수어, 도미, 준치, 고등어, 낙지, 소라, 오징어, 새우, 조개, 전어로 보건대 〈저잣길〉의 머리에 인 생선은 크기로 보아 음력 5월에서 7월 사이에 잡히는 민어일 수도 있다. 저고리 밑으로 유방이 드러나 있는 여인의 복장은 계절이 결코 춥지 않은 더운 날임을 나타낸다. 민어는 경강(京江, 한강)의 세운 조곡 집결지인 용산에서 사왔을 확률이 높다. 당시 마포와 용산은 경강의 세운 조곡 집결지이자 삼남(충청도·경상도·전라도)과 연결되는 교통의 요충지로 어패류 유통지이기도 했다. 경강 주변에는 선상(船商)에게 숙식을 제공하거나 선상이 위탁한 상품을 판매하는 생선 객주(生鮮客主), 건어 객주(乾魚客主), 젓갈 객주[醢客主] 등의 여객 주인(객주 또는 여각이라고도 함)이 있었다. 이들로부터 어패류를 사다가 남대문 밖 칠패난전에 가서 길가에 늘어서서 파는 것이다.

이렇듯 경강은 상업 도시로 성장하고 전국적 시장권의 중심이 되었다. 경강의 포구가 전국적 상품 유통의 중심지로 발전함에 따라 전국에서 생산되는 소금, 젓갈, 해산물 등은 선박을 이용하여 경강에 집결되었다가 다시 지방으로 분산되는 유통 구조가 확립되었다.

잡히는 시기마다 달리 이름 붙여 담근 서해산의 새아젓·추석젓·동백젓·곤쟁이젓 등의 새우젓과 조기젓, 조개젓, 중아젓, 어리굴젓, 홍합젓, 오징어젓, 꼴뚜기젓, 밴댕이젓, 송쟁이젓, 뀐쟁이젓, 멸치젓, 갈치젓, 갈치장이젓(갈치 내장젓) 및 소금 등을 서해에서 경강의 여객 주인인 수산물 객주에게 넘기면, 여객 주인은 이를 다시 구매 독점권을 가진 어전(魚廛)이나 염전(鹽廛) 또는 칠패난전에 넘겼다. 그리고 칠패난전을 경유하여 이현 등 각 지방으로 보내 소비자에게 판매했다. 이러한 독과점 매매는 1700년대 중엽부터 이루어졌으며, 경강은 어염 유통의 중심지였다.

경강 주변의 여객 주인권 발전과 도시 상업의 발달에 따라 선박을 이용한 수산물 이동량이 증가하고 경쟁적인 영업 체계로 변화하였다. 이들 상인은 전국의 연안을 왕래하며 수산물을 운반하고 판매하였다. 바다와 강으로부터 해운(海運)과, 강이나 하천에서의 선운(船運)인 수운(水運)을 통하여 수산물이 육지로 이동하고, 육지의 농산물이 해운과 수운을 통하여 다른 육지로 이동하는 포구(浦口)는 배가 닿는 부두로서 선상 및 수산물 객주와 불가분의 관계로 공존하였다.

수레 사용이 보편화되지 않았기 때문에 가장 효율적인 수단은 선박뿐이던 당시 곡식, 생선, 소금, 재목 등 다양한 일상용품이 해로와 수로를 통하여 먼 거리까지 유통될 수 있었던 것은 선박 제조술과 항해술이 향상되었기 때문이다. 항해술이 발달할 수 있었던 것은 선상들의 활발한 상거래에 기인했다. 해로에서 가장 험난한 충청남도 내포 해안 서쪽에 있는 안흥량(安興梁)이나 해서를 연결해주는 장연의 장산곶(長山串)에서도 선상들은 자기 집 뜰을 밟듯이 배를 몰았다고 한다.

신윤복의 ≪여속도첩≫은 총 6점으로 구성되어 있다.

〈저잣길〉 외에 〈연당의 여인〉, 〈거문고 줄 고르는 여인〉,

〈처네를 쓴 여인〉 등이다.

〈저잣길〉은 생선이 든 함지박을 머리에 이고

채소가 든 망태를 팔에 끼고 시장에 팔러 가는 아낙의 모습을 그렸다.

남대문 밖 칠패난전에 물건을

팔러 가는지도 모르겠다.

우물가

《단원풍속화첩》 중 〈우물가〉 | 김홍도 | 18세기 후반 | 종이에 담채 | 27.0×22.7cm | 국립중앙박물관

화폭에 담긴 한식

달고 씩씩한 샘물로 맛있는 장과 술 담그기

갑(甲), 을(乙), 병(丙), 정(丁), 무(戊), 기(己), 경(庚), 신(辛), 임(壬), 계(癸)의 십간(十干)에서 임은 고인 물을 나타내고 숫자는 1, 양수(陽數)이며, 계는 떨어지는 물이고 숫자는 6, 음수(陰數)이다. 만물은 고인 물 1에서 비롯되었다는 것이 『주역(周易)』이 말하는 세상의 이치이다.

그래서 선조들은 고인 물인 우물물을 신성시했다. 우물가에서 정화수 한 잔을 떠놓고 아들을 잉태하게 해달라고 빌었고, 집안의 대소사가 잘되길 기원했다. 신성하게 여긴 우물은 먹기 위해서도 깨끗이 관리되었다. 청정 우물은 물맛이 좋아서 각종 찬품(饌品)을 조리할 때 긴요하게 쓰였다. 퍼서 쓰면 쓸수록 샘솟는 물은 서민들에게는 생명수와도 같았다.

우물물로 술도 담그고 간장과 식혜(食醯), 수정과와 각종 탕도 만들었다. 겨울에 담그는 김치와 가양주(家釀酒), 여름에 담그는 장(醬, 간장·된장 등)에서 물의 중요함은 말할 필요도 없을 것이다. 마을에 자리 잡은 공동 우물의 가치는 그 마을의 생명수였기에 신(神)이 깃들어 있다고 믿는 것도 어쩌면 당연했다. 『규합총서(閨閤叢書)』와 『조선무쌍신식요리제법(朝鮮無雙新式料理製法)』에는 장, 술, 동치미를 담글 때 어떤 물을 써야 하는지를 언급하고 있다.

【술 담그는 법】

대저 술 담그는 법은 멥쌀이나 찹쌀을 백 번 씻고 찐 후에 차게 하여야 하고,
물은 샘물이나 정화수를 백 번 넘치게 끓여 식혀서 담근다.
누룩은 여러 날 햇볕에 쪼여서 술 담그면 잡맛이 없다.
또 곡식 가루나 그릇 만들 흙을 물에 풀어 휘저어서
잡물을 없애는 수비(水飛) 과정을 거친 물이면 더욱 좋다.
그릇 또한 깨끗이 씻어야 맛이 변하지 않는다.

찹쌀이 많으면 술맛이 시고 누룩이 많으면 맛이 쓰다.

무릇 술 만드는 데는 달고 씩씩한 샘물이라야 한다.

만일 물이 좋지 못하면 술맛이 좋지 못하다.

옛사람 말이 샘이 씩씩하면 술에서 향기로운 냄새가 난다고 했으니,

청명(淸明, 양력 4월 5~6일 무렵) 날의 물이나 곡우(穀雨, 양력 4월 20일경) 날의

물로 술을 담그면 술 빛깔이 푸르고 붉은 순색(純色)이 난다.

맛도 씩씩해서 오랫동안 놓아두어도 변치 않는다 하였다.

또 청명이나 곡우에 강물을 퍼다가 술을 담그면 빛깔 또한 푸르고 붉으며

맛이 기이하다고 하는 것은 때에 기후를 취하는 이치이다.

-『조선무쌍신식요리제법』

술 만드는 데 가장 좋은 물이 '달고 씩씩한 물'이라는 말은 무엇일까? 이는 맛있고 깨끗한 물이 좋다는 말이지만 청명이나 곡우 때의 물이 최상이라는 의미이기도 하다.

【장 담그는 물】

장 담그는 물은 특별히 좋은 물을 써야만 장맛이 좋다.

여름에 비가 갓 갠 우물물은 쓰지 않는다.

좋은 물을 길어 큰 시루를 독에 안치고

간수가 다 빠진 좋은 소금 한 말을 시루에 붓고,

좋은 물을 큰 동이로 가득히 붓는다.

그러면 티와 검불이 모두 시루 속에 걸린다. (…)

커다란 막대기로 여러 번 저어서 며칠 동안 덮어두면

소금이 맑게 가라앉아 냉수와 같다. (…)

메주를 넣는데, 메주가 너무 많으면 간장이 적게 생기고,

메주가 적으면 빛이 묽고 맛이 좋지 못하다.

메주를 항아리에 넣은 뒤에 소금물을 체에 밭쳐 항아리에 가지런하게 붓는다.

소금물이 싱거우면 메주가 뜨다가 도로 가라앉는다.

만일 그렇게 되면 소금물을 떠내고

알맞을 정도로 소금을 더 타면 메주가 바로 뜬다.

장 담근 지 세 이레(21일) 안에는 초상난 집과 왕래하지 말고

아기 낳은 집 그리고 월경 하는 여인, 낯선 잡인(雜人)을 가까이 들이지 않는다.

한 60일쯤 지나면 냉수 15동이들이 항아리에서도 맑은 간장 7동이가 난다.

－『규합총서』

좋은 물로 장을 담그더라도 부정 탈 염려가 있으므로 장을 담그고 21일 안에는 부정 타지 않게 각별히 조심해야 좋은 장을 얻을 수 있음을 강조한 내용이다.

【동치미】

잘고 모양이 예쁜 무를 뿌리째 깨끗하게 깎아 간을 맞추어 절인다.

하루가 지나 다 절였으면 씻어 독을 묻고 그 속에 넣는다.

어린 오이를 가지 나무 태운 재에 묻어두면 금방 딴 것과 같으니

무 절일 때 같이 절였다가 이 속에 넣는다.

좋은 배와 유자를 통째로 껍질을 벗겨 썰지 않고 함께 넣는다.

파의 흰 뿌리 부분을 한 치 길이씩 잘라 넷으로 쪼갠 것,

생강 얇게 저민 것, 씨 없이 반듯하게 썬 고추를 그 위에 많이 넣는다.

좋은 물에 소금 간을 맞추어 고운 체에 밭쳐서 가득히 붓는다.

항아리 뚜껑을 닫고 잘 밀봉해둔다.

겨울에 익으면 꺼내서 먹기 전에 배와 유자는 썰고,

그 국물에 꿀을 탄 뒤 석류에 잣을 뿌려 먹으면 맑고 산뜻하여 맛이 매우 좋다.

또 좋은 꿩을 백숙(白熟)하여 기름기를 없애고 얼음을 함께 채워

동치미국에 넣은 다음 생치살을 찢어 먹으면 그 이름이 바로

생치국(생치침채)이다.

또 동치미국에 가느다란 국수와 무, 오이, 배, 유자 저민 것을 얹고

돼지고기, 채를 썬 달걀지단을 그 위에 다시 얹어

후춧가루와 잣을 뿌리면 바로 냉면이다.

－『규합총서』

위 구절은 겨울에 좋은 물로 동치미를 담그고, 생치침채와 냉면도 만들어 먹는다는 이야기이다. 이 동치미는 음력 11월에 담그는 김장 김치였다. 1849년에 홍석모(洪錫模)가 집필한 『동국세시기(東國歲時記)』에는 음력 10월에 "도회의 풍속에 무, 배추, 마늘, 고추, 소금 등으로 독에 김장을 담근다. 여름의 장 담그기[夏醬]와 겨울의 김치 담그기[冬菹]는 인가(人家)에서 1년의 중요한 계획[人家一年之大計]이다"라고 하였고, 음력 11월에 "뿌리가 비교적 작은 무로 담근 김치를 동치미[冬沈]라 하며, 또 무·배추·미나리·생강·고추로 장김치[醬菹]와 섞박지[雜菹]도 담근다"라고 하였다.

그러니까 가정에서의 연중행사 두 가지는 하장과 동저라는 것인데, 여기서 빠질 수 없는 것이 맑고 씩씩한(건강한) 물이고, 이 물로 여러 저장 음식을 만들어 1년 내내 먹었으니 마을 공동 우물에 대한 주민들의 인식은 거의 신앙에 가까웠을 것이다.

〈우물가〉는 우물에서 쉬이 벌어지는 풍경을 그렸다. 세 여인이 물을 길었거나 긷고 있는데, 한 여인은 물동이를 머리에 이고 집으로 향하고 있다. 다른 한 여인은 두레박으로 물을 긷고 있다. 또 한 여인은 길 가던 나그네에게 두레박의 물을 건넨 모양이다. 남녀가 유별한 당시에 남정네가 우물가에서 물을 얻어먹는 모습이 가히 파격적이다. 남자는 몹시 더운지 앞가슴을 풀어헤친 채 물을 마시고 있는데, 젊은 여인이 부끄러운 듯 눈을 돌리고 있는 표정이다. 여인들은 짧은 저고리를 입어 가슴 부분이 약간 드러나 있고, 치마는 넓고 길며 속바지가 드러날 정도로 끈으로 묶어 올렸다.

옛 부엌에는 부뚜막에 고정시킨 무쇠솥에 물이 항상 차 있고, 집안의 큰 행사가 있을 때는 무쇠솥에 물을 끓여놓았다가 떡을 찌거나 국 또는 찌개를 만들었다. 대개 무쇠솥을 2개 이상 설치했다. 무쇠솥 자체가 너무 무거워서 들고 다닐 수가 없었기 때문이다. 무쇠솥에 쌀을 안칠 경우에는 밥알이 무쇠솥에 들러붙을 정도로 뜸을 오랫동안 들였다. 식구들 밥을 푼 뒤에는 다른 무쇠솥에 있는 끓는 물을 부어서 은근한 불에 놓아두고 숙수(熟水), 즉 숭늉을 만들었다. 숭늉은 깨끗한 우물물로 만든 것이 제맛이었고, 오랫동안 우리 민족에게 차를 대신하는 음료로 애용되었다. 숭늉이 무쇠솥을 세척해주는 역할도 했을 것이다. 우물가 여인들이 부지런히 퍼올린 우물물은 아주 힘들게 부뚜막의 무쇠솥으로 옮겨져 밥과 숭늉, 각종 찬품을 맛있게 만드는 데 사용되었다.

〈우물가〉는 김홍도의 대표적 작품인 ≪단원풍속화첩≫ 중의 한 장면이다.

김홍도는 ≪단원풍속화첩≫에서 인물을

처음부터 끝까지 일정한 두께로 평평하게 그리는

철선묘 또는 붓을 강하게 댄 후에 차차 가늘게 그리는

정두서미묘를 이용하여 그렸다.

이 그림은 철선묘를 이용하였는데,

여인들의 치마 주름선 등이 자연스럽지 못하고 번잡하고 도식적이다.

그럼에도 불구하고 그림이 조선후기 조선인들의 생활상을

가장 역동적으로 보여주고 있다.

급수장

〈급수장〉| 김준근 | 1889년 이전 | 종이에 수묵 | 20.5×16.9cm | 네덜란드 국립라이덴민족학박물관

관아와 역, 부엌에 물을 대주는 전업 집단

조선시대에 물 긷는 사람은 전업 집단으로 평생 물 긷는 일에 종사하였다. 왕실의 경우 전업으로 자기 일만을 하는 노비를 '자비(差備)'라 하였고, 물 긷는 자비들은 사옹원에 소속되어 탕수색(湯水色)이라고 불렸다.

관아와 역(驛)에도 마찬가지로 물만을 길어 오는 전업 집단이 존재했다.

역은 여행 중인 사람과 말이 기력을 보충하기 위하여 쉬는 지점을 30리(약 12km)로 보고, 30리 간격으로 설치되었다. 30리는 일일생활권의 단위로서 도보로 한나절 이내에 왕복이 가능한 거리이다. 16세기 이후 생산력 발전은 전국 단위로 장시의 발전을 가져왔고, 30리는 5일을 주기로 하는 장시의 개시 지점 간 거리와 거의 비슷하다.

『경국대전』에 의하면 전국에 540개의 역이 있었다. 역은 공무상 여행하는 자들에게 끼니와 잠자리를 제공하기 위하여 국가는 원주에게 토지를 주고 거기에서 나오는 소산(所産)으로 운영케 하였다.

유형원(柳馨遠)이 "인부와 말은 그 도의 경계까지만 배웅하게 하고 도의 경계를 벗어나서는 역말을 바꾸어 타고 가게 한다"라고 퇴임하고 가는 수령의 모습을 언급한 글에서 당시 역의 기능이 여행자에게 숙박을 제공하고 역 내의 말과 인부를 다음 역까지 이동시키는 일이었음을 알 수 있다.

말, 숙박시설, 종사자 등을 갖춘 역에는 종사자가 작은 역일 경우 10명, 중국 사신이 지나는 의주로 같은 큰 역일 경우 200~300명에 이르렀다. 의주로의 한 역인 평안도 영변에 있던 아천역의 종사자 구성을 보면 다음과 같다.

- 아전(衙前) : 서리의 딴 이름, 하급 관리
- 통인(通引) : 잔심부름을 하던 이속(吏屬), 20명
- 백호(百戶) : 5품·6품의 무관직, 15명
- 색장(色掌) : 다색(茶色)·증색(蒸色) 등의 계의 일을 맡아보던 자, 1명
- 사령(使令) : 관아에서 심부름하던 하인, 9명
- 관군(館軍) : 대로변의 관(館)에 딸린 군졸, 301명
- 고공(雇工)과 사장(篩匠) : 3명
- 머슴과 파치장[把赤匠] : 3명
- 차비(差備) : 특별한 일을 맡기려고 임시로 고용한 노비, 75명
- 수노(首奴) : 여러 사정에 통한 남자 노비, 92명
- 창고지기 : 5명
- 속안 두목(頭目) : 1명
- 마두(馬頭) : 역마를 맡아보던 사람, 20명
- 구종(驅從) : 관원을 모시고 다니던 하인, 6명
- 차역(差役) : 노역(奴役)하던 자, 2명
- 관지기[館直] : 2명
- 석장(席匠) : 자리 짜던 장인, 2명
- 상경(尙更) : 내시부의 정9품, 2명
- 마지기[馬直] : 말을 지키던 자, 2명
- 방자(房子) : 관아에서 허드렛일을 하던 노비, 6명
- 세답(洗踏) : 빨래꾼, 3명
- 침장(針匠) : 바느질꾼, 4명
- 촉어(促魚) : 생선을 잡던 자, 4명
- 주탕(酒湯) : 기생, 10명
- 주모(酒母) : 술청에서 술을 팔던 여자, 1명
- 채원(菜園) : 오이, 참외 등을 기르던 자, 3명
- 갱자[羹尺] : 국을 끓이던 자, 3명
- 칼자[刀尺] : 숙수(熟手), 4명

- 응자[膺尺] : 꿩을 잡던 자, 2명
- 급수(汲水) : 물을 긷던 자, 무자라고도 함, 3명
- 장비(醬婢) : 장 담그던 여종, 1명
- 다모(茶母) : 관청에서 식모 노릇을 하던 천비(賤婢), 3명
- 식모(食母) : 관청에 딸린 부엌일을 하던 여자 노비, 3명

위와 같이 아천역의 종사자는 664명에 이른다. 아천역은 중국 사신의 왕복 통행로에 자리한 특수성을 지니지만, 그렇다 하더라도 301명의 관군 외에 온갖 자질구레한 일을 하는 363명은 각기 자기가 맡은 일이 정해져 있어 아전이나 색장의 엄격한 통제를 받았고, 철저히 분업화되었음을 보여준다.

부엌일의 경우 촉어, 채원, 갱자, 칼자, 응자, 장비, 다모, 식모가 있었다. 촉어는 생선을 잡고, 채원은 채소를 길렀으며, 응자는 꿩 잡는 일에 종사하였다. 각각 4명, 3명, 2명이 이 일만을 담당했다. 부엌일의 총책임자는 칼자이고, 이는 남자가 맡았다. 그 밑에 갱자가 있어 국 끓이는 일을 맡았는데 물론 남자였을 것이다. 그 밑에는 장비, 식모, 다모가 있어 부엌의 온갖 허드렛일을 분담하였다. 칼자는 아천역의 주방장이었을 것이다. 남자가 4명인 점으로 미루어 격일제로 2명씩 교대 근무한 것으로 보인다.

주모는 역에 소속된 술청에서 술을 파는 여자라고 짐작된다. 당시에는 역에서도 술을 팔았다. 주탕은 주탕비(酒湯婢) 또는 기생(妓生)이다. 관에 소속된 기생은 주탕비의 비(婢)가 암시하듯이 관청에 몸을 바치고, 거기서 밥을 먹는 여자 종이다. 18세기 중엽 남원과 나주목의 읍지를 보면 남원 관아에 소속된 기생이 15구(口)였고, 나주목 관아에 소속된 기생이 13구였다. 당시 관아와 역을 포함해 손님을 접대하는 기관에는 공식적으로 기생이 있었다.

관에 소속된 기생의 역할을 나타내주는 것이 기생의 또 다른 명칭인 '주탕'이다. 주탕의 원래 뜻은 '술국'을 말한다. 술안주를 지칭한 말이 기생의 또 다른 별칭이 된 이유는

기생의 역할이 기생으로 그치지 않고 '다모'로서의 일도 했기 때문이다. 술안주를 직접 만들고 차를 끓였다.

다시 말해 반빗간(부엌)에는 칼자, 갱자, 촉어, 채원, 웅자, 장비, 식모, 다모가 있어 이들이 각기 일을 분담했다. 꿩·물고기·짐승을 잡거나 국을 포함하여 반찬을 만들거나 밭농사 일, 장 담그는 일, 차 끓이는 일, 밥 짓는 일을 하였는데, 이들에게 반드시 필요한 물을 공급해주는 역할은 '급수'가 전적으로 맡아 했다. 이들은 전문 집단인 관계로 장(匠)을 붙여 급수장(汲水匠)이라 했다.

〈급수장〉은 물을 팔아서 생활하는 물장수를 묘사한 그림으로,

이 물장수라는 독특한 직업은 19세기 말 조선을 찾아온

서양인들에게도 강한 인상을 주었던 것 같다.

이 그림은 네덜란드 국립라이덴민족학박물관에 소장되어 있는데

그림들을 처음 소개한 1983년 왈라벤(Boludewijn C. A. Walraven)의

논문에 의하면 북경 주재 네덜란드 공사관이었던 라인(J. Rhein)이

김준근 풍속화를 수집하여 1889년 네덜란드 정부에 기증하였다고 한다.

따라서 이 풍속화들은 적어도 1889년 이전에 제작되었을 것으로 추정된다.

채유

《사제첩》 중 〈채유〉 | 조영석 | 18세기 전반 | 종이에 수묵 | 28.5×44.5cm | 개인 소장

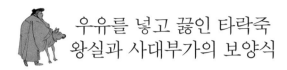

우유를 넣고 끓인 타락죽
왕실과 사대부가의 보양식

〈채유(採乳)〉에는 4명의 성인 남자가 등장한다. 한 남자가 암소가 움직이지 못하도록 뒷발을 잡아끌고, 다른 한 남자는 암소 머리를 붙잡고, 또 다른 남자는 소의 젖에서 우유를 짜고 있다. 또 한쪽에서는 어린 소를 붙잡고 있는 남자도 있다.

원래 조선 왕실에 공납하는 버터를 만드는 수유치[酥油赤]가 있었다. 수유치들은 주로 황해도와 평안도에 살았는데, 이들은 대부분 달단족으로 만주 흥안령 서쪽 기슭이나 음산(陰山) 산맥 부근에 살던 몽골족의 한 부족인 타타르(Tatar)족이다. 타타르족이란 명나라 이후에는 몽골 지방 또는 몽골 민족 전체를 가리키는 말이었으나, 널리 몽골인과 남부 러시아 일대에 사는 터키인을 포함하는 중국 북방 또는 북아시아 여러 민족의 총칭으로도 쓰였다. 이들은 고려 왕조 때부터 황해도와 평안도 지역에서 살아온 사람들로 유목을 업으로 하면서 버터를 제조했다.

당시 조선 왕실에 공납된 버터는 임금의 약으로 쓰거나 늙고 병든 신하에게 나누어주는 귀한 식품이었다. 버터를 제조하는 수유치들은 군역을 면제받는 특수직에 속했다. 그래서 달단족이 아닌 자들도 군역을 피하기 위해 달단족인 척하며 붙어사는 자가 많았다. 이 사실을 안 태종은 수백 가구나 되는 수유치들의 버터 제조를 금지시켰다.

〈채유〉에 등장하는 인물들은 사옹원 소속의 관원일 가능성이 있다. 조선 왕조가 우유 자체를 재료로 하여 제호(醍醐)나 타락죽(駝酪粥)을 만들어 먹었기 때문이다. 제호는 우유에 갈분(葛粉)을 타서 미음같이 쑨 죽이고, 타락죽은 물에 불린 쌀을 맷돌에 갈아서 체에 밭쳐 절반쯤 끓이다가 우유를 넣고 다시 끓인 죽이다.

조선 왕조에서는 왕부터 일반 서민에 이르기까지 초조반(初朝飯, 早飯)으로 죽을 널리 먹었다.

『청장관전서(靑莊館全書)』에는 "서울 시녀(市女)들의 죽 파는 소리가 개 부르는 듯하다"라고 씌어 있다. 당시 죽은 보양식으로 통용되고 있었기 때문에 일반적으로 널리 애용되었다. 『임원십육지』에는 다음과 같은 대목이 있다.

> 매일 아침에 일어나서 죽 한 사발을 먹으면
> 배가 비어 있고 위가 허한 상태에서
> 곡기(穀氣)가 일어나니
> 보(補)의 효과가 사소한 것이 아니다.
> 또 매우 부드럽고 매끄러워서 위장에 좋다.
> 이것은 음식의 최묘결(最妙訣)이다.

보양식으로 먹는 죽을 조선 왕조에서는 내의원[內局]에서 취급했다. 죽의 기본 재료는 곡물이지만, 우유, 소의 양, 닭, 붕어, 조기, 굴, 홍합, 전복, 쇠고기, 무, 쇠비름, 근대, 시금치, 냉이, 미나리, 아욱, 참깨, 마, 복령, 백합, 대추, 밤, 살구씨, 연밥, 가시연밥, 연뿌리, 마름, 들깨, 잣, 방풍, 도토리, 생강, 호도, 개암, 황정(黃精), 지황(地黃), 구기(枸杞) 등을 넣고 영양을 갖춘 보양식으로 만들었다.

특히 우유는 귀하디귀해서 궁중이나 상류층에서만 죽으로 만들어 먹을 수 있었다. 1609년(광해군 즉위년)에 명나라에서 광해군을 책봉하기 위해 최고의 손님인 책봉 천사(天使)가 왔을 때 초조반으로 올라간 것이 타락죽이었다.

> 타락죽, 침채(沈菜), 세면, 개말(芥末),
> 저두편(猪頭片), 청밀(淸蜜), 각색병(各色餠),
> 정과(正果), 계아탕(鷄兒湯), 생선탕(生鮮湯),
> 상화병(床花餠), 강초(薑醋), 좌간남(左肝南),
> 우간남(右肝南), 채(菜), 대추, 황률(黃栗),

약과(藥果)가 18기의 완(椀), 접시[貼是],
종지[鍾子]에 담겨져 조반상(早飯床)에 올랐다.

궁중에서나 먹을 수 있던 우유는 조선 후기로 접어들면서 사대부가에서도 먹을 수 있었던 듯하다. 『산림경제』나 『규합총서』에 내국법(內局法)으로 우유죽을 소개하고 있다. 왕실에 소속된 내의원의 우유죽 만드는 법을 사대부가에서 행하고 있었다는 내용이다. 조선시대에는 실로 정성을 다해 죽을 쑤었다. 1924년에 발행된 『조선무쌍신식요리제법』에 이러한 구절이 있다.

죽이란 물만 보이고
쌀이 보이지 않아도 죽이 아니요,
쌀만 보이고
물이 보이지 않아도 죽이 아니다.
반드시 물과 쌀이 서로 조화하여
부드럽고 기름지게 되어
한결같이 된 연후라야 죽이라 이르나니,
윤문단(尹文端) 공이 말하기를
"차라리 사람이 죽을 기다릴지라도
죽이 사람을 기다려서는 안 된다"라고
하였으니 참 좋은 말이다.
죽은 쑤어서 바로 먹어야지
오래 두면 맛이 변하고
국물이 마르니 이것을 막으려는
연고니라.

또 죽 쑤는 땔감에 대해서도 서술하고 있다.

죽을 쑤는 데 콩깍지나 등겨 등을
땔감으로 쓸 것이요,
장작으로 불을 맹렬하게 하지 말아야 한다.
천천히 만화(慢火)로 오래 끓이면
쌀 즙이 다 나와서
죽이 되고 맛이 있어
장부(臟腑)에 가장 유익하다.

〈채유〉는 조영석의 대표적 작품인 ≪사제첩≫의 한 장면이다.

스케치하듯 간략하게 수묵으로 그린

이 그림은 도로에 갓을 쓴 양반들

여럿이 모여 소젖을 짜는 모습이 재미있게 묘사되었다.

관찰과 사생을 중요하게 여겼던 그의 회화관이 반영된 것으로 해석된다.

조영석은 윤두서와 더불어 조선 후기 풍속화의 성행을 이끈 인물이다.

그러나 조영석은 함안 조씨 가문의 일원으로서

자신이 화가로서 세상에 알려지는 것을 꺼렸다.

이는 ≪사제첩≫ 표지의 "남에게 보이지 말라. 범하는 자는

나의 자손이 아니다"라는 부기를 통해서도 짐작할 수 있다.

국수 누르는 모양

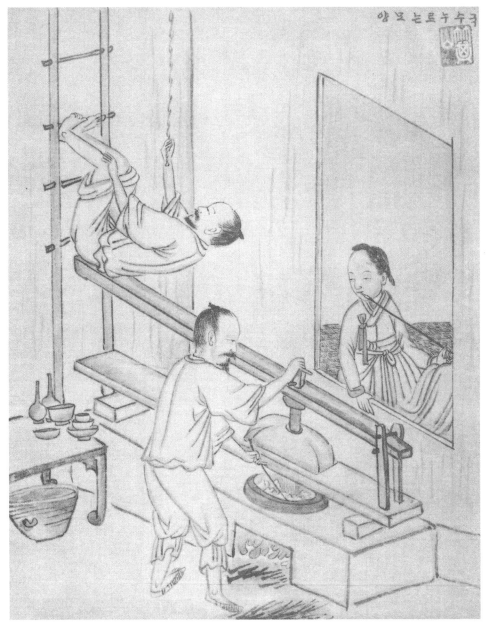

〈국수 누르는 모양〉 | 김준근 | 1882~1885년경 | 종이에 담채 | 25.4×20.3cm | 독일 베를린민족학박물관

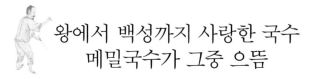

왕에서 백성까지 사랑한 국수
메밀국수가 그중 으뜸

〈국수 누르는 모양〉은 두 장정이 국수틀을 이용해 국수를 만들고 있는 모습이다. 방 안에 앉아 있는 주모는 곰방대를 물고 국수 누르는 장정들의 모습을 지켜보고 있다. 한 장정은 물이 펄펄 끓는 솥 앞에서 국수틀에서 빠져나온 국수가 잘 삶아지도록 긴 막대기로 젓고 있고, 다른 장정은 사다리를 타고 올라가 천장에 매달아놓은 끈에 의지한 채 몸의 반동을 이용해 국수틀의 지렛대 끝자락에 힘을 주었다 풀었다 하며 국수를 뽑고 있다.

송나라의 서긍이 쓴 『고려도경(高麗圖經)』에는 고려의 국수에 대한 기록이 나온다. 고려에서는 밀 생산량이 적어 값이 비싸기 때문에 큰 잔치가 아니면 쓰지 않았다고 전한다. 조선시대에 와서도 밀국수는 여전히 매우 귀했다. 그래서 녹두, 마, 칡, 동부, 수수, 팥, 율무 등 다양한 재료로 국수를 만들었다. 하지만 왕에서 서민에 이르기까지 가장 보편적으로 좋아했던 것은 메밀국수였다. 메밀은 끈기가 없어 잘 끊어지기 때문에 이런 단점을 보완하기 위해 반죽에 밀가루, 녹말, 달걀을 섞었다. 단단해진 메밀 반죽을 국수틀에 넣고 지렛대를 누르면 국수발이 내려오는 즉시 팔팔 끓는 물속에 들어가 익어 나온다. 메밀국수는 일제강점기에도 여전히 서민들의 사랑을 받았다. 조선총독부가 식량 증산을 위해 북한 지역에서 밀[小麥] 생산을 권장하면서 밀가루가 공급되긴 했으나 메밀국수에 익숙한 조선인들은 밀국수를 잘 먹지 않았다.

1909년 일본인이 쓴 『조선만화(朝鮮漫畫)』에는 〈국수 누르는 모양〉에 등장하는 국수틀을 소개하고 있다.

> 국수집, 조선의 음식점 어느 곳을 보아도 국수가 없는 곳이 없을 정도로
> 조선 사람들은 국수를 좋아했던 모양이다.
> 국수는 눈과 같이 하얗고 일본의 소면이나 말린 국수보다도 훨씬 희다.
> 어느 음식점이라도 한구석에 국수를 제조하는 공간이 있어서 밖에서 보인다.

온돌집이기 때문에 국수 제조 기계가 놓여 있는 곳은 낮에도 어둡다.

밑에는 큰 가마솥의 물이 부글부글 끓고 있다.

장작불을 지폈기 때문에 연기가 검게 올라온다.

가마솥 위에는 커다랗고 두꺼운 조판(組板) 모양의 물체가 있고,

이 물체에는 5~6치[寸]의 구멍이 뚫려 있다.

이 구멍에 국수 반죽을 넣는다.

위에서 절굿공이를 내리누르면 밑에 망이 있어서

이 망으로 국수가 실 모양으로 따라 내려와 끓고 있는 가마솥에 떨어진다.

이렇게 만들어진 면발은 하얗게 거품을 일으키며 끓는다.

이것을 퍼서 물에 넣는다.

드디어 흰색의 상등 국수가 완성된다.

지레에 등을 대고 누워 다리를 천장에 대고 버틴다.

지레가 내려가서 발이 천장에 닿지 않게 되면,

기둥에 고정시킨 횡목(橫木)에 발을 대고 버틴다.

이 책에 따르면 김준근이 살았던 시대에는 음식점에서 국수틀로 압착면(壓搾麵)을 만들어 팔았던 것 같다.
압착면의 기원은 6세기 전반에 중국 산동(山東)의 태수였던 기사협이 저술한 『제민요술(齊民要術)』에서 찾아볼 수 있다.

숟가락 모양으로 떼어낸 쇠뿔의 한 면에

6~7개의 작은 구멍을 뚫은 뒤

녹두가루에 육즙(肉汁)을 넣어 반죽하여 명주로 싸서,

이 속에 앞서의 반죽을 넣어 끓는 물 속으로 향하여

구멍으로 나오게끔 짜서 익혀 육즙을 끼얹어 먹는다.

이러한 압착면 방식은 17세기 중엽의 음식 조리서 『음식디미방』에 다시 등장한다. 국수 재료는 『제민요술』에서와 마찬가지로 녹두 녹말이다.

바가지 밑바닥에 구멍을 뚫은 뒤 녹말풀을 담아

끓고 있는 물 위에서 아주 높이 들고 바가지를 두드리면 밑으로 흘러내린다.

끓어서 익은 후에 건져내면 모시실 같다. 사면(絲麵)이다.

반죽할 때 풀처럼 되거나 너무 질어도 안 된다.

장국에 사면을 말 때는 장식을 하고, 오미잣국에 말 때는 웃기로 잣만 얹는다.

위에 언급된 사면은 오늘날의 당면류이다. 당시에는 사면으로 국수장국을 만들어 먹거나 음청류(飮淸類)로 먹었음을 알 수 있다. 국수틀이 없던 시절 압착면 만드는 모습인데, 맛있는 찬품을 만들기 위하여 면본(구멍 뚫은 바가지)을 사용해 고생하면서 만드는 당시의 생활상을 엿볼 수 있다. 이 면본은 『산림경제』에도 등장한다.

언제부터 국수틀이 사용되었을까? 국수틀에 대한 최초의 기록은 『증보산림경제』에 등장한다. "메밀가루 한 말[斗]에 녹두가루 두 되[升]를 합하여 반죽해서 국수틀에 넣고 압착시켜 국수를 뽑아내는데, 뽑아낸 국수는 장국[醬水]에 말아 먹는다"라고 기록하였다. 이것이 김준근의 그림에 나타난 국수틀과 같은 것인지는 분명하지 않다. 하지만 『임원십육지』의 기록에 비슷한 국수틀이 등장한다.

큰 통나무의 중간에 지름 4~5치의 둥근 구멍을 뚫고,

구멍 안을 무쇠로 싸서 바닥에 작은 구멍을 무수하게 뚫는다.

이 국수틀을 큰 무쇠솥 위에 고정해놓고 국수 반죽을 넣어 지렛대를 누르면

가는 국수발이 물이 끓고 있는 솥으로 줄을 이어 흘러내린다.

이렇게 뽑아낸 압착면은 대개 냉면용 국수로 썼다. 『동국세시기(東國歲時記)』(1849) 시절에는 겨울철 시식으로 냉면을 먹었다. 압착면 메밀국수에 무김치, 배추김치, 돼지고기 편육을 얹고 동치미국물을 부어 먹었다. 당시 냉면은 왕부터 일반 서민에 이르기까지 유행하였다.

1848년(헌종 14년)의 진연과 1873년(고종 10년)의 진작연을 기록한 『진연의궤(進宴儀軌)』와 『진작의궤(進爵儀軌)』에 냉면 재료와 분량이 기술되어 있는 것으로 보아 냉면은 연향 음식으로도 이용된 것으로 보인다.

1848년 진연 때는 메밀면[木麵] 5사리, 양지머리[陽支頭] 1/20부(部), 돼지 사태[猪脚] 1/10부, 배추김치[菘沈菜] 3뿌리[本], 배[生梨] 7개(箇), 꿀[白清] 5작[夕], 잣[實栢子] 2작이 올랐고, 1873년 진연 때는 메밀면 30사리, 돼지 사태 1/3부, 침채 5기, 배 3개, 고춧가루[苦椒末] 1홉[合], 잣 5작이 올랐다. 헌종이 먹은 냉면은 배추가 들어간 동치미국물에 꿀을 탄 뒤 메밀국수를 말고 양지머리 편육, 돼지고기 편육, 배, 잣, 배추김치를 얹었다. 고종이 먹은 냉면은 동치미국물에 메밀국수를 말고 돼지고기 편육, 동치미무, 배, 잣을 얹어서 고춧가루를 뿌린 것이다.

헌종과 고종이 먹은 냉면의 두 가지 유형을 합한 냉면이 1800년대 말에 나온 필사본 『시의전서(是議全書)』에 등장한다.

> 청신한 나박김치나 좋은 동치미국물에 국수를 말되 꿀을 타고 위에
> 양지머리 편육, 배, 송송 썬 배추김치를 얹고 고춧가루와 잣을 흩어 얹는다.

1900년대 초에는 조선 요릿집 명월관(明月館)의 영향을 받은 명월관 냉면이 『부인필지(夫人必知)』라는 필사본 조리서에 등장한다.

> 동치미국물에 국수를 말고 무, 배, 유자를 얇게 저며 넣고 돼지고기를 썰어
> 얹는다. 여기에 달걀을 부쳐 넣고 후추와 잣을 넣으면 명월관 냉면이 된다.

그전의 냉면과 비교했을 때 명월관 냉면은 유자와 달걀 그리고 조미료로 후추를 넣은 것이 차이점이다. 명월관 냉면은 미각과 함께 시각을 돋우기 위해 유자와 달걀을 넣었다. 명월관 냉면은 1900년대 초에 크게 유행하여 『부인필지』에까지 오르게 된 것이다. 국수틀과 불가분의 관계에 있는 냉면은 냉면광이 나올 정도로 국민적인 음식이 되었다. 어떤 냉면광이 매일 냉면집에 가서 냉면을 먹었는데, 그는 냉면집에 들어가서는 1. 냉면 한 그릇 주소 2. 빨리 주소(냉면이 나온다) 3. 육수 국물 빨리 주소 4. 아지노모도 가루(조미료) 좀 주소 5. 겨자 좀 주소 6. 사리 한 개 더 주소(다 먹고는) 7. 사발 냉수 한 그릇 주소 8. 이쑤시개 주소 9. 국수 값은 달아 주소(외상이라는 뜻)라고 하였다. 그러자 주인이 화가 나서, 10. "마지막 소는 빼소"라고 소리를 질렀다고 한다.

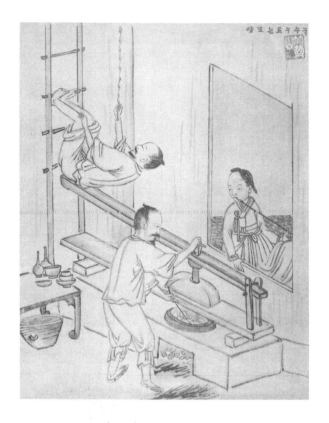

〈국수 누르는 모양〉은 기산 김준근의 풍속화이다.

19세기 말 사진이 아직 보편화되지 않았던 시기에

김준근의 풍속화는 조선인의 생활을 가장 직접적으로 보여줄 수 있는

시각 매체였기 때문에 서양인의 수집품으로 인기가 많았다.

이 그림은 독일 베를린의 국립박물관에 속해 있는

민족학박물관에 소장되어 있는데, 원래는 고종의 외교 고문이었던

'묄렌도르프의 소장품'으로 '조선 왕(고종)에게 받았다'고 하였다.

그렇다면 1882년에서 1885년 사이에 얻었을 것으로 추정되어

김준근의 풍속화로서는 가장 이른 시기의 것이 된다.

두부 짜기

양모는 자부두

〈두부 짜기〉 | 김준근 | 1882~1885년경 | 종이에 채색 | 16.3×20.0cm | 독일 함부르크민족학박물관

두부, 오랫동안 사랑받은 민족의 음식
연포탕, 두부조림, 두부장아찌로 변신

두부 짜기를 하고 있는 세 여인의 표정이 사뭇 진지하다. 아마도 두부를 전문으로 만드는 사람들일 터이고 완성된 두부는 곧 내다 팔 것이다. 두부를 짜고 있는 여인은 나이 든 주인인 듯 보이고, 비녀를 꽂은 두 여인은 두부 짜기를 돕고 있다. 한 여인이 돌멩이를 들고 있고, 필요하면 곧 두부 짜는 틀에 얹을 듯하다. 그릇을 든 여인은 완성된 두부를 가져가려고 기다리고 있다.

두부 제조에서 두부 짜기는 마지막 단계이다. 두부를 만드는 과정은 손이 많이 간다. 우선 대두를 깨끗이 씻어 일어야 한다. 손질한 콩을 여름에는 냉수에, 겨울에는 미지근한 물에 담가 하루 동안 푹 불린다. 불린 콩을 물을 섞어 가면서 맷돌에 갈아야 한다. 물의 양은 넉넉히 부어도 상관없다.

곱게 간 콩물을 가마솥에 붓고 불을 땐다. 손을 넣어 보아 따뜻하게 데워지면 베자루에 담아 물에 넣고 물을 갈아 주면서 맑은 물이 나올 때까지 거른다. 솥에 거른 물을 붓고 불을 때어 한소끔 끓으면 커다란 그릇에 부어서 15분 정도 김이 나가게 한다. 그러고 나서 1차 간수를 넣고, 30분쯤 후에 2차 간수를 넣으면 두부가 엉긴다. 엉긴 콩물을 베자루에 담아 널판과 돌로 눌러 약 20분간 수분을 빼낸다. 이때 오랫동안 누르면 두부가 단단해지고, 짧게 누르면 물러지므로 20분 정도가 알맞다.

두부는 만들기가 번거로운 까닭에 전문적으로 만드는 가게가 따로 있었고, 대개 가정에서는 사다 먹었다. 시장경제가 발달한 1700년대 말경에는 많은 사람들이 두부를 사다가 다양한 두부 찬품을 만들어 먹었다.

두부는 중국에서 유래했다고 알려졌다. 6세기경 후위(後魏)의 농서(農書)『제민요술(齊民要術)』에는 유부(乳腐)에 대한 언급은 있지만 두부나 두유에 대한 것은 없다. 기원전 2세기 한나라의 회남왕(淮南王) 유안(劉安)의 발명품으로 알려져 있지만, 그 증거 문헌인 이시진(李時珍)의 『본초강목(本草綱目)』은 16세기 후반의 책이고, 이시진은 전해들은 내용을 썼기 때문에 신빙성이 부족하다. 회남은 당나라 이후의 강소성(江蘇省)과 안

휘성(安徽省)을 말하는데 아마도 당대 이후 이 지역에서 두부가 제조되었기에 이런 말이 전승되었을 것이라는 보고도 있다.

두부는 불교와 함께 한반도에 들어왔을 가능성이 크다. 두부의 흰색이 불교의 정(淨) 사상과 관련되면서 정 사상에서 추구하는 소선 식품에 두부가 부합되는 까닭에 당나라 때 스님들과 교류하면서 자연스럽게 전래되었을 것이다. 시기는 통일신라시대가 아닐까 한다.

정약용(丁若鏞)이 지은 『아언각비(雅言覺非)』에 "여러 능원(陵園)에는 각각 승원(僧院)이 있어 여기서 두부를 만들어 바치게 하니 이 승원을 조포사(造泡寺)라 한다"라는 글이 등장한다. 여기서 승원 제도는 고려에서 계승된 것이다. 불교 사상에 입각한 고려 왕조의 고기나 생선이 들어가 있지 않은 소선(素膳) 음식 중 하나인 두부가 조선 왕조로 계승되었고, 임금을 위한 재(齋)를 올릴 때 반드시 두부를 공양물로 올렸기에 조포사가 필요하게 되었다. 이에 따라 돌아가신 임금을 능에 모실 경우, 능 곁에는 조포사를 세웠다.

조선시대에는 두부 제조법과 두부 찬품이 발달하였는데, 『세종실록』에는 명나라 황제가 조선에서 온 여인이 각종 음식 만들기에 뛰어나지만 그중에서도 특히 두부를 잘 만든다고 칭찬했다는 기록이 있다.

1643년(인조 21년) 청나라에서 칙사(勅使)가 왔을 때 칙사에게 올린 음식 가운데 숙편(熟片), 두포증(豆泡蒸), 편두포전(片豆泡煎), 연두포볶기[軟豆泡甫只], 편두포적(片豆泡炙)이 들어 있었다. 숙편은 편두포에 표고버섯을 넣어 끓여 익힌 것이고, 두포증은 편두포에 석이버섯, 파, 잣을 넣어 쪄낸 것이며, 편두포전은 편두부를 참기름에 지져낸 것이다. 연두포볶기는 연두부 조치(助致)이다. 국물을 바특하게 조린 일종의 두부찌개이고, 편두포적은 편두부를 불에 구운 것이다.

이밖에도 허균(許筠)의 『도문대작(屠門大嚼)』, 작자 미상의 『주방문(酒方文)』, 『산림경제』 등 많은 문헌에 두부 만드는 법과 종류, 두부 찬품이 기록되고 음력 10월의 시식(時食)이 될 정도로 널리 애식되었다.

『동국세시기』의 한 구절을 보자.

　　　연포탕(軟泡湯)은 두부를 잘게 썰어 꽂이에 끼운 뒤

기름에 지져 닭고기와 함께 국을 만드는데,

이것을 연포라 한다. 포(泡)는 두부이다.

회남왕으로부터 시작된 것이다.

육방옹의 시에 보면 촉인(蜀人)이 두부를 여기(黎祈)라 하였으니

지금의 연포가 이것이다.

포(泡)는 두유 혹은 숙유(菽乳)라 부르기도 했다. 숙(菽)은 '콩두 숙'이니 두(豆)의 또 다른 말이 '숙'이므로 두유와 숙유는 같은 말이다. 그런데 포란 '물거품 포'인데, 포라고 한 까닭은 물에 불린 콩에 물을 더해가며 맷돌에 갈아서 얻은 결과물의 상태를 지칭한 것이 아닐까 한다. 물에 닭을 넣고 삶아 육수를 만들고, 잘게 뜯어서 양념한 닭고기와 함께 네모지게 썰어 꽂이에 꿰어 기름에 지진 두부를 육수에 넣고 끓인 음식이 연포탕이다. 아마도 음력 10월은 추운 시기였으므로 닭 육수에 넣은 뜨거운 두부꽂이를 입으로 불어 식혀 가면서 두부를 빼먹었을 것이다. 지금 우리가 즐겨 먹는 꽂이에 꿴 어묵을 떠오르게 한다. 연포탕은 궁중 밥상에 오르는 음식이기도 하였다.

1795년 윤2월에 정조가 아버지 사도세자의 환갑을 맞이하여 어머니 혜경궁 홍씨를 모시고 아버지가 잠들어 계신 수원의 현륭원으로 8일간 원행을 떠났다. 이때 어머니께 올린 찬품 중에 연포탕과 태포탕(太泡湯)이 있었다. 연포탕과 태포탕의 차이를 현재로선 알 길이 없지만, 연포탕이나 태포탕 모두 두부를 지칭한다는 점은 분명하다. 두부를 재료로 만든 탕인데 아마도 태포는 단단한 두부로 만든 탕, 연포는 『동국세시기』의 연포탕과 비슷할 것으로 생각된다.

김준근이 살았던 19세기 말에 나온 필사본 『시의전서』에는 연포탕 외에 소탕(素湯)이라 하여 네모반듯하게 썰어 참기름에 지진 두부를 탕기에 담고 반듯하게 잘라 삶은 다시마를 두부 위에 얹고는 다시마 국물로 탕국물을 한 찬품이 나온다. 또 두부를 참기름에 지져서 북어 토막과 함께 조린 두부조림, 두부를 베 보자기에 싸서 돌로 힘껏 눌러 물기를 빼고 다시 베 보자기에 싸서 고추장에 박아두었다가 먹는 두부장아찌도 있었다.

특히 1909년에는 조선 요릿집 명월관이 등장하면서 외식 산업이 발달하게 되었고, 이런 분위기에서 1924년 간행된 『조선무쌍신식요리제법』에는 팔보두부(八寶豆腐), 언두부[凍豆腐], 저육두부(猪肉豆腐) 등 다양한 두부 찬품이 등장한다.

팔보두부는 닭 육수에 다진 표고버섯, 다진 잣가루, 곱게 다진 닭고기, 화퇴(일종의 햄) 다진 것에 오이씨 가루를 넣고 볶아서, 익혀 부서뜨린 두부와 합하여 다시 두부 모양으로 빚어 찐 것이다. 화퇴를 재료로 삼은 것으로 보아 다분히 중국의 영향을 받았을 것이다.

언두부는 두부를 하룻밤 얼려서 사방 3cm, 두께 3mm로 썰어 끓는 물에 삶아 콩 맛을 뺀 후 닭, 화퇴, 쇠고기 육수 등을 넣고 볶은 다음 탕기에 담아 볶은 표고버섯과 죽순을 얹은 일종의 탕이다. 이것도 중국식이다.

저육두부는 굵게 썬 돼지고기에 간장과 어슷어슷 썬 총백(蔥白, 파의 흰 부분), 후춧가루를 넣고 끓인 뒤 단단한 두부를 썰어 넣고 한소끔 끓여서 탕기에 담아내는 탕의 일종이다.

두부를 만드는 대두(大豆)의 기원지는 중국 동북부에서 아무르 강 유역에 이르는 지역이라는 설과 화중(華中)과 운남(雲南)이라는 설이 있다. 중국에서는 약 5000년 전부터 재배했는데, 우리나라의 경우 재배에 관한 기록이 『삼국사기(三國史記)』에 등장한다.

대두는 주식인 쌀과 함께 우리 한국인의 식생활에 없어서는 안 될 식품으로 계승되어 왔고, 한식의 중요한 찬품에 등장하는 매우 필수적인 식재료이다.

한식에서 두부는 각종 찬품의 재료로서도 중요하지만 우리 민족에게는 풍속의 의미도 깃들어 있다. 과거에는 음력 정월 대보름날 아침에 건강과 제액(除厄)을 위하여 두부를 먹는 풍속이 있었다. 보름날 아침에 재채기하기 전이나 아침식사 때 반드시 다른 것을 먹기 전에 먼저 두부를 먹어야 좋다 하였다. 또한 불운(不運)한 사람이나 관재수(官災數)가 낀 사람은 정월 대보름날 아침에 생두부 한 귀퉁이를 잘라서 먹는다. 그러면 액운(厄運)이 사라진다고 믿었다. 몸이 붓는 사람도 미역국에 두부를 넣고 끓인 국을 먹으면 병이 낫는다고 하였다. 오늘날 감옥에서 출소하면 두부를 먹는 풍속도 이와 연관이 있을 것이다.

〈두부짜기〉는 두부를 만드는 과정의 일부를 그린 것으로,
함부르크민족학박물관에 소장되어 있는
김준근 풍속화 79점 중 하나이다.
이 그림은 단젤(W. Danzel)이 수집한 18점에 있었던 것으로
양지에 수채화같이 투명하게 채색되었다.
단젤이 1931년 중국 남경 민족학연구소에
객원교수로 왔을 때 입수했을 것으로 보고 있다.
그러나 20세기 이후에는 김준근의 활동이 나타나지 않아
이미 제작되었던 그림들이 전해졌을 것으로 추측된다.

떡메질

〈떡메질〉 | 김준근 | 19세기 말 | 수묵 | 18.8×16.6cm | 오스트리아 비엔나민족학박물관

화폭에 담긴 한식

인절미, 가래떡, 절편…
쿵떡 쿵떡~ 떡메 치기

여인네가 떡판 앞에서 떡을 고르고 두 장정은 떡을 친다. 큰 통나무를 잘라 만든 떡판 위에서 차진 떡이 만들어지는 모양새다. 여인네가 떡에 물을 뿌리며 뒤적거리고 있다. 방망이에 떡이 달라붙지 않도록 하는 것이다. 떡을 계속 뒤적거리면서 오래 내리쳐야 떡 속의 공기가 빠져 떡이 차지게 된다. 그런 다음 손에 물을 묻혀 떡을 잡아 빼서 적당한 크기로 떼어내 모양을 만든다. 인절미[引粘米]는 이렇게 떡메로 만들어야 제맛이다.

중국에서는 쌀을 쪄서 절구에 친 떡을 '자(餈, 인절미 자)'라 했다. 자 형태로 만든 떡의 원형은 신석기 조엽수림(照葉樹林) 문화권에서 생산된 차진 곡물을 시루라는 찜 기구로 밥을 쪄먹었던 이른바 지에밥(고두밥)이 아닐까 한다. 『의례』나 『예기(禮記)』에도 차진 곡물은 상등품으로 쳤다.

토기 제작 기술이 발달하지 않았던 시절에는 토기에 곡물과 물을 넣어 죽이나 밥으로 만들어 먹었는데 토기에서 배어 나오는 짙은 흙냄새를 피할 수 없었다. 그러나 시루에 넣고 찌면 수증기가 올라와 곡물을 호화(糊化)시키고 밖으로 빠져나간다. 수증기 온도는 1기압의 경우 100도이므로 곡물의 점성을 높여 끈적끈적하게 만들고 별다른 냄새 없이 꼬들꼬들한 지에밥으로 만드는 것이다.

신석기 유적지인 중국의 하모도(河姆渡)에서 발견된 시루는 밥 짓기가 죽에서 찌는 단계로 옮아갔음을 말해준다. 또한 지에밥을 절구에 넣고 공이로 쳐서 '자'라는 떡으로 만들어 먹었을 가능성도 보여준다. 약 2000년 전 한나라의 방언(方言)에 따르면 떡을 이(餌)라 하고, 이에는 고(糕)와 자(餈)가 있다 하였다.

- 고(糕) : 시루떡
- 자(餈) : 인절미, 흰떡

찹쌀처럼 차진 곡물은 지에밥을 절구에 담아 치면 되지만, 멥쌀과 같이 차지지 않은 곡물은 처도 쉽게 으깨지지 않으므로 가루로 만든 뒤 쪄서 익혀야 한다. 그러면 시루떡이 되고, 이것을 절구에 담아 치면 흰떡이 되기 때문에 멥쌀떡은 고와 자 모두가 가능하였다. 아마도 멥쌀이 고와 자가 되는 단계에는 제분 기술이 있었을 것이다. 이것이 발달한 시기는 진나라·한나라 시대이나 제분은 그 이전부터 있었을 것이다. 물에 흠뻑 불린 멥쌀을 맷돌을 사용하여 습식 제분한 다음 햇볕에 말려 사용하는 것이다.

어쨌든 1800년대 말 김준근의 시대에는 치는 떡[打餅, 䬳]으로 인절미와 흰떡이 있었다. 엄격한 계급사회였던 조선시대에 떡 치는 일은 아무나 하는 것이 아니었다. 조선에는 떡 만드는 일을 전문으로 하는 수라간에 소속되어 있는 남자 자비[差備]가 있었는데, 이를 병공(餅工)이라 했다. 병공을 도와주는 자는 병모(餅母)라 했다. 이 병모가 병공이 친 떡을 가지고 인절미, 단자, 절편, 가래떡 등을 만들었다. 전기가 없었으므로 방앗간도 물론 없었기에 각 가정에서 가래떡을 만들 때는 친 멥쌀떡을 잘라 도마에 올려놓고 손으로 길게 굴려서 했다. 김매순은 『열양세시기(洌陽歲時記)』에서 이를 '권모(卷模)'라 했다. 권모를 담당한 사람은 병모였을 것이다. 권모를 보자.

> 좋은 멥쌀로 가루를 만들어 물을 넣고 반죽해서 쪄낸 뒤
> 목판 위에 올려놓고 절굿공이로 친다.
> 그다음 작게 떼서 손으로 굴려
> 떡 모양을 문어 다리같이 길게 만든 것이 권모이다.

〈떡메질〉에서도 병공과 병모의 역할이 분명히 드러난다. 땀받이 수건을 머리에 동여맨 상투를 튼 두 명의 남자가 번갈아 가면서 치고 있다. 두 남자는 떡 치는 일을 전문으로 하는 병공이다. 한쪽에서 땅바닥에 주저앉아 떡이 잘 처지도록 부지런히 섞어주고 있는 이가 바로 병모이다. 그림에 보이는 소래기에는 물이 담겨 있을 것이다. 떡 치는 방망이를 가끔씩 물이 담겨 있는 소래기에 담갔다 빼내어 떡이 방망이에 들러붙지 않게 했을 것이다.

1909년 일본인이 쓴 『조선만화(朝鮮漫畵)』에는 당시 떡 치는 모습을 다음과 같이 묘사하였다.

판 위로 떡 치는 일은 전쟁 만화에나 있을 법한 그림이다.

절굿공이는 10전(錢)으로도 살 수 없는 고가의 제품이다.

마주 보고 둘이서 친다. 매우 조심스런 일이지만 혼자서 하기에는

벅찬 일이기 때문에 둘이서 하는 것이다.

한 사람은 사이사이에 잠깐씩 쉰다.

(…)

한인(韓人)의 떡은 쌀을 찜통에서 찌는 것이 아니라

일단 쌀을 가루로 만들어 반죽하여 찜통에서 찐 뒤 이것을 친다.

이 떡은 진백색으로 대단히 상등으로 보인다.

조선의 국수집에서 가는 국수와 함께 이 떡을 팔고 있다.

양반들은 떡을 꿀에 찍어 먹는다.

그 밖의 사람들은 그대로 먹는다.

불에 구우면 향기가 있고 미미(美味)이다.

국수집에서 떡을 판다는 사실은 1909년 당시 국수를 전문으로 만드는 집이 있었고, 이 집은 압착면(냉면용 국수) 제조 기구인 국수틀을 갖춘 집이라는 설명이 가능하다. 왜냐하면 절면(切麵, 칼국수)은 일반 가정집에서도 밀판, 홍두깨, 도마, 칼만 있으면 얼마든지 제조할 수 있으나 압착면 제조 국수틀은 너무 커서 일반 가정집에서는 소유하기 어려웠기 때문이다. 따라서 국수집이란 압착면을 파는 집이 된다.

압착면 뽑는 국수틀과 또 10전(당시 1원은 100전으로, 한 끼 식사가 5전이었다고 함)으로도 살 수 없는 절굿공이를 갖춰놓고 떡도 만들어 팔았는데, 그 떡은 쌀을 찜통에서 쪄서 치는 떡이 아니라 일단 쌀을 가루로 만들어서 물을 내린 다음(반죽하여) 찜통에서 쪄가지고 이것을 친다고 했다. 이 떡이 다름 아닌 지금의 가래떡, 즉 권모이다. 당시 압착면 뽑는 국수집에서는 권모도 만들어서 냉면과 떡국을 겸하여 팔았던 것 같다.

국수집에서 팔았던 권모를 포함하여 당시 치는 떡은 다음과 같이 분류되었다.

조선 왕실은 멥쌀과 찹쌀로 만든 떡을 경미병(粳米餠)과 점미병(粘米餠)이라 했고, 일반인들은 이를 멥쌀떡과 찹쌀떡이라 했다. 그중 멥쌀과 찹쌀을 가루로 만들어 찐 것을 조선 왕실에서는 경증병(粳蒸餠)과 점증병(粘蒸餠)이라 했고, 민가에서는 메시루떡과 차시루떡이라 했다.

【경미병, 멥쌀떡】

• 찌는 떡

왕실 | 백두경증병, 녹두경증병, 신감초경증병, 백두녹두경증병, 석이경증병, 증병, 석이밀설기, 신감 초말설기, 잡과밀설기, 밀설기, 백설기

민가 | 메시루떡, 증편, 팥시루떡, 백설기, 꿀편, 석탄병

• 쪄서 치는 떡

왕실 | 백병, 송병, 산병, 절병

민가 | 흰떡(가래떡, 권모), 송편, 개피떡, 절편

【점미병, 찹쌀떡】

• 찌는 떡

왕실 | 초두석이점증병, 녹두점증병, 밀점증병, 석이점증병, 임자점증병, 초두 점증병, 신감초점증병, 백두점증병, 합병, 후병, 석이밀설기, 약반

민가 | 차시루떡, 두텁떡, 깨찰편, 승검초편, 약밥

• 쪄서 치는 떡

왕실 | 인점미(引粘米), 단자병, 각색인점미

민가 | 인절미, 대추인절미, 깨인절미, 단자

주재료가 멥쌀과 찹쌀이고, 볶은 거피팥, 백두, 녹두, 신감초, 석이버섯, 대추, 밤, 깨 등으로 고물을 만들었는데 어떤 고물로 만들었는지에 따라 떡의 종류가 나뉘었다. 이 밖에도 쌀가루에 과일, 채소, 약재 등을 섞어 떡을 만들었는데 나복병, 복령병, 감자병, 살구단자, 토란병, 호박떡 등의 이름은 섞은 재료에 따라 지어졌다.

〈떡메질〉은 떡 만드는 모습을 묘사한 것으로,
19세기 말 개항장에서 활동했던 직업화가
기산 김준근의 풍속화이다.
오른쪽 상단에 원제목인 '打餠之形(타병지형)'이라는
한자 화제가 쓰여 있으며 화제 밑에는 '箕山(기산)'이라는
김준근의 호인이 백문방인(음각의 흰 글자가 있는
네모난 도장)으로 찍혀 있다.
김준근의 풍속화에서 화제가 한자로 쓰인 것은
한지에 수묵으로 그린 것이 많다.

엿 만들기

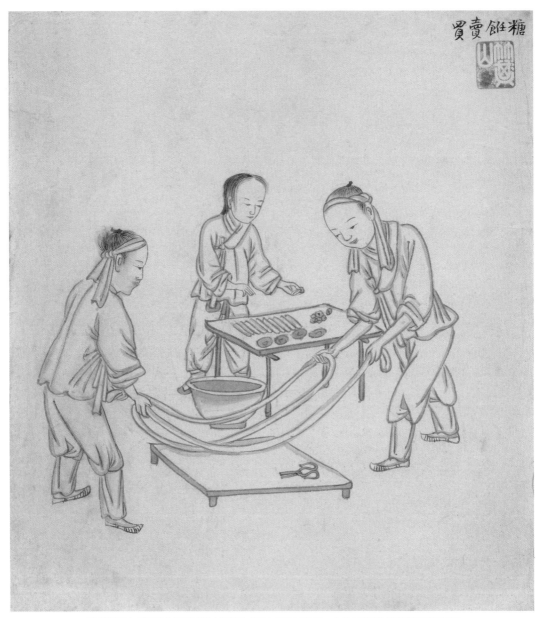

〈엿 만들기〉 | 김준근 | 19세기 말 | 종이에 수묵 | 18.8×16.6cm | 오스트리아 비엔나민족학박물관

울릉도 호박엿, 강원도 황골엿,
충청도 무엿, 전라도 고구마엿, 제주도 꿩엿…

〈엿 만들기〉는 강엿을 늘여 모양을 만드는 모습을 그렸다. 세 남자는 가족으로 보인다. 아버지와 장가간 아들은 상투 튼 머리에 띠를 두르고 바지에는 행전을 하였다. 둘이 강엿을 늘여서 가래엿을 만들고 있다. 늘인 엿을 가위로 잘라 팔기 좋게 적당한 크기로 자를 것이다. 머리를 땋은 총각 아들은 엿을 팔기 위해 가지런히 정리하는 듯하다.

엿을 늘이고 있는 2명의 사내는 흐르는 땀을 막아줄 땀받이 끈을 머리에 두르고 있고, 엿이 완성되면 흰엿을 적당한 크기로 자르기 위해 가위도 준비되어 있다.

엿은 전분을 함유한 곡식이나 감자류 등을 엿기름으로 삭혀서 고아 만든 식품이다. 조선시대

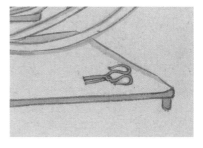

에는 그 특유의 고소한 단맛 때문에 서민 간식으로 인기가 높았으며, 설탕이나 꿀 대신 음식 조리에 사용하는 조미료였다.

엿을 만들기 위해서는 장시간의 가열이 필요하다. 먼저 보리를 싹 틔운 후 말리고 가루를 낸 엿기름을 우려낸다. 그 우려낸 물과 고두밥을 섞어 50℃로 온도를 유지한다. 열한 시간이 지난 후 밥알이 동동 뜨면 한 번 끓여 식힌다. 이것이 식혜이다. 그런 뒤 밥알을 모두 건져내고 걸쭉하게 될 때까지 끓이면 조청이 되고, 더 끓여서 되직하게 되면 그것이 바로 강엿이다. 강엿을 식힌 후 다시 따뜻한 곳에서 녹여 물렁물렁할 때 수백 번 이상 늘이면 색깔이 갈색에서 흰색으로 변하며 엿 성질도 부드러워진다. 이것을 가위로 잘라 굳히면 흰엿이 된다. 이 엿에 깨를 바르면 깨엿이 되고, 그 밖에 콩 등을 넣어 다양한 엿을 만든다. 행상들은 이렇게 만들어진 엿을 장시나 별신제 등 큰 행사에 갖고 나와 사람들에게 팔았다.

엿은 향토음식이라고 할 수 있을 만큼 지역색이 깃들어 있다. 울릉도 호박엿, 강원도의

황골엿, 충청도의 무엿, 전라도의 고구마엿, 닭고기나 꿩고기를 넣어서 만든 제주도의 닭엿 또는 꿩엿이 유명하다.

'엿' 하면 엿장수 풍경을 떠올리는 사람도 있을 것이다. 한곳에 좌판을 벌여놓고 엿을 파는 사람도 있었고, 엿목판을 들고 다니며 행상을 하는 사람도 있었다. 엿장수는 큰 가위로 찰칵찰칵 소리를 내며 엿을 사라고 목청을 높였다. 이 가위로 엿을 떼어내기도 했고, 가위 소리를 내어 사람들을 모았다.

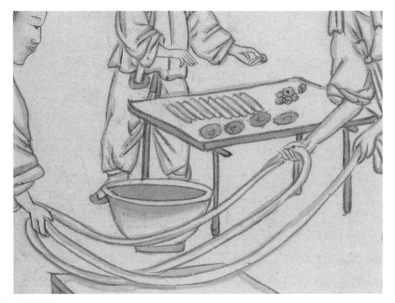

강엿과 흰엿

1909년 일본인이 쓴『조선만화』에는 당시 엿장수들의 모습이 묘사되어 있다.

> 엿 판매, 커다란 갓을 쓰고 엿 상자를 앞에 걸치고
> 인간의 목도 벨 것 같은 가위를 찰칵찰칵 하면서
> '엿, 엿, 엿 사려' 하고 외치면서 큰길을 걸어 다닌다.
> 상자 속에는 흰색과 검은색 두 가지 색깔의 엿이 들어 있다.
> 흰 것은 보통 엿, 검은 것은 대추가 들어 있는 엿으로

한 상자에 2관(貫)이 들어 있다.

하루 걸으면 전부 팔린다.

벌이는 1관을 1원에 사서 1원 50전에 파니까,

2관을 팔면 1원의 순이익이 남는다.

한 끼 식사가 5전인 한인의 생활에서 엿과 같이 달콤한 일이다.

메밀가루[蕎麥粉]가 바람에 날린다.

여기에 등장하는 엿장수는 엿 만드는 집에 가서 도매로 사다가 소매로 파는 사람이다. 볶은 메밀가루를 고물로 사용한 대추엿과 보통 엿 두 가지를 파는데, 2관을 팔면 외식을 20번 할 수 있는 1원의 순익이 생긴다는 것이다.

대중의 인기가 있었던 엿을 잘 만드는 집은 따로 있었다. 허균의 『도문대작』에서는 "개성부의 것이 상품이고, 전주와 서울 안의 송침교(松針橋)에서도 잘 만든다"고 하였다. 이는 전국의 쌀 및 보리 생산과도 관계가 깊다. 품질 좋은 쌀과 보리가 많이 생산되는 지역에서 품질 좋은 엿이 만들어진다. 1915년경에 씌어진 『부인필지』에는 "흑당에 말뚝 박아 늘인 것이 백당이다"라면서 광주의 백당법을 소개하였다.

흑당(黑糖), 백당(白糖), 이(飴), 석(餳)이라고도 지칭했던 엿은 중국 한대에 조미료로 이미 사용되고 있었다. 보리싹(엿기름)의 당화력으로 전분을 발효시켜 만드는 엿은 양조 등을 포함하여 된장 발효를 알고 있던 삼국시대에 이미 만들어 먹었을 것으로 생각되나 확실한 문헌은 없다.

엿 제조법을 필사본 『시의전서』를 통해 알아보자.

【엿 고는 법】

한 말을 고려면 엿기름가루 한 되를 어레미에 쳐서

받아 항아리에 붓는다.

찰밥을 시루에 되게 쪄서 된 김이 나간 다음

따뜻할 때 엿기름이 들어 있는 항아리에 담는다.

엿기름과 잘 섞이도록 주걱으로 저은 다음

뚜껑을 덮고 잘 싸서 삭힌다.

삭힐 때 손을 자주 넣어 보아 냉하지 않게 한다.

겨울에는 아궁이에 겻불을 만화로 때서

방 안을 덥혀 삭힌다.

너무 더우면 아주 버리고 때가 지나면 쉰다.

엿기름을 많이 넣으면 좋지 못하니

극히 조심해야 한다.

가끔 열어보아 밥풀이 잘 삭을 때까지 놓아둔다

(맛을 보아서 시지 않고 단맛만 있으면 잘된 것이다).

(밥이 전부 물이 되듯이) 밥풀이 삭으면

베자루에 담아 짠다.

짠 물을 솥에 부어서 곤다.

불이 강하면 눌어버리므로

싸리가지를 드리워 보아가며 조린다.

처음에는 싸게 때고 차차 만화로 땐다.

엿 고을 때 부정 타는 것은

월경 하는 여인과 피 묻은 옷을 입은 사람이다.

이들과 접촉해서는 안 된다.

고명은 볶은 깨, 강반, 잣, 호두, 계피, 후추, 건강, 대추 다진 것 등이다.

부정 타지 않게 해야 할 만큼 엿 만들기는 까다롭고 어려운 과정이었다. 가을보리로 늦가을에 싹을 내어 햇볕에 말린 것을 맷돌에 간 것이 엿기름이다. 또는 음력 8월 10일경 물동이에 밀을 담갔다가 물을 따라 버리고 햇볕에 쬐어 하루 한 번씩 물을 주면 뿌리가 난다. 이것을 돗자리에 6cm 두께로 펴서 하루에 한 번씩 물을 준다. 싹이 전부 돋아나면 물주기를 그만 하고 널어 말려서 백당(흰엿)을 만드는 데 쓴다. 만일 검은 엿을 만들려면 싹이 푸르게 날 때까지 놓아두어 덩어리가 된 후에 햇볕에 말려서 쓴다. 품질 좋은 상등의 찹쌀과 상등의 엿기름으로 만든 엿은 색깔이 검어진다. 주걱으로 떠서 늘여 보아 실같이 가늘게 굳으면 완성된 것이다(흑당).

통째로 굳히면 먹을 때 불편하므로 볶은 밀가루나 콩가루 또는 계피, 후추, 말린 생강인 건강(乾薑)을 쟁반에 펴놓고 적당한 크기로 떼어서 반듯하게 만든다. 혹은 엿에 잣을 섞어 굳히면 잣엿, 엿에 볶은 깨를 넣고 굳히면 깨엿, 엿에 볶은 콩을 넣고 굳히면 콩엿, 엿에 적당한 크기로 깨뜨린 호두를 넣고 굳히면 호두엿, 엿에 잘게 썬 대추를 넣고 굳히면 대추엿, 엿에 삶은 밤을 넣고 굳히면 밤엿이 된다.

흑당(검은엿)의 김이 나간 후에 따뜻할 때 커다란 덩어리로 만들어 두 사람이 서로 잡아당기며 수백 번 늘였다 합했다 하면 엿의 색깔이 점점 하얘지는데, 눈빛같이 하얗게 변하면 가위로 적당한 크기로 자른 다음 고물을 묻힌다. 고물로는 후춧가루나 건강가루를 썼다. 더운 검은엿에 잣·대추·강반을 넣고 잡아당겨서 희게 만들어 가위로 자른 뒤 후춧가루나 건강가루를 고물로 쓴 것이다.

20세기에 들어서자 굳히기 전의 엿에 잣, 호두, 깨, 콩, 대추 등을 넣고 군힌 것을 강정이라고도 하였다. 『조선요리제법』에는 잣엿강정, 호도엿강정, 깨엿강정, 낙화생엿강정, 콩엿강정, 대추엿강정, 검은콩엿강정을 소개하면서 만드는 방법을 기술했는데, 앞의 엿 제조법과 같다.

【검은콩엿강정】

> 추운 겨울 검은콩을 물에 불려서 채반에 건져 물을 다 뺀 후에
> 밖에 내다놓아 콩이 터지도록 몹시 얼거든
> 불에 달군 솥에 콩을 넣어서 소금을 약간 뿌리고 재빨리 볶은 후
> 엿에 볶은 콩을 섞는다.
> 이것을 밤알 크기만큼 떼어내 콩고물을 묻혀
> 둥글고 납작하게 만들어서 펴놓아 굳힌다.
> 이것은 콩이 연하고, 맛이 이상하게 좋다.

강정은 1795년(정조 19년)부터 궁중 문헌에 등장하는 유밀과(油蜜果)의 하나로, 삭힌 찹쌀가루를 쪄서 반죽하여 얇게 빚은 다음 바싹 말리고, 이것을 참기름에 튀겨내어 백당 녹인 것에 담가 건져서[汁清] 각종 고물을 묻힌 것이다. 홍세건반강정, 백세건반강정, 황세건반강정, 양색세건반강정, 삼색세건반강정, 임자강정, 계백강정, 백자강정, 백매화강정, 홍매화강정, 홍백매화강정, 삼색매화강정, 오색강정, 오색령강정 등 다양한

강정이 각종 연회에 선보였다. 찹쌀을 주재료로 만들었던 궁중 과자 강정이 엿의 주재료가 되어 엿강정이 된 것이다.

백당은 다름 아닌 흰엿인데, 1643년(인조 21년)에 청나라 사신이 왔을 때 조선은 손님들에게 홍산자, 백산자, 약과, 봉접과, 중박계, 한약과 같은 각종 유밀과를 만들어 대접했다. 이때에도 흑당과 백당을 집청(汁淸)의 용도로 적절히 활용하였다.

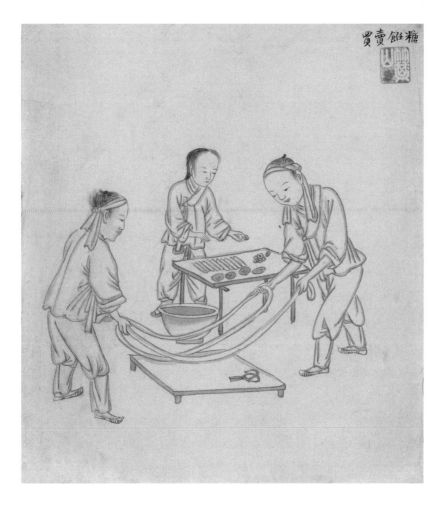

〈엿 만들기〉는 엿 만드는 모습을 그린 것으로,

19세기 말 개항장에서 활동했던 직업화가 기산 김준근의 그림이다.

김준근 풍속화 속 인물은 튀어나온 넓은 이마, 눈 주위의

검은 달무리, 갈고리 코 등이 특징이다.

또한 의복은 명암을 도식화하여 표현한 이중윤곽선묘법을 이용하여

묘사하였다.

밥 푸고 상 차리기

〈밥 푸고 상 차리기〉 | 김준근 | 19세기 말 | 종이에 채색 | 16.3×20.0cm | 독일 함부르크민족학박물관

주칠밥상으로 독상 차리는 양반가 부엌 풍경

〈밥 푸고 상 차리기〉는 19세기 말 양반가 부엌의 풍경이다. 앞치마를 두르고 소매를 걷어붙인 채 밥을 푸는 아낙은 식모이고, 옆에서 밥상 차리는 일을 시중드는 소녀는 급수비 또는 반빗아치 정도가 될 것이다. 소녀는 양반가에서 사용하는 주칠(朱漆) 밥상에 수저를 놓고 있다. 한 상은 양반 어른, 한 상은 부모님 상이고, 여자들은 그냥 부엌에 앉아서 먹어야 했을 것이다.

당시 양반가의 부엌일은 분업화되어 있었다. 꿩이나 물고기 등을 잡거나 주방일과 반찬 만드는 일의 관리, 밭농사 등은 남자가 했다. 물을 길어 오거나 장을 담그는 일, 차를 끓이거나 밥 짓는 일, 상을 차리는 일은 반비, 급수비, 장비, 다모, 식모라고 불리는 여자종이 했다.

관리로 진출한 양반들은 고향이 따로 있으면서 읍성 밖에서 자유롭게 독자적인 동족 부락을 형성하며 넓디넓은 토지와 많은 노비들을 거느리고 대를 이어 한곳에 눌러 살았다. 양반이 소유한 솔거노비와 외거노비로 구성된 사노비는 모든 국역에서 면제되었다. 그 대신 주인에게 무제한의 노동력을 제공해야 했다. 솔거노비 중 통지기는 물통이나 밥통을 지거나 찬거리를 사오는 여자 종이었고, 식모는 밥을 하거나 장 담그고 반찬 만드는 여자 종이었다. 식모는 달리 찬모라고도 했다. 반찬 만드는 여자 종이라는 뜻이다. 그럼 지방관아의 부엌을 살펴보자.

조선시대 서울을 제외한 전국은 읍치(邑治)를 중심으로 행정구역이 나뉘었다. 풍수지리를 기초로 진산을 정하고, 진산 근처의 북문 바로 앞에는 군수의 근무처인 동헌(東軒)과 국왕의 위패를 모셔놓는 객사(客舍)가 들어섰다. 객사는 동북쪽에, 동헌은 서북쪽에 자리 잡았다.

동헌 영역은 동헌, 서헌, 내아, 행랑, 행각으로 구성되어 있었다. 동헌이 군수의 공적 공간이라면, 내아(內衙)는 군수의 사적 공간이다. 내아는 행랑에 사는 노비들과 함께하는 군수의 살림집 공간이다. 내아에 들일 음식은 동헌에 소속된 부엌[廚]에서만 만들지 않고 관청 소속 부엌인 반빗간에서도 만들었다. 동헌 부엌은 간단히 다과상 정도의 준비에 사용되었으며, 주 부엌은 반빗간이었다. 손님이 빈번히 찾아오기 때문에 따로 주방이 배치된 까닭이다. 이 반빗간에는 쌀과 기타 곡물 등을 비롯한 농산물, 간장·된장·김치·젓갈 등의 저장식품과 소·돼지 등의 육류, 각종 건어물이 저장되어 있었고 주리(廚吏)가 관리하였다. 채소를 담당하는 원두한(園頭汗)이나 주노(廚奴)와 포노(庖奴)가 머물면서 조리를 담당했다.

조리 담당자는 관아에서 근무하는 공노비들이었다. 1700년대 말에서 1800년대에 관아에서 일하던 공노비는 다음과 같이 구성되어 있었다.

- 시노(侍奴) : 사또 옆에 붙어서 시중드는 남자 종
- 수노(首奴) : 노비의 우두머리로 물자를 구입하는 남자 종
- 공노(工奴) : 공고(工庫)의 곳간지기로 장작에 관한 일을 맡은 남자 종
- 구노(廐奴) : 마구간에서 말을 먹이고 사또의 행차가 있을 때 일산을 드는 남자 종
- 주노 : 관아 주방의 조리를 담당하는 남자 종
- 방노(房奴) : 방자(房子)라고도 함. 방을 데우고 변소를 치우는 남자 종
- 포노 : 관아 주방의 조리를 담당하는 남자 종
- 창노(倉奴) : 창고지기로 채소를 대는 남자 종
- 반비(飯婢) : 찬거리 사오는 일을 도맡은 여자 종으로 반빗아치라 부름
- 급수비(汲水婢) : 밥 짓고 물 긷는 일을 하는 여자 종으로 무자이라고 부름

이상의 노비 외에 규모가 큰 관청에는 도자(刀子) 또는 도척(刀尺)이라 쓰고, 칼자라고 지칭한 자들도 있었다. 칼자는 출퇴근을 하는 이른바 숙수(熟手)들을 가리킨다. 칼자가 주방장격이라면, 주노와 포노는 칼자를 돕는 자들이며 반빗아치(반비)와 무자이(급수비)는 심부름과 허드렛일로 칼자의 부엌일을 돕는 하층 천민 출신들이었다.

〈밥 푸고 상 차리기〉는 기산 김준근의 그림이다.

조선을 방문했던 서양인들은 정치적·경제적·학술적 차원에서

미지의 나라인 조선 생활 전반에 걸쳐 물품 등의 자료를 수집하고 있었지만

그 물품의 사용법이나 조선인들의 행동 방식에 대한 이해가 부족했다.

김준근은 가장 일상적인 생활에서부터 경외하여 그림으로

그리지 않았던 상·제례에 이르기까지 다양한 조선의 풍속을

그림에 담았는데, 이는 서양인들에게 조선 풍속을 알기 쉽게 설명하는

백과사전과 같은 기능을 했다.

2부

먹을 자리를 펴다

'먹을 자리를 펴다'는 조선 후기 서민들의 일상 음식 문화와 관련된 그림을
중심으로 구성하였다. 봄부터 겨울에 걸쳐 농부에서 양반까지 다양한 계층이
들·강·주막·기방·논밭 등 다양한 장소에서 무엇을, 어떻게 먹었는지 그림을
통해서 살펴본다.

주사거배

《혜원전신첩》 중 〈주사거배〉 | 신윤복 | 18세기 후반~19세기 초반 | 종이에 담채 | 28.2×35.6cm | 간송미술관

소국주, 두견주, 도화주…
없는 것 빼고 다 있는 객주 풍경

〈주사거배(酒肆擧杯)〉는 돈 많은 객주들이 머물다 가는 곳이었던 1700년대 말의 색주가 풍경이다.

혜원이 살았던 1789년(정조 13년)에는 국가가 자유 상업을 공인하는 신해통공(辛亥通共) 제도가 단행되면서 지역 시장이 활성화되고 상업이 발달하였다. 자연스럽게 객주가 매우 강력한 시장 주도 세력으로 급부상하게 되었다. 소규모 시장에서 나오는 산물이 대규모 시장으로 모이고 다시 이것이 전국으로 배급되는 유통 시스템을 가능케 하는 것이 객주였다.

객주 중에는 처음에 경강선상(京江船商, 정부 세금을 수송하는 일에 종사한 상인)으로 출발했다가 대규모 도고 활동(곡물의 매점매석)을 하는 자도 있었다. 이들은 용산·마포 등지에 물품을 장기간 보관할 수 있는 대형 창고를 소유하고 해산물·곡물·목재 따위를 취급했다. 특히 용산 서쪽은 마포, 토정(土亭), 농암(籠巖) 등의 강마을로 서해와 동해 팔도의 배가 모이는 곳이었는데, 이곳을 중심으로 객주가 들어섰다. 선창가 양쪽으로는 색주가들이 늘어서 상업 도시가 형성되었다.

대개 객주(여객 주인)들은 도매상인 수십 명을 마음대로 움직이고 뱃사람들을 부렸다. 이렇게 실력 있는 객주들은 군관 같은 몰락한 양반이나 경제력이 있는 양인(良人)들이었다. 이들은 '한량(閑良)'이라고 불리기도 했다. 아마도 이들이 〈주사거배〉 속의 주인공일 가능성이 크다. 색주가를 이용하는 사람들은 돈 많은 객줏집 주인들과 장사를 하러 온 상인들이었다. 하여 색주가에는 밤마다 불야성을 이룬 채 노랫소리가 그칠 줄 몰랐다.

〈주사거배〉의 계절은 꽃피는 봄이다. 벽돌로 만든 담장과 기와, 집의 구조로 보아 부자들이 드나드는 고급 술집 풍경이다. 대청 뒤편에 제법 큰 쌀뒤주(대략 두 가마들이)가 있고, 3층장이 놓여 있으며, 뒤주 위에는 다양한 크기

의 자기 단지가 올라가 있다. 참기름, 간장, 젓갈, 고춧가루, 후춧가루 등을 담아놓은 양념 단지일 것이다. 주모 오른편 6층 찬장에는 밥그릇과 국그릇으로 보이는 주발과 사발들이 놓여 있다. 남자 하인은 주모의 명을 기다리며 부뚜막 옆에 대기하고 있다.

화려한 치장을 한 주모는 돈이 많아 보이는 손님 다섯 명을 상대하고 있다. 앞쪽에 붉은 단령에 노란 초립을 쓰고 있는 남자는 의금부 별감으로 보이는데, 미리 왔는지 젓가락으로 안주를 집고 있는 듯하다. 별감 옆에 있는 사람은 별감과 함께 온 것으로 보이고 마주 보이는 양반은 쳐다보는 표정이 평소 알고 지낸 사이는 아닌 듯하다. 또 그 뒤편의 양반은 나장의 안내를 받는 듯한 모습이다. 이 양반은 중치막을 걸치고 폭이 넓은 바지에 행전을 쳤고 가죽신을 신었다. 행전은 남자들이 걸을 때 넓은 바지폭이 걸리지 않도록 무릎 아래에서 발목까지 둘러매는 것으로 양반들이 외출할 때 사용했다. 나장의 모자는 깔때기처럼 위가 뾰족하여 '깔때기'라고 했다. 철릭 위에 걸친 무늬 있는 까치등거리는 나장의 옷이다. 의금부는 임금의 명령으로 죄인을 벌하는 곳이었으니, 제일 낮은 벼슬의 나장이라도 이런 곳에서는 힘을 무시하지 못할 것이다.

이 술집은 술안주로 탕을 내는 집인 듯하다. 부뚜막에는 커다란 가마솥 2개가 걸려 있는데, 주모는 가마솥의 탕을 국자로 떠 올려 막 손님에게 전달하려 한다. 탕이 식을까 봐 가마솥 뚜껑은 닫혀 있다. 가마솥 주변에는 그릇이 어지러이 늘어져 있다. 그릇 6개는 탕기(湯器)와 종지이고 2개는 낮은 굽다리가 있는 접시이다. 접시는 가마솥 안에 들어 있는 수육을 꺼내 담는 용기일 가능성이 있다. 작은 그릇 몇 개는 초장을 담는 종지인 듯하다.

주모의 왼편 뒤쪽에 놓인 귀 달린 술항아리와 술병 속의 술은 『경도잡지』(1700년대 말)가 쓰일 당시에 유행한 소국주, 두견주, 도화주, 송순주 등과 같은 약주 또는 감홍로(평양 명주), 벽향주, 이강고(황해도 명주), 죽력고(호남 명주), 계당주, 노산춘, 삼해주 등과 같은 소주일 것이다. 이들 모두 초봄에 양조하여 늦봄부터 여름까지 마시는 고급술이었다.

〈주사거배〉는 신윤복의 대표작인 《혜원전신첩》중 한 장면이다.

이 그림이 포함된 《혜원전신첩》은 간송미술관의 실립자인 전형필이

일본 오사카의 상인 도미타(富田商會藤)로부터

1934~1936년 즈음에 구입한 것이다.

학첩은 널리 알려진 〈단오풍정〉, 〈주유청강〉등을 포함하여

총 30면의 그림으로 이루어졌다.

대부분 기생과 한량을 중심으로 한 남녀 간의 행락이나 정담

또는 양반 사회의 풍류를 소재로 그린 것이다.

봄에 답청 가서 노는 모양

〈봄에 답청 가서 노는 모양〉 | 김준근 | 1889~1900년경 | 비단에 채색 | 28.0×32.0cm | 덴마크 코펜하겐국립박물관

봄내음 물씬 나는 두견화 지져 먹고 과하주로 회포 푸는 '꽃다림'

아직 잎이 만개하지 않은 어느 이른 봄날, 상투 튼 장정 네 명과 댕기머리 사내아이가 한가로이 소풍을 즐기고 있다. 한 남자는 부채를 들고 판소리를 하는 듯하고, 다른 한 남자는 담뱃대를 들고, 또 다른 남자는 한잔 술에 회포를 풀고 있는 듯하다. 한쪽의 간이 화덕에는 소래기 안에서 물이 끓고 있다.

느긋한 봄날의 답청(踏靑) 풍경이다. 답청이란 따뜻한 봄날 파릇파릇 돋아난 풀을 밟는다는 뜻으로 답청절(踏靑節), 즉 삼짇날(음력 3월 3일)을 줄여서 부르는 말이기도 했다. 봄내음이 풍기는 맛난 음식을 준비하여 산과 들로 나가 꽃놀이하며 하루를 즐기는 삼짇날 풍경은 당시엔 흔한 일이었다.

3월 3일을 중삼(重三)이라고도 하는데 5월 5일 단오, 7월 7일 칠석, 9월 9일 중양절 또는 중구(重九)와 함께 다섯 중절(重節)의 하나로, 강남 갔던 제비가 돌아오는 명절이다. 3월은 살찐 웅어가 강으로 거슬러 올라오는 계절이기도 하다. 사람들은 이렇듯 봄날이 되면 강변에 나가 웅어를 잡아 회로도 먹고 탕으로도 끓여 먹었다.

봄에는 다양한 술, 즉 과하주, 소곡주, 두견주, 도화주, 송순주 등을 빚기도 하고 산병(饊餠), 환병(環餠), 진달래 화전[杜鵑花煎]도 만들어 먹었다. 날이 화창하면 진달래 화전 재료를 산과 들에 가지고 나가서 즉석에서 지져 먹기도 하였다. 그래서 답청을 '화전놀이' 또는 '꽃다림'이라고도 하였다. 날은 따사롭고 나무에는 새싹이 돋아 오색 꽃망울을 피우는지라 노인에서부터 어린이까지 마음에 맞는 지인들과 모여 물 있고 꽃 있는 곳을 찾아 하루를 즐기는 것이다.

화전 하는 장면은 김삿갓의 시에도 등장한다.

> 작은 시냇가에서 솥뚜껑을 돌에다 받쳐
> 흰 가루(찹쌀가루)와 푸른 기름으로 두견화(진달래꽃)를 지져
> 쌍젓가락으로 집어먹으니 향기가 입에 가득하고

일 년 봄빛이 뱃속에 전해지누나.

다음은 『해동죽지(海東竹枝)』에 실린 글이다.

곱고 따스한 천기(天氣) 봄빛을 느끼고
금빛 수양버들 수만 실이 늘어졌다.
곳곳에 꽃 지지는 향긋한 봄맛이 좋아
온 산에 핀 두견화

삼진날의 떡은 뭐니 뭐니 해도 송편일 것이다. 지금은 추석 때 송편을 먹지만 조선시대에는 노비 송편, 한식 송편, 삼진 송편, 한가위 송편 등 때마다 송편을 먹었다. 〈떡타령〉에 등장하는 떡은 이를 잘 반영한다.

- 정월 보름 : 달떡
- 2월 한식 : 송편
- 3월 삼진 : 송편
- 4월 파일 : 느티떡
- 5월 단오 : 수리치떡
- 6월 유두 : 밀전병
- 7월 칠석 : 수단
- 8월 가위 : 오리송편
- 9월 구일 : 국화떡
- 10월 상달 : 무시루떡
- 섣달 : 골무떡

김삿갓이 쓴 다음 시에도 송편을 묘사한 구절이 있다.

손바닥에 굴리고 굴려 새알[鳥卵]을 빚더니

손가락 끝으로 낱낱이 조개 입술을 붙이네
금반(金盤) 위에 오뚝오뚝 세워놓으니
일천 봉우리가 깎은 듯하고
옥 젓가락으로 달아 올리니
반달이 둥글게 떠오르네

꽃다림을 하러 갈 때는 각종 나물도 무쳐서 가지고 갔다. 〈전원사시가(田園四時歌)〉에서 어떻게 나물을 묘사했는지 살펴보자.

주먹 같은 고사리요, 향기로운 곰취로다
빛 좋은 고비나물 맛 좋은 어아리다
도라지 굵은 것과 삽주순 연한 것을
낱낱이 캐어내서 국 끓이고 나물 무쳐
취 한 쌈 입에 넣고 국 한 번 마시니
입 안의 맑은 향기 삼키기 아깝도다.

〈농가월령가(農家月令歌)〉에도 다음과 같이 나물을 묘사했다.

앞산에 비가 개면 살찐 향약(香藥) 캐오리다
삽주, 두릅, 고사리며 고비, 도랒, 어아리를
일분은 엮어 달고 이분은 무쳐 먹네
낙화를 쓸고 앉아 병술로 즐길 적에
산채로 준비함이 가효(佳肴)에 비할소냐.

삼짇날에는 화면(花麵)과 수면(水麵) 또한 만들어 먹었다. 녹두가루를 반죽하여 익힌 것을 가늘게 썰어서 꿀을 탄 오미자국에 띄운 것이 화면이고, 녹두국수를 꿀물에 띄운 것이 수면이다.

답청 가서 마시는 술은 두견주나 과하주일 것이다.

『규합총서(閨閤叢書)』를 보면 두견주 만드는 법이 기록되어 있는데, 찹쌀과 누룩가루로 청주를 빚어 술이 부글부글 끓어오를 때, 꽃술을 없앤 진달래꽃을 명주 주머니에 담아 술 속에 박아 1개월 정도 양조해 만들었다. 과하주(過夏酒)는 여름을 날 수 있는 술이란 의미로 『증보산림경제(增補山林經濟)』에 과하주 만드는 법이 등장한다.

"좋은 누룩 7홉을 모시 주머니에 담고, 끓여 식힌 물 세 사발을 모시 주머니에 붓는다. 그 이튿날 모시 주머니를 주물러 누룩 물을 짜내고 남은 찌꺼기는 버린다. 찹쌀 9되와 멥쌀 2되를 무르게 쪄서 식힌 후 누룩 물과 합하여 항아리에 담고 소주 10사발을 부어서 차지 않은 곳에 놓아두면 20일 만에 익는다. 여름이 지나도 맛이 변하지 않는다."

〈봄에 답청 가서 노는 모양〉은 남성들이 둘러앉아

야외에서 연회를 즐기는 모습을 그린 것으로,

19세기 말 개항장에서 활동했던 직업화가 기산 김준근의 풍속화이다.

음력 삼월 삼짇날이나 청명일에 산이나 계곡을 찾아서

먹고 마시며 봄의 경치를 즐기는 풍속인 답청의 모습을 묘사하였다.

이 그림은 덴마크 코펜하겐국립박물관의 소장품으로,

오이센(Janus Frederik Oiesen, 1857~1928)이 1889년부터 1900년까지

원산 개항장에서 세관원으로 근무할 때 구입한 것으로 보인다.

점심

큰 밥사발에 나물 한 젓가락,
막걸리 한 잔에 노동의 피로 날리고

소박한 점심 풍경이다. 외거노비(外居奴婢) 또는 양인(良人)인 듯한 6명의 장정들이 모여 앉아 숟가락과 젓가락으로 밥과 찬을 들고 있다. 뒤쪽의 한 장정은 심부름하는 아이가 가지고 온 막걸리를 대접에 따라 들이켜고 있다. 이 남자는 벌써 식사를 끝낸 모양이다. 농번기 일꾼들에게 빠질 수 없는 막걸리는 일꾼들의 부족한 식사량을 채워주고, 일의 능률을 올려주는 활력소 역할을 했다.

새참을 가져온 아낙은 갓난아이에게 젖을 물리고 있고 따라온 어린 아들은 귀엽게 밥을 먹고 있다. 둥글넓적한 얼굴에 둥글둥글한 눈매, 참으로 무구하고 건강한 서민의 모습을 그렸다. 점심을 먹기 위해 둘러앉은 농부들의 행동이나 화면 배치가 매우 유기적으로 연결되어 자연스럽고 사실적이며, 또한 해학이 넘친다. 이들은 한마을에 사는 사람들로 농사일을 공동으로 하기 위하여 품앗이나 두레로 일을 하는 사람들인 듯하다.

점심(點心)이라는 용어는 중국에서 유래했다. 오늘날 중국의 식사는 주식에 해당하는 반(飯), 부식에 해당하는 채(菜), 가식에 해당하는 점심으로 나뉘는데, '점심(디엔싱)'은 당나라 때 생긴 말로 그때까지 병(餅), 이(餌) 등으로 불렸다. 디엔싱의 기원은 요사렴(姚思廉)의 『양서(梁書)』에 언급되어 있다. 소명태자(昭明太子)가 곡물 값이 오르자 백성들에게 소식(小食)을 명한 데서 비롯된 것으로 점심의 본래 의미는 소식, 즉 적게 먹는 음식을 뜻했다. 불교 선종에서는 배고플 때 조금 먹는 음식을 '점심'이라 불렀다.

이익은 『성호사설(星湖僿說)』에서 "당나라 정삼(鄭糝)이 강회(江淮)의 유후(留後)가 되었을 때 부인이 '점심 드세요'라고 하였다. 후세에는 이른 새벽에 소식하는 것을 점심이라 한다"고 하였다. 이를 통해서 볼 때 중국에서 점심의 본래 의미는 새벽에 소식하는 것이었지만 우리나라에 와서는 '점심'이라 적고 '낮에 먹는 밥'을 의미하게 되었다.

조선 후기에 농민들의 끼니는 기본적으로 두 끼였으나 여름철에는 점심을 먹었다. 노동을 많이 하는 농번기였기 때문이다. 실학자 이규경(李圭景)의 『오주연문장전산고(五洲衍文長箋散稿)』에는 2월부터 8월까지는 점심을 먹는다고 했다. 양력으로 따지면 3월

춘분쯤에서 9월 추분쯤이다.

조선시대에는 왕가에서부터 일반 서민에 이르기까지 아침에는 죽을 먹었다. 이를 궁중에서는 조수라(早水刺, 粥水刺), 서민들은 조반(早飯)이라 하였다. 이덕무(李德懋)의 『청장관전서(靑莊館全書)』에는 "서울 시녀(市女)들의 죽 파는 소리가 개 부르는 듯하다"라고 할 정도로 당시 죽은 시장에서 파는 매우 보편화된 음식이었다. 『임원십육지(林園十六志)』에 "매일 아침에 죽 한 사발을 먹으면 위장에 좋다. 이것은 음식의 최묘결(最妙訣)이다"라고 했듯이 죽은 보양식 겸 아침밥 대용으로 널리 애용된 일반식이었음을 알려준다.

방풍죽(防風粥), 두을죽(豆乙粥), 연자죽(蓮子粥), 해송자죽(海松子粥), 청태죽(靑太粥), 호죽(瓠粥), 규채죽(葵菜粥), 맥죽(麥粥), 추죽(雛粥), 우양죽(牛䑋粥), 부어죽(鮒魚粥), 석화죽(石花粥), 우근죽(藕根粥), 검인죽(芡仁粥), 능각죽(菱角粥), 갈근죽(葛根粥), 황률죽(黃栗粥), 전복죽(全鰒粥), 홍합죽(紅蛤粥), 우육죽(牛肉粥), 진자죽(榛子粥), 행인죽(杏仁粥), 흑임자죽(黑荏子粥), 타락죽(駝酪粥), 적두죽(赤豆粥), 고비죽, 고사리죽, 도라지죽, 무죽, 당근죽, 근대죽, 시금치죽, 냉이죽, 미나리죽, 마죽, 복령죽, 백합죽, 대추죽, 호두죽, 들깨죽, 도토리죽, 생강죽, 백미죽 등이 당시에 먹던 종류이다.

아침에 죽을 먹으니 점심에 배가 고프지 않을 수 없다. 그래서 점심을 많이 먹었던 것 같다. 그런데 점심 밥그릇이 큰 것은 아침을 죽으로 먹었기 때문만은 아닐 것이다. 노동으로 힘든 농부의 허기진 배를 채워줄 양을 감안한다 해도 밥그릇이 유난히 큰 것을 볼 수 있다. 이는 먹는 양이 요즈음보다 많다는 것을 보여준다. 당시에는 질보다는 양

을 중시했다. 성현(成俔)은 『용재총화(慵齋叢話)』에서 "가난뱅이도 빚을 내서라도 실컷 먹어댄다"고 할 만큼 당시엔 먹는 양이 많았다. 조선 후기 실학자인 이규경은 남자는 한 끼에 7홉, 여자는 5홉을 먹는다고 하였는데, 이는 현재 식사량과 비교하면 3배이다. 그림에서 보듯 아이의 식사량 역시 매우 많다. 『성호사설』은 당시의 대식(大食) 상황이 어떠했는지 보여준다.

"가난뱅이도 빚을 내서라도 실컷 먹어댄다"라고 할 만큼 당시엔 먹는 양이 많았다.
그림에서 보듯 아이의 식사량 역시 매우 많다.

우리나라 사람들은 이 세상에서 음식을 가장 많이 먹는다. 최근 우리나라 사람
가운데 표류하여 유구국(琉球國, 현재의 오키나와)에 도착한 자가 있었다. 그 나라
사람들이 비웃으면서 그에게 말하기를 "너희 나라 풍속에 항상 큰 사발에 밥을
담아 쇠숟가락(유기 수저)으로 푹푹 떠먹으니 어찌 가난하지 않겠는가?"라고
말하였다. 그 사람은 아마도 전에 우리나라에 표류해 와서 우리의 풍속을 잘 알고
있는 사람인 듯하다.(…)

내가 일찍이 살펴보건대 바닷가에 사는 사람들은 세 사람이 나누어 먹어도
배고프지 않을 정도의 음식을 한 사람이 먹어치운다. 그러니 나라가 어찌
가난하지 않을 수 있겠는가. (…)

요즘 사람들은 새벽에 일찍 일어나 흰죽 먹는 것을 '조반'이라 하고, 한낮에
배불리 먹는 것을 '점심'이라 한다.

반찬을 담은 그릇

그림 속의 광경을 자세히 들여다보면 반찬은 높이가 낮은 사각형 그릇에 담고 밥은 커
다란 주발에 담았다. 먹는 밥이 쌀밥인지 보리밥인지 알 길은 없으나 윗옷을 벗고 있
는 걸로 미루어 늦봄 또는 여름이므로 보리밥일 가능성이 크다. 맨 앞 왼편에 앉아 있
는 남자는 왼손으로 밥주발을 들고 오른손으로는 반찬을 막 집고 있다. 늦봄 또는 초
여름인 이때의 반찬 종류는 대략 다음과 같으리라.

연근채(蓮根菜), 원추리나물, 박나물, 자총나물, 미나리나물, 황화채, 양하나물,
파나물, 두릅나물, 도라지나물, 콩나물, 숙주나물, 죽순나물, 더덕나물, 고비나물,
고사리나물, 호박나물, 오이나물, 무나물, 쑥갓나물, 가지나물, 취쌈, 상추쌈,
깻잎쌈, 된장

당시 생선이나 젓갈, 돼지고기, 닭고기, 쇠고기, 달걀 등의 식재료는 너무 비쌌기 때문
에 서민들에게는 사치스러운 음식이었다. 이들의 찬은 아마도 나물을 포함한 채소 위
주의 식단이었을 것이다.

〈점심〉은 김홍도의 대표적 작품인 《단원풍속화첩》 중의 한 장면이다.
〈대장간〉, 〈서당〉, 〈무동〉, 〈씨름〉 등 25면으로 이루어진 이 화첩의 그림들은
배경을 간단히 처리하고 인물의 행위를 중심으로 묘사해
조선의 활기차고 건강한 서민들의 생활을 집중적으로 살펴볼 수 있다.
특히 인물의 감정을 주변의 상황과 유기적으로 연결시켜 자연스럽게
표현하였다는 점에서 예술적 가치를 더한다.
또한 둥글넓적한 얼굴에 둥글한 눈매를 지닌 조선시대의 전형적인 서민상을
표현해번 점이라든가 등장인물들의 사실적이고 해학에 넘치는 동작의 묘사 등
풍속화가로서 김홍도의 기량을 보여준다.

강변회음

《긍재풍속화첩》 중 〈강변회음〉 | 김득신 | 18세기 후반 | 종이에 담채 | 22.4×27.0cm | 간송미술관

화폭에 담긴 한식

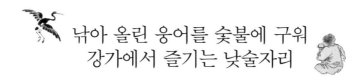

낚아 올린 웅어를 숯불에 구워
강가에서 즐기는 낮술자리

계절은 늦봄 또는 초여름이다. 상투를 튼 여섯 장정과 어린아이 둘이 강변의 버드나무 아래에 둘러앉아 구운 생선을 찬으로 점심을 먹고 있다. 배 옆에 낚싯대가 놓인 걸 보니 물에 나가 고기를 잡은 모양이다. 생선을 거의 다 먹어치웠는데, 생선 한 마리가 찬의 전부는 아니었을 듯하다.

길게 드리워져 있는 낚싯대 위에 왜가리 혹은 가마우지인 듯 보이는 새가 있다. 이 광경을 보니 아마도 고기가 잡히는 대로 구워서 천천히 반찬과 술안주를 곁들이며 점심을 즐기고 있는 것 같다. 버드나무에 등을 대고 앉아 있는 장정, 뒤편에서 술을 마시는 장정, 나무 뒤에서 밥 먹는 것을 지켜보고 있는 어린아이는 이미 식사를 마치고 입질할 생선을 기다리고 있는지도 모르겠다. 모든 이의 표정이 한가로운 시간을 꽤 오래 즐길 태세다. 이 평화로운 그림은 밥을 다 먹은 후에도 생선을 잡아 회, 탕, 구이를 만들어 한바탕 술판을 벌일 것임을 암시한다.

낚시가 끝난 후 잔치를 벌이는 일은 왕부터 서민까지 매우 흔했다. 일반 서민들은 잡은 물고기를 안주 삼아 술을 마시는 것이 하나의 일상이었다. 이를 잘 포착한 것이 김득신의 〈강변회음(江邊會飮)〉이다.

김득신(金得臣, 1754~1822)이 살던 시절에는 생선(生鮮), 즉 싱싱한 물고기라고 하면 민물고기를 뜻했다. 냉장이나 냉동 기술이 발달하지 않았기에 바닷가에서 잡은 물고기는 현지가 아니면 수송 시간 때문에 싱싱한 채로 식탁에 오르기가 여간 어려운 일이 아니었다. 따라서 민물에서 잡은 싱싱한 생선은 횟감이나 구이 혹은 탕 재료로 널리 애용되었다.

- **어회** | 눌치, 쏘가리, 웅어
- **구이** | 눌치, 쏘가리, 웅어, 붕어
- **탕** | 붕어, 잉어, 눌치, 쏘가리

위 생선들은 늦봄이나 초여름에 즐겨 먹었던 것들이지만 가장 대중적인 생선은 단연 웅어와 붕어가 아닐까 한다. 압록강, 한강, 금강에 분포하는 웅어는 해수와 담수가 만나는 기수(汽水)에 사는 생선이다. 늦봄이나 초여름에 강을 거슬러 올라가 산란하기 때문에 이때가 어획기이다. 조선 왕조는 한강 하류인 고양(高陽)에 사옹원(司饔院) 소속의 위어소(葦魚所)를 두어 물고기를 잡아 왕가에 진상하였다. 1700년대 말경에 유득공(柳得恭)이 지은 『경도잡지(京都雜誌)』에는 이런 대목이 있다.

【자어(紫魚)】

속명은 웅어[葦魚, 위어]라 한다.

한강 하류 행주나루 근처에서 늦봄이나 초여름에 잡힌다.

사옹원이 관망(官網)으로 잡아서 진상한다.

생선장수가 거리에서 소리치고 다니면서 파는데,

도화(桃花)가 떨어질 무렵에 횟감으로 쓴다.

당시 횟감으로 가장 좋은 생선은 늦봄에 잡은 물고기를 최상으로 쳤던 것 같다. 물 좋은 생선을 나라에 올릴 때 이를 공지(貢脂)라 하였다. 김매순(金邁淳)이 1700년대 말경에 쓴 『열양세시기』에는 다음과 같은 기록이 있다.

공지되는 생선은 크기가 큰 것은 한 자[尺]가량 되는 것이 있다.

비늘이 적고 살이 연하여 회로 먹어도 좋고 구워도 좋다.

매년 3월 초에 상류로 거슬러 올라오는데 미음(渼陰) 지방까지 와서 멎는다.

곡우(穀雨)를 전후한 3일 사이에 가장 성하다.

이때가 지나면 점점 없어진다.

강촌인(江村人)들은 이것으로 조만(早晩)을 안다.

이것은 농엄(農巖)이 쓴 시에 '어영곡우린린(魚迎穀雨鱗鱗)'에 의한 것이다.

공지란 곡지(穀至)의 와전이다.

곡지란 곡우에 이르러 생선이 많이 잡힌다는 의미이다.

김매순의 『열양세시기』에 실린 글은 양력 4월 20일 즈음인 곡우 전후에 많이 잡히는 크기가 크고 기름진 생선에 관한 이야기로 구워도 먹고 회로도 먹는다 했으니, 웅어를 가리키는 것이 아닌가 한다. 회 식용의 역사는 문헌상으로는 『의례』부터이지만, 훨씬 이전부터 이어온 실로 오랜 역사를 가진 음식문화의 상징적 존재이다. 불이 발견되기 훨씬 이전부터 우리 조상들은 바닷가나 강가에 살면서 가장 신선하면서 영양이 풍부한 회를 즐겨 먹었을 것이다. 그러나 〈강변회음〉 속에는 회로 먹은 흔적은 찾아볼 수 없고, 거의 다 발라먹은 뼈만 남았다. 커다란 생선을 구이로 먹은 흔적인 듯하다. 회를 치려면 도마와 칼이 필요한데, 구이는 숯불만 있으면 된다. 남자들 모임에서는 생선구이가 더 수월했을 것이다.

왕실에서부터 일반 민중까지 웅어만큼 많이 애용된 생선은 붕어였다. 1795년(정조 19년) 혜경궁 홍씨의 환갑연에도 정조 임금과 혜경궁 홍씨에게 붕어구이를 올렸다는 기록이 있다. 크기가 10cm에서 45cm까지 있고 여느 개울이나 못에서도 흔히 볼 수 있으며 가장 쉽게 잡힌다. 흐르는 물에 사는 것은 푸른색이고 탁한 물에 사는 것은 황색을 띠는데, 비록 가시가 많긴 하지만 붕어 역시 구이로 많이 만들어 먹었다. 『규합총서』에서 밝힌 붕어 굽는 법을 살펴보자.

【붕어 굽는 법】

숯불을 많이 피워 재를 위에 얇게 덮어서
비늘이 그슬리지 않게 불 위에 얹은 후 굽는다.
비늘이 말라 그슬리면 냉수를 바르는데,
물기가 말라 비늘이 도로 붙으면
물 바르는 것을 계속한다.
비늘이 떨어질락 말락 하는 상태를 대여섯 차례 한 다음,
거꾸로 집어 들고 비늘을 들썩거리면서
기름장을 발갯깃으로 발라 무르녹게 구우면
비늘이 저절로 떨어지며 맛이 자별하다.

물을 계속 바르면서 굽는 붕어 조리에 관한 기록은 1800년대 말경에 나온 『시의전서』

에도 등장한다. 마치 쇠고기를 대꼬치에 꽂아서 구워먹는 '설야멱(雪夜覓)'과 같은 방법이다. 야외에서 낚시로 잡아 올려 즉석에서 구워먹기에 좋은 방법이다.

생선구이는 원래 긴 적꽂이로 생선 머리부터 찔러 꽂아서 석쇠에 굽는 것이기 때문에 위와 같이 붕어를 구울 때에도 기다란 적꽂이를 사용했다면 더 수월했을 것이다.

김득신의 〈강변회음〉은 《긍재풍속화첩》 중에 포함된 그림들 중 하나로,
미술사학자 최순우는 이 그림을 '천렵도'라 부르기도 하였다.
김득신은 풍속화나 도교의 신선과 불교의 신을 주제로 한
도석인물화 등의 작품을 많이 남겼는데,
오세창의 『근역서화징』이나 유재건의 『이향견문록』에도
그가 인물에 능했음을 전하고 있다.

주막

《단원풍속화첩》 중 〈주막〉 | 김홍도 | 18세기 후반 | 종이에 담채 | 27.0×22.7cm | 국립중앙박물관

시원한 섞박지에 국밥 한 그릇, 바쁜 걸음 붙잡는 모주 한 사발

짚으로 엮은 지붕 아래 초립을 쓴 남자가 그릇을 기울여 남은 국물을 숟가락으로 떠먹으려 하고 있다. 그냥 밥이 아니라 국에 만 밥 또는 물에 만 밥이다. 밥·김치(섞박지)를 담은 작은 보시기, 명태를 얹은 듯한 접시 등 네모진 안반 위에 차려진 3첩 반상을 받았다. 그 옆에는 이미 식사를 마친 남자가 담배를 입에 물고 밥값을 내려는지 돈주머니를 뒤적이고 있다. 이들에게 등짐이 있는 것으로 보아 등짐장수 아니면 봇짐장수인 듯하다.

주모로 보이는 여인은 부뚜막에 놓인 항아리에서 무언가를 푸고 있는데, 함지박에 수북이 담겨 있는 밥이 옆에 있는 것으로 보아 아마도 국을 담으려 하는 것일 게다. 부뚜막 위에는 똑같은 그릇이 여러 개 포개져 있는데, 바쁜 나그네들을 위해 밥·국 따로 할 것 없이 국밥을 말아 팔고 있는 모양이다. 주모 뒤에는 주모의 아들로 보이는 어린아이가 매달려 있다. 주모는 오른손에 밥그릇을 들고 항아리 속의 국을 막 퍼서 담으려 하고 있다. 문이 없는 밥집에서 땅바닥에 자신의 봇짐(등짐)을 깔고 앉아 밥을 먹고 있는 소박한 주막의 모습이 매우 해학적이다.

조선시대에는 서울을 제외한 모든 지역에 읍성이 있었고 이를 중심으로 시장이 섰다. 충청남도 한산군 읍성을 예로 들면 종4품의 군수를 비롯하여 훈도(訓導) 1명, 좌수(座首) 1명, 감관(監官) 1명, 별감(別監) 1명, 제민창감관(濟民倉監官) 1명, 군관(軍官) 17명, 인리(人吏) 40명, 통인(通引) 15명, 사령(使令) 16명, 관노(官奴) 7명, 관비(官婢) 4명, 약정(約正) 9명, 권농주인(勸農主人) 9명이 상주했다. 이들은 읍성 내 관아에 소속되어 공무를 집행했는데, 일부는 관아에서 숙식하고 또 일부는 읍성 내에 살며 출퇴근했다. 대개 읍성의 동문과 서문, 북문과 남문을 가로질러 도로가 만들어졌는데 동문과 서문을 가로지른 객사 앞 도로에 자연스럽게 읍장(邑場)이 형성되었다. 서유구(徐有榘)는 『임원십육지』에서 한산군에 시장이 있었다고 밝혔다.

【한산(韓山)】

읍내장(邑內場), 1일과 6일에 열린다.

신장(新場), 하북면에 있는 장으로 3일과 8일에 열린다.

장등장(長登場), 서하면에 있는 장으로 4일과 9일에 열린다.

이와 같이 5일장이 돌아가면서 열려 가능한 한 매일 시장이 개설되도록 하였다.

여기서는 쌀, 모시, 민어, 갈치, 뱅어, 작어[鱛魚], 소곡주, 섞박지 등을 팔았다. 소곡주와 섞박지를 팔았다는 것은 읍장 내에서 주막을 통한 외식 산업이 발전하였다는 말이다. 물론 다른 지역의 주막에서도 술과 밥을 팔았고, 반찬으로 김치가 올랐다.

1700년대 말 한양에도 시장이 서는 곳에 주막이 있었다. 대표적인 예가 동대문 밖 이현 난전의 누원주막이다. 누원주막은 서울로 오는 어상(魚商)의 물건을 넘겨받는 곳이기도 하였다.

주막은 당시 주점, 점막(店幕), 술막, 숫막, 여점, 야점 등으로도 불렀다. 기록에 따르면 주막은 고려시대에 화폐를 유통시키기 위해 국가가 설치하면서 생겨났다. 조선시대에는 임진왜란 후 원(院)의 기능이 쇠퇴하고 역참(驛站)마다 점(店)을 설치하여 여행자에게 숙식을 제공했는데 상인들의 이동과 거래가 활발해지면서 점점 더 발전하였다. 주막은 도시에서는 객주(客主)와 여각(旅閣), 시골에서는 여인숙의 구실도 했다. 19세기 후반에는 촌락 10~20리 사이에 한 개 이상의 주막이 있었다. 특히 장이 열리거나 역(驛)이 있는 곳, 마을 어귀, 큰 고개 밑, 나루터, 광산촌 등에 주막이 생겨났다.

조선 후기에는 시장이 번성하면서 상인들의 상업 활동이 활발해졌다. 시장이 농촌 경제를 활성화시키는 중심이 되면서 지역 간 시장권이 확대되고 상인들은 상품을 신속하게 운반하는 것이 중요해졌다. 박제가의 『북학의(北學議)』에는 다음과 같은 구절이 나온다.

원산에서 말에 미역이나 건어물을 싣고 사흘에 돌아오면 조금 낫고,

닷새 걸리면 손해도 이익도 없고, 열흘간 유숙하면 크게 빚지고 돌아온다.

시장이 발달하자 인구 이동이 빈번해지고 여행자가 증가함에 따라 역 가까이에 객줏집이 들어서고, 간선도로가 아닌 곳에도 술과 음식을 파는 주막이 발달하게 된 것이다.

객줏집과 주막은 불가분의 관계에 있었다.

시장이 번성하고 주막이 확산되는 시기인 1700년대 말에서 1800년대 중엽까지 전국적으로 섞박지가 유행하였다. 『경도잡지』(1700년대 말)에는 섞박지를 '잡저(雜菹)'라 부르며 "새우젓국으로 무, 배추, 마늘, 고추, 소라, 전복, 조기 등을 항아리에 담아 겨울을 나면 신열한 맛이 난다"라고 하였다. 이 겨울김치 섞박지에 대해 서유구는 『임원십육지』에서 역시 그가 1800년대 초에 쓴 『옹희잡지』를 인용하여 '해저(醢菹)'라 하였다. 오이, 가지, 동아, 배추, 갓에 조기, 젓갈, 젓갈즙, 전복, 소라, 낙지, 전복껍질, 청각, 생강, 산초, 고추를 넣고 만든 해저는 바로 『경도잡지』가 일컫은 잡저에 해당한다. 다른 어떤 것보다 섞박지의 성격을 가장 정확히 표현한 이름이다. 해저는 다름 아닌 무와 배추에 다량의 젓갈을 넣어서 만든, 젓갈[醢]로 만든 김치[菹]를 뜻하기 때문이다.

소금에 절인 잎줄기가 달린 무에 오이, 배추, 갓, 무, 조기젓, 전복, 소라, 낙지, 청각, 생강, 산초, 고추, 마늘을 함께 버무려 알맞게 젖산 발효시킨 해저[잡저, 교침채(交沈菜), 섞박지]는 당시에 전개된 결구 배추의 유입과 선박 기술의 발달이 가져온 어획고의 증가, 2배가량 향상된 소금 생산량 덕분에 더욱 쉽게 만들 수 있던 젓갈, 그리고 활발하게 전개된 수산물 유통 및 유행하기 시작한 고추 사용 등이 맞아떨어져 생긴 결과이다. 어찌 되었든 1815년경에는 한산의 섞박지가 전국에서 가장 유명한 음식의 하나로 부상하면서 『임원십육지』의 시절에 주막에서도 섞박지를 팔았다.

서유구의 형수이면서 서유본의 부인인 빙허각 이씨가 지은 『규합총서』에는 섞박지 만드는 방법이 상세히 기술되어 있다.

> 가을부터 겨울까지 김장할 무렵 무, 갓, 배추를 너무 짜지 않게 소금에 절인다.
> 절인 지 4~5일 뒤에 조기젓, 준치젓, 밴댕이젓을 물에 하룻밤 담가둔다.
> 무는 껍질을 벗겨서 적당히 썬다.
> 오이지는 김치 담그는 날 며칠 전에 물에 담가 짠물을 우려낸다.
> 재 속에 묻어 저장해둔 가지는 섞박지 담그는 날 꺼내서 물에 담근다.
> 동아는 썰어서 껍질을 벗기지 말고 속을 긁어낸다.
> 각종 젓갈의 지느러미, 꼬리, 비늘을 없앤다.
> 소라와 낙지는 머리 골을 꺼내 버리고 깨끗이 씻는다.

무, 배추를 건져서 물기를 뺀다.

땅에 독을 묻은 다음 무, 배추, 가지, 오이, 동아를 넣고 젓을 한 켜 깔고는

청각, 마늘, 고추 등을 넣는다.

이렇게 떡 안치듯이 켜켜로 넣는다. 독에 국물을 넉넉히 붓는다.

젓국물이 모자라면 조기젓국과 굴젓국을 더 붓는다.

굴젓국은 맛은 좋지만 너무 많이 넣으면 국물이 탁해진다.

젓국 2/3, 굴젓국 1/3 비율로 섞어 독에 가득 붓는다.

절인 배춧잎과 껍질 벗긴 무를 위에 두껍게 깔고

가늘고 단단한 나무로 가로질러 눌러놓는다.

겨울이 되어 익으면 먹을 때 젓, 생복, 낙지 등은 꺼내어 썰고,

동아는 껍질을 벗겨 썰어 먹는다. 고추와 마늘은 식성대로 넣는다.

1700년대 말 김홍도가 살았던 시기에 주막에서 팔았던 술과 김치(섞박지)는『임원십육지』가 씌어진 1800년대 말까지도 이어졌다. 일본인 혼마 규스케가 쓴『조선잡기(朝鮮雜記)』(1894)에서는 "모석상두첨주전(莫惜床頭沾酒錢)이라고 문(門)에 글을 써놓은 주막에서 명태와 돼지고기를 팔거나 김치뿐인 안주와 술을 팔고 여인숙에서도 음식을 판다"라고 하였다. 이러한 글이 나오게 된 배경에는 주막이 숙박을 겸했기 때문이다.『경성번창기(京城繁昌記)』(1915)에도 "주막에서는 음식도 팔고 숙박을 겸업하고 있다"라고 하였다. 음식이 위주이고 숙박은 부업이었을 것이다.

단원이 살던 시절에는 주막에서 모주(母酒), 탁주, 약주(藥酒), 소주 등의 술을 팔았다. 약주는 청주(淸酒)라고도 했다. 소곡주도 청주 계열이다. 대개는 밀 누룩과 쌀로 술을 빚어서 100일 후에 걸러서 짰다. 이것이 청주이다. 술을 짠 술지게미에 물을 붓고 두 번째, 세 번째 술을 짜는데 이것이 모주이다. 모주는 등짐장수, 봇짐장수 등 노동자들이 즐겨 마시는 음료였다. 걸러서 짜지 않은 것이 탁주이다. 소주는 청주 원료에 불을 때서 증류한 술이다. 여기에 꿀·육계 등을 가미하여 각양각색의 아름다운 이름을 붙여 판매하였고, 보통 여름에 마셨다. 여름이 되면 이 소주를 시골에서 여자들이 머리에 이고 팔러 다녔다.

〈주막〉은 김홍도의 대표적 작품인 《단원풍속화첩》 중의 한 장면이다.
이 화첩의 작가인 김홍도는 당대의 최고 감식가이자 문인화가였던
강세황의 천거로 도화서 화원이 되었는데,
정조는 "회사(繪事)에 속하는 일이면 모두 홍도에게
주장하게 했다"고 할 만큼 총애했다.
이렇게 당대 최고 인사들의 후원을 받으며 강세황으로부터는
'근대 명수(名手)' 또는 '우리나라 금세의 신필'이라는
찬사를 받기도 하였다.

기방의 술자리

〈기방의 술자리〉 | 김준근 | 1894년 이전 | 무명에 채색 | 28.5×35.0cm | 독일 함부르크민족학박물관

화폭에 담긴 한식

국수, 편육, 약과, 과일⋯ 술맛 돋우는 안주상

　　〈기방의 술자리〉는 양반 4명이 기방에서 술판을 벌이고 있는 그림이다. 중치막을 입고 갓을 벗은 채 망건만 한 양반, 도포를 입고 탕건만 한 양반, 갓을 쓴 양반 등이 술상을 놓고 작부와 마주하고 있다. 가장 젊어 보이는 사람이 뒤로 물러나 앉아 있다. 상에는 인절미, 약과, 대추증(대추에 꿀을 넣고 쪄낸 것) 등이 보이고 양반들은 국수를 먹고 있는 듯하다. 술을 마시기 전에 요기부터 하는 모양이다.

19세기 말에는 외식업체가 꽤 분화된 형태로 존재했다. 식사를 하는 국밥집[湯飯屋], 약주를 파는 약줏집[藥酒屋], 탁주를 파는 주막(酒幕), 질 낮은 음식점인 전골가(煎骨家)가 있었다.

보통 술집은 '내외주점[內外酒家]'이라 하여 남녀를 구별하는 주점임을 드러내는 가등(街燈)이 달려 있거나, '색주가(色酒家)'라 하여 작부(酌婦)를 데리고 영업하는 주점이 있었다. 특히 내외주점은 직접 술을 만들고 주객(酒客)을 초빙하여 안주를 제공했다.

그림 속의 작부 뒤편에 거문고와 장구가 있는 것으로 보아 품격을 갖춘 색주가로 보인다. 4명의 남자 주객이 크게 만든 둥근 모양의 절편이 놓인 술안주상을 받았다. 국수, 편육, 약과, 과일, 종지, 받침을 갖춘 술잔을 앞에 두고 젓가락으로 막 국수를 먹으려는 모습이다. 천인(賤人) 신분인 작부는 국수와 술잔을 바닥에 내려놓았다. 그림은 첫 번째 행주(行酒)를 암시하는 듯한 장면이다. 첫 번째 술안주로 국수가 나온 것도 이를 알려준다.

조선시대에는 명나라나 청나라 사신이 방문하면 첫 번째 술안주로 국수를 대접하였다. 이 국수를 세면(細麵)이라 했다. 대개 세면 재료는 녹말이었지만, 메밀가루도 있었다. 왕실에서 왕실 어른을 위한 간단한 술상 차림인 반과상(盤果床)에도 국수는 빠지지 않는 찬품이었다.

1795년(정조 19년) 정조가 아버지 묘소인 현륭원이 있는 화성에서 어머니 혜경궁 홍씨의 회갑연을 하기 위해 원행(園幸)을 떠났을 때, 혜경궁 홍씨와 정조에게 아침진지와 저녁진지 사이, 저녁진지 이후에 간단한 술상 차림인 주다소반과(晝茶小盤果)와 야다소반과(夜茶小盤果) 등을 차려 올렸다. 이때의 찬품에도 국수는 꼭 포함되었다.

- 1795년 윤2월 14일 주다소반과, 혜경궁 홍씨

  면(麵), 탕(湯, 별잡탕, 금중탕), 각색전유화(各色煎油花), 각색어채(各色魚菜), 편육(片肉), 족병(足餠), 각색병(各色餠), 약반(藥飯), 다식과(茶食果), 각색강정(各色强精), 각색다식(各色茶食), 각색당(各色糖), 각색정과(各色正果), 유자(柚子)와 감자(柑子), 준시(蹲柿), 수정과(水正果), 청(淸), 초장(醋醬)

- 1795년 윤2월 14일 주다소반과, 정조

  면, 별잡탕(別雜湯), 각색전유화, 각색병, 약반, 다식과, 각색당, 각색정과, 청, 초장

- 1795년 윤2월 14일 야다소반과, 혜경궁 홍씨

  면, 탕(별잡탕·금중탕), 편육, 생복회(生鰒膾), 각색인절미병(各色引切味餠), 다식과와 만두과(饅頭果), 각색다식, 각색당, 각색정과, 조란(棗卵)과 율란(栗卵), 수정과, 청, 초장

- 1795년 윤2월 14일 야다소반과, 정조

  면, 금중탕(錦中湯), 편육, 각색인절미병, 다식과와 만두과, 각색당, 각색정과, 청, 초장

대체로 면, 탕, 편육, 떡, 유밀과로 구성된 상차림이다.
다음은 명나라 사신 접대 때의 간단한 술상 차림인 다담상(茶啖床)의 찬품 구성이다.

- 1609년(광해군 즉위년) 명나라 사신 접대 때의 다담상 차림

  세면, 볶기[甫只], 편육, 생선탕(生鮮湯), 절육(折肉), 잡과(雜果), 요화(蓼花), 삼색피실과(三色皮實果)

이 상차림 역시 면, 탕, 편육, 유밀과로 구성된 상차림이다. 같은 술상이라도 훨씬 격조 높은 술상 차림을 든다면 1609년 조선 왕조가 광해군 책봉을 위해 온 명나라 사신에게 베푼 환영연에서의 연회상일 것이다. 열한 차례의 술과 열한 차례의 안주를 올렸는데,

안주는 초미, 이미, 삼미, 사미, 오미, 육미, 칠미, 팔미, 구미, 십미, 십일미라 하여 이를 미수(味數)라고도 했다.

- 초미(初味) | 세면, 침채(沈菜), 생복자기(生鰒煮只), 생치적(生雉炙), 연약과(軟藥果), 정과(正果), 생이(生梨, 배)
- 이미(二味) | 산삼병(山蔘餅), 당안염수(唐鴈塩水), 당저장포(唐猪醬泡), 금린어적(錦鱗魚炙), 채(菜), 정과, 실백자, 청밀(淸蜜)
- 삼미(三味) | 생선어음탕(生鮮於音湯), 계아장포(鷄兒醬泡), 생부어증(生鮒魚蒸), 연행인과(軟杏仁果), 정과, 생률(生栗)
- 사미(四味) | 송고병(松古餅), 생치적, 어만두(魚饅頭), 생선적(生鮮炙), 채, 정과, 실호도(實胡桃), 청밀
- 오미(預味) | 당저염수(唐猪塩水), 압자숙편(鴨子熟片), 연약과, 운빙과(雲氷果), 정과, 건시(乾柿)
- 육미(六味) | 자박병(自朴餅), 생선전탕(生鮮煎湯), 계아숙편(鷄兒熟片), 건해삼증(乾海蔘蒸), 채, 정과, 대조(大棗), 청밀
- 칠미(七味) | 당압자염수(唐鴨子塩水), 생선적, 전복자기(全鰒煮只), 연미자아(軟味子兒), 정과, 증황률(蒸黃栗)
- 팔미(八味) | 전병(煎餅), 산저염수(山猪塩水), 해삼어음탕(海蔘於音湯), 녹육적(鹿肉炙), 정과, 실진자(實榛子), 강초(薑醋)
- 구미(九味) | 소동계(小童桂), 연장육탕소염수(軟獐肉湯小塩水), 생복자기(生鰒煮只), 산저설아멱(山猪雪阿覔), 정과, 생이
- 십미(十味) | 정함경단병(丁含敬丹餅), 장육숙편(獐肉熟片), 생낙제자기(生落蹄煮只), 숙전복(熟全鰒), 채, 정과, 실백자, 청밀
- 십일미(十一味) | 녹육염수(鹿肉塩水), 면면과(面面果), 장육적(獐肉炙), 홍합자기(紅蛤煮只), 정과, 실백자

첫 번째 술이 올라갈 때 세면을 중심으로 한 술안주 초미가 올라가고, 열한 번째 술이 올라갈 때 녹육염수를 중심으로 한 술안주 십일미가 올라간 격조 있는 주연(酒宴)의 모

습이다.

앞에서 살펴본 대로 간단한 술상 차림이든 격조 있는 술상 차림이든 국수가 가장 핵심
적인 술안주 역할을 한 것만은 틀림없다. 이러한 국수를 중심으로 한 조선 왕조의 술상
차림법을 기산 김준근이 살았던 19세기 말의 색주가에서도 받아들여, 기방의 술자리에
서 안주로 국수를 먹고 있는 모습을 볼 수 있게 된 것이다.

〈기방의 술자리〉는 기생과 어울려 노는 네 명의 남성을 묘사한 그림으로,

19세기 말 개항장에서 활동했던 직업화가 기산 김준근의 풍속화이다.

이 그림은 미야양행을 경영했던 마이어(H. C. Eduard Meyer)와

민족학 학자인 단젤(W. Danzel)이 수집한 것이다.

김준근 풍속화 인물의 특징 중 하나가

감정을 드러내지 않는 무표정한 모습이지만

술상을 가운데에 두고 오고 가는

인물들의 시선의 처리가 미묘하고 복잡하다.

야연

杯箸錯陳
集四隣
香蘑
肉時上頭盤
老饞
於此何由
飽不效
屠门
對
齊人

《풍속화첩》 중 〈야연〉 | 성협 | 19세기 | 종이에 담채 | 28.3×29.7cm, 국립중앙박물관

　　　　화폭에 담긴 한식

전립투에 구운 고기 맛이 일품
육수장국에 버섯도 익혀 먹고

杯箸錯陳集四隣
香蕈肉膊上頭珍
老饞於此何由解
不效屠門對嚼人

술잔, 젓가락 늘어놓고 이웃 모두 모인 자리
버섯이며 고기며 정말 맛이 있네그려
늙은이가 이런 음식 좋아한들 어찌 식욕을 풀겠소마는
고깃간 지나며 입맛 다시는 사람일랑 본받지 말아야지

그림 상단에 적혀 있는 시에는 고기와 버섯 맛에 대한 감탄이 들어 있다.
당시는 고기가 매우 귀했기에 고기를 구워 맛보는 일은 흔치 않았다. 나라에서는
도우금지령(屠牛禁止令)을 내려 농사에 필요한 소를 도살하지 못하도록 엄금했기에
일반 백성들은 명절이나 겨우 맛볼 수 있었다. 따라서 조선시대에는 고기를 굽기보다
삶거나 국을 끓이는 조리법으로 양을 늘려 많은 사람들이 나눠 먹었다.
그림에는 오른쪽부터 도포를 입고 갓을 쓴 양반, 복건을 쓴 총각, 두건을 쓴 사람,
풍차를 쓴 양반, 탕건 쓴 양반 등이 함께 고기를 먹는 장면을 묘사하였다. 서로 뭔가
어울리지 않는 듯하지만, 귀한 고기를 먹는 마당에 누구누구를 구별할 형편은 아니었을
듯싶다. 이런 귀한 날에는 먹을 기회가 생기면 여러 사람들이 모여들었던 것이다.
앙상한 나뭇가지가 많은 것으로 보아 때는 늦가을이다. 나무 그늘 밑에서의 간소한
연회다. 전립(氈笠) 모양으로 만든 남비(南飛)인 전립투(氈笠套, 벙거짓골)가 올라 있고
그 위 편편한 그릇에서 고기 몇 점이 구워지고 있다. 고기 한 점을 입에 넣고 있는
남자, 고기를 뒤적이며 익히는 남자, 막걸리 한 잔을 걸치는 남자가 있고, 주인공인

소년은 고기를 손으로 집어서 먹고 있다. 당시 궁중에서는 19세에 관례를 하였으니 소년의 나이도 그렇게 많지 않을 것이다.

소년 곁에는 버섯이 가득 담긴 바구니가 놓여 있다. 그 옆에는 작은 소반(小盤)이 있고 그 위에 육수장국을 담은 것으로 보이는 대접 두 개가 놓여 있다.

버섯이 가득 담긴 바구니

작은 소반에는
육수장국을 담은 것으로 보이는 대접 두 개가 놓여 있다

무쇠로 만든 두꺼운 주물제(鑄物製) 벙거짓골은 압연(壓延)한 것이 아니다. 압력 없이 주형(鑄型)으로 만들었기 때문에 편편한 곳 안쪽에는 오목하게 들어간 작은 구멍이 많다. 그래서 고기를 구울 때에는 이 구멍으로 기름이 들어가 고기가 들러붙지 않는다. 두터운 주물 냄비는 쉽게 식지 않아 오랫동안 음식을 데우면서 먹을 수 있다. 고기가 구워지는 동안 움푹 팬 가운데로 즙액이 모이는데, 그 즙액에 간을 한 육수장국에 버섯과 각종 채소를 넣어 익혀 먹는다. 처음에는 고기를 먹고 그다음에 채소를 먹는 것이니, 고기가 주된 식사이고 채소는 부수적으로 먹는 것이었다.

18세기와 19세기에 전립투로 고기를 구워 먹는 것은 하나의 유행이었던 듯싶다. 1700년 대 말에 쓴 유득공의 『경도잡지』에는 전립투가 벙거지 모양이라 했다.

> 냄비 이름에 전립투라는 것이 있다. 벙거지 모양에서 이런 이름이 생겨났다.
> 가운데 움푹하게 들어간 부분에 채소를 넣어서 데치고,
> 그 가장자리의 편편한 곳에 고기를 굽는다. 술안주나 반찬으로 모두 좋다.

전립투의 편편한 곳에 고기를 굽고 채소는 가운데 움푹하게 들어간 곳에 넣어서 술안주나 반찬으로 했다 한다. 서유구가 쓴 『옹희잡지』에는 더욱 구체적으로 기술했다.

화폭에 담긴 한식

적육기(炙肉器)에 전립을 거꾸로 눕힌 것과 같은 모양을 한 것이 있다. 도라지, 무, 미나리, 파 등을 잘게 썰어 이것을 장수(醬水)가 들어 있는 복판 움푹 들어간 곳에 담근다. 숯불 위에 올려놓고 철을 뜨겁게 달군다. 고기를 종잇장처럼 얇게 썰어 유장(油醬)에 적신 다음 젓가락을 사용하여 사면에 지져 굽는다. 1기(器)로 3~4명이 먹는다. 이것이 속칭 전철(煎鐵) 혹은 전립투이다.

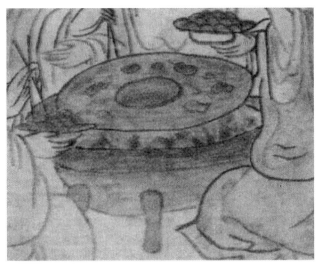

전립투는 벙거지 모양을 닮아 벙거짓골이라는 이름이 생겨났다.
가운데 움푹하게 들어간 부분에 채소를 넣어서 데치고,
그 가장자리의 편편한 곳에 고기를 굽는다.

전립투를 고기 굽는 그릇[炙肉器]이라고 설명하면서 고기는 참기름과 간장[油醬]을 발라 굽고 도라지, 무, 미나리, 파 등의 채소는 육수장국에 넣어서 익혀 먹는데 1기의 전립투로 3~4명이 먹는다고 말하고 있다. 전립투를 '전철'이라고도 부른다고 덧붙인다. 전립투나 전철을 '번철(燔鐵)'이라고 부른다는 문헌도 있다. 전(煎)은 '지질 전', '볶을 전'이고, 번(燔)은 '구울 번'이니 전철보다는 번철 쪽이 오히려 적육기에 가깝다. 홍석모(洪錫謨)가 1849년에 쓴 『동국세시기』를 보자.

서울 풍속에 숯불을 피워놓고 번철을 올려놓은 다음 참기름, 간장, 달걀, 파, 마늘, 고춧가루로 쇠고기를 조미하여 화롯가에 둘러앉아 구워 먹는다. 이것을 '난로회(煖爐會)'라 한다. 이달부터 추위를 막는 도회의 시식(時食)으로 하는데, 옛날부터 전해 내려오는 난란회이다.

생각하건대 『세시잡기(歲時雜記)』에는 북경 사람들이 10월 초하루에 술을 걸러놓고 화로에 저민 고기를 구우며 둘러앉아 먹고 마신다 하였다. 이것을 난로회라 한다.

화로로 따뜻하게 하는 모임이 난로회이고, 따뜻한 모임이 난란회이다. 그러므로 난로회나 난란회 모두 날씨가 추워지는 시기에 추위를 막고자 모여서 고기를 구워 먹는 모임이다. 그 시기를 홍석모는 음력 10월부터라 했고, 도회란 한성을 포함하는 도시를 가리킨다고 하였다.

성협이 그린 〈야연(野宴)〉은 『동국세시기』의 내용과 매우 흡사하다. 포착한 장면은 18~19세기 겨울의 시식 음식과 모임 음식으로 발전하여 크게 유행한 구이와 전골 문화를 보여주는 귀중한 사료이다. 때는 늦가을인 음력 10월로 보이고 다섯 명이 옹기종기 화롯가에 둘러앉아 몸과 마음을 따뜻하게 하는 모임이면서 관례를 치르는 소년을 축하하기 위한 것이니 시식과 축하연을 겸한 모임이다.

도회 사람들 사이에서 크게 유행한 전립투는 궁중에서도 즐겼다. 궁중에서는 이를 전철이라 불렀다. 전철이라는 궁중 용어가 『옹희잡지』에 등장하는 것으로 보아 궁중 음식으로 자리 잡은 전철이 사대부가로 전해지면서 전립투가 되었을 가능성이 있다. 1868년(고종 7년)에 행한 진찬(進饌)에서 대왕대비에게 붉은색의 발 높은 대우반(大隅盤)에 다음과 같은 음식을 유기(鍮器)와 중국풍의 무늬가 그려진 당화기(唐畵器) 10기에 담아 차리고 풍로(風爐) 위에 전철을 별도로 올리면서 이를 '대왕대비 전진어전철안(大王大妃殿進御煎鐵案)'이라 했다.

【 대왕대비 전진어전철안 】

• 쇠고기 1합(盒) | 우둔육 1부(部), 소갈비 1부, 쇠고기 안심육 1척(隻), 콩팥
  1/2척, 양 1/6부, 꿩 1수(首), 참기름 2되[升], 생강 5작(夕), 파 1과 1/2단(丹),

후춧가루 1홉〔合〕, 마늘 5개〔箇〕, 잣 3홉, 간장 7홉, 깨 1홉

- 각색 채소 1기 | 무 8개, 미나리 6수〔手〕, 도라지 5되, 표고버섯 10립〔立〕, 고추 5홉, 달걀 2개, 고사리 3급〔級〕
- 건면(乾麵) 1기 | 메밀국수 50사리
- 배, 곶감, 밤 1기 | 배 10개, 곶감 30개, 밤 4되, 잣 5작
- 각색 정과 1기 | 생강 5홉, 도라지 1단, 연근 2/3단, 동아 1/2편〔片〕, 모과 1개, 산사 1되, 흰꿀 3홉, 꿀 3홉, 각색당 1냥〔兩〕 6전〔錢〕
- 화채 1기 | 배 3개, 석류 1개, 유자 1개, 잣 2작, 오미자 2작, 연지 3기, 흰꿀 3홉
- 침채 1기
- 달걀 1기 | 달걀 10개
- 참기름 1기 | 참기름 1홉
- 개자(芥子) 1기 | 황개자 5작, 흰꿀 1작, 초 2작

위 내용으로 보면 쇠고기, 각색 채소, 건면, 실과, 정과, 화채, 침채, 달걀, 참기름, 개자를 유기와 당화기로 구성된 10개의 그릇에 담아 전철 냄비에 올려 즉석에서 조리해 먹는 것이 전철이다. 참기름, 생강, 파, 후춧가루, 마늘, 잣가루, 간장, 깨로 양념한 고기는 구워서 참기름이나 겨자장에 찍어 먹고, 채소는 육수장국을 부어 끓여서 먹는 형태로 이때 메밀로 만든 건면(마른 국수)을 함께 넣어서 달걀을 깨뜨려 넣고 끓여 겨자장에 찍어 먹는 것이다. 먹을 때는 동치미도 곁들여서 뜨거운 음식에 차가운 음식을 조화시켰다. 후식으로는 배, 곶감, 밤, 생강정과, 도라지정과, 연근정과, 동아정과, 모과정과, 산사정과, 각색당, 화채가 올려졌다.

대왕대비 한 분에게 올리는 양으로 무려 50인분(메밀국수가 50사리인 것을 참작)을 담아 차렸다. 50인분이 한 그릇에 담겨져 1기가 되어 10기가 전철안(煎鐵案)에 차려졌으므로, 전철안의 크기는 엄청나게 컸을 것이다. 그래서 전철안을 대우반으로 했다.

구이를 중점으로 하면서 한편으로 전골(氈骨)도 만들어 먹은 당시의 전립투 문화는 어디에서 왔을까? 서유구의 『임원십육지』에서는 송나라의 『산가청공(山家清供)』을 인용하면서 적토육방(炙兔肉方, 토끼를 구워 먹는 방법)을 설명하였다. 이 적토육방이 조선의 구이전골 만드는 법과 매우 비슷하다고 하였다. 서유구는 『옹희잡지』에서도 중국에서

고기를 구워 먹을 때 사용하는 철상(鐵床)이 전철과 같을지도 모르겠다고 하였다.

병자호란(1637) 이후에 활발해진 연행(燕行)은 관무역과 사무역을 발달시켰다. 연경(燕京, 북경)을 통한 중국 문물의 유입과 함께 북학(北學) 사조가 등장하면서 실학사상이 싹텄다. 음식문화도 예외가 아니어서 중국에서 유행하는 그릇과 음식들이 대거 유입되어 궁중 음식으로 자리 잡게 된다.

중국의 휘꿔쯔[火鍋子]가 조선에 들어와 '신설로(新設爐)' 또는 '열구자탕(悅口子湯)'이라는 궁중 음식이 되고, 이것이 반가로 전해져 신선로가 되는 변천 과정을 겪었다. 이렇듯 중국에서 유래된 궁중의 전철이 반가에 전해지며 전립투라고 했다고 보는 것이다. 이것은 다시 고기를 굽는다고 하여 번철이라고 불렸고, 끓인 채소에 국수를 넣어 먹는다고 하여 전골이라고 불린 것이다. 이런 유래 과정에서 전립투, 전철, 번철, 전골 등 다양한 명칭이 생겨났다.

　〈야연〉은 조선 시대 '난로회'의 풍속을 그린 것이다.

이 그림의 작자는 19세기의 화가 성협이다.

성협이라는 인물에 대해서는 자세히 알려지지 않았으나

한국에서 활동한 독일인 신부인 에카르트(Andreas Eckardt)가 저술한

『조선미술사』(1929년 출판)에서

성협이 신윤복의 친척이라 서술하고 있다.

이 그림은 성협의 ≪풍속화첩≫ 중의 한 장면인데

상단에 시와 함께 하단에 그림으로 구성되어 있다.

설후야연

《풍속도8첩병》 중 〈설후야연〉 | 전 김홍도 | 종이에 채색 | 80.5×44.6cm | 프랑스 기메박물관

화폭에 담긴 한식

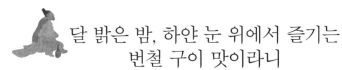

달 밝은 밤, 하얀 눈 위에서 즐기는
번철 구이 맛이라니

휘영청 달 밝은 밤. 너른 동산과 소나무에 흰 눈이 수북이 쌓였다. 하얀 밤에 사내 다섯과 여인 둘이 돗자리를 깔고 화로를 중심으로 옹기종기 모여 있다. 그야말로 설후야연(雪後野宴)이다.

여인들은 아마 기생일 것이다. 날이 추운 탓인지 도포를 입은 선비들은 방한모를 썼고, 탕건만 쓴 사람도 보인다. 술상은 호족반(虎足盤, 호랑이 다리 모양의 소반)에 차렸는데, 야외에서 꽤 품위 있게 차렸다. 화로 위에는 소반보다도 더 큰 커다란 철판  이 놓여 있고 그 위에 한 입에 들어가기에는 다소 큰 고기가 가득 구워지고 있다. 여인이 고기를 뒤적이고 있다. 어떤 것은 익어서 회색빛이고, 또 어떤 것은 아직 설익었다. 여인 옆의 한 사내는 청자 술병을 오른손 옆에 갖다놓고 고기가 익기만을 기다리는 모

습이다. 이날 고급술의 술안주는 설야멱, 즉 구운 고기이다.

설야멱이 전통적인 고기구이인 맥적(貊炙)에서 유래했다는 설이 있다. 맥적은 고구려 시대에 먹었던 고기구이로서 꽂이에 고기 덩어리를 꿰어 조미한 다음 직화(直火)로 구운 불고기이다. 『산림경제』(1715년경)와 『규합총서』(1815)에 맥적과 설야멱에 대한 이야기가 등장한다.

우육(牛肉)을 썰어서 편(片)을 만들고 이것을 칼등으로
두들겨 연하게 한 것을 대나무꽂이에 꿰어서 기름과 소금으로 조미한다.
기름이 충분히 스며들면 숯불에 굽는데, 바로 옛 맥적이고 지금의 불고기이다.

그런데 이것이 더욱 발전하여 구운 것을 급히 물에 한 번 담갔다가 꺼내어 굽고
또 물에 담그는 일을 세 번 되풀이하고 기름을 바른 후에 또 굽는다.
그러면 매우 연하고 맛이 좋다.
- 『산림경제』

【설하멱(雪下覓)】

눈 오는 날 찾는다는 말인데, 근래 설이목이라고 음(音)이 잘못 전해진 것이다.
등심살을 넓고 길게 저며 전골 고기보다 훨씬 두껍게 썬다. 칼로 자근자근 두드려
잔금을 내어 꽂이에 꿰어 기름장에 주무른다. 숯불을 세게 피워 위에 재를 얇게
덮고 굽는다. 고기가 막 익으면 냉수에 담가 다시 굽기를 이렇게 세 번 한 후 다시
기름장, 파, 생강 다진 것과 후추만 발라 구워야 연하다.
- 『규합총서』

옛 맥적의 조리법이 변화하면서 물에 세 번 담갔다가 굽는 고기구이 방법으로 재탄생
하여 설야멱이 되었다는 이야기이다. 물에 담갔다가 굽는 방식인 설야멱은 예로부터
개성부(開城府)에 전해진 명물이라고 『증보산림경제』, 『옹희잡지』, 『해동죽지』는 설명
하고 있다.

설야적(雪夜炙)은 개성부에서 예로부터 내려오는 명물로서 만드는 방법은
쇠갈비나 쇠염통을 기름과 훈채(葷菜)로 조미하여 굽다가 반쯤 익으면 냉수에
잠깐 담갔다가 숯불에서 다시 구워 익힌다. 눈 오는 겨울밤의 술안주에 좋고
고기가 몹시 연하여 맛이 좋다.

1609년(광해군 즉위년) 명나라 사신이 광해군을 책봉하러 왔을 때, 환영연에서 술안주
로 산저설아멱(山猪雪阿覓)을 올렸다. 1765년(영조 41년)에 나온 수작의궤(受爵儀軌)에
서는 설야멱을 연향의 술안주로 삼았다. 산저설아멱은 멧돼지고기를 구운 것이고, 설
야멱은 쇠고기를 구운 것이다. 수작의궤에 기록된 60그릇을 준비하기 위해 마련된 설
야멱의 재료는 당시 궁중설야멱의 성격을 알게 해준다.

소 뒷다리살 1척(隻)

소 외심육(外心肉) 1부(部)

진한 참기름 6리(里)

소금 4작(勺)

쇠고기 사태나 등심살에 참기름과 소금으로 조미하여 구운 것이 설야멱이다. 이것은
『산림경제』에서 언급했듯이 기름과 소금으로 조미하여 굽는 방법과 통한다. 설야멱은
1795년(정조 19년)에 출간된『원행을묘정리의궤(園幸乙卯整理儀軌)』에도 그대로 이어져
설야적이 되고 있으니 왕가에서는 설야멱, 설야멱, 설야적의 순으로 명칭이 변화된 듯
하다. 어쨌든 설야멱은 민가에도 전해져 설하멱, 설리적(雪裏炙), 서리목[雪夜覓] 등 다
양한 이름이 생겨났다.

고기를 계속 굽기만 하면 타버리고 고기 속의 액이 빠져나와 질겨지고 맛이 없다. 그러
나 굽는 도중에 찬물에 넣었다 건지면 타지도 않을 뿐 아니라 고기즙이 빠져나오지 않
으니, 고기의 씹는 맛은 훨씬 부드러워질 것이다. 찬물에 넣었다 건지기를 반복하려면
꽂이에 꿰어 굽는 쪽이 훨씬 편하다.

순조 때의 백과사전인『송남잡식(松南雜識)』에 "송(宋) 태조(太祖)가 눈 오는 날 밤[雪
夜]에 보(普)를 찾아가니 숯불에 고기를 굽고 있어서, 눈 오는 날 밤에 찾아갔다는 의미
에서 '설야멱(雪夜覓)'이라고 하였다"라고 씌어 있다. 그런데 설야멱이 단순히 눈 오는
날 밤에 찾아갔다는 뜻에서 나왔다고 생각할 수 없는 것은 앞서『산림경제』도 제시하
였듯이 꽂이에 꿰어서 굽는 구이법에 그 근거를 두고 있기 때문이다.

1670년에 나온『음식디미방[飮食知味方]』의 '가지누루미' 항목에는 "가지를 설하멱적
처럼 하라"는 말이 나온다. 이것은 다름 아닌『산림경제』에서 기술한 꽂이구이 방법을
말한다.

조수삼(趙秀三)이 쓴『세시기(歲時記)』를 보아도 근거가 확실하다.

설야멱을 일명 곳적(串炙)이라 하는데, 이것은 대나무 꽂이로 쇠고기를 꿰어서
굽는 것이다.

1923년에 나온 요리서 『조선무쌍신식요리제법』에 이르면 '양서리목[膘雪夜覓]', '간서리목[肝雪夜覓]' 항목을 넣고 단순 꽂이구이 방법을 제시하여 설야멱은 꽂이구이를 가리키는 요리라는 것을 알 수 있다.

【양서리목】

양을 깃머리로 안팎을 벗기고 넓게 썰어서 안팎을 잘게 저민다. 이것에 산적 고명하듯 하여 꽂이에 꿰어 재웠다가 석쇠에 잠깐 구워서 쓴다.

【간서리목】

간을 넓게 저며서 양념하여 꽂이에 꿰어 재웠다가 굽는다.

한편, 고기를 꽂이에 꿰어 굽는 방법이었던 설야멱은 석쇠가 등장하면서 꽂이를 버리고 석쇠 위에 올리고 굽는 '적(炙)'이 되었다. 『음식디미방』 '동아적'에는 "적쇠(석쇠)에 동아를 올려놓고 만화로 무르게 굽는다"라고 하였으니, 『음식디미방』이 나온 1670년경 석쇠는 이미 대중화되어 있었을 것이다.

이 석쇠와는 다른 종류이긴 하지만 『임원십육지』에서도 "지금은 철망을 쓰니 꽂이가 필요 없어졌다"라고 하였다. 이로 미루어 1800년대 초에도 여전히 석쇠가 이용된 것으로 보인다. 어쨌든 꽂이에 꿰어 석쇠에 올려놓고 굽던 직화구이 방법이다.

그런데 철판(鐵板), 즉 번철이 보급되면서 굳이 석쇠를 사용해서 고기를 구울 필요가 없게 되었다. 번철에 고기를 굽기 위해서는 기름을 두르고 구워야 굽기 쉽다. 그래서 번철을 전철(煎鐵)이라고도 했다.

분명 눈 내리는 날 밤 추운 겨울에 번철을 올려놓은 화롯불에 둘러앉아 고기를 구워 먹는 설후야연의 설야멱도 난로회의 모습이다. 〈설후야연〉은 김홍도가 살던 시절, 눈 오는 날의 겨울철 낭만을 그린 그림이다. 온통 쌓인 눈을 바라보면서 돈 많은 한량과 기생이 숯불이 담긴 화로에 커다란 번철을 올려놓고 설야멱을 구워 먹으면서 화기애애한 정담을 나누고 있다. 다시 오지 않을 눈 오는 밤의 풍류를 맘껏 즐기고 싶었던 게 아닐까.

〈설후야연〉은 《풍속도8첩병》 중 첫 번째 폭이다.

오른쪽 하단에 '金弘道'라 쓰고 '金弘道印'이라는 성명인이 찍혀 있지만

〈사계풍속도병〉의 양식적 특징상 김홍도의 작품으로 보기 어려워,

김홍도 그림을 모사한 19세기 그림으로 여겨진다.

이 그림은 인류학자인 루이 마랭(Louis Marin)이

1901년 서울에 머물면서 구입한 것이다.

3부

특별한 날에 상을 차리다

사람은 태어나서 성장하고 죽음을 맞이할 때까지 몇 단계에 걸쳐 사회적 지위와 역할이 변화하는데, 이를 통과의례라고 한다. 통과의례에는 거기에 걸맞은 음식상을 차리는데 3부에서는 통과의례 중 돌, 혼인, 회갑, 회혼, 초상, 제례 등 의례에 차리는 상에 대하여 알아본다.

135

돌잔치

《평생도》 중 〈돌잔치〉 | 작자 미상 | 19세기 | 8첩 병풍 | 종이에 채색 | 각 64.5×33.5cm | 고려대학교 박물관

화폭에 담긴 한식

복떡 백설기와 액막이떡 수수팥떡 나누고
돌배기 건강을 염원

조선시대에는 질병이나 역병을 물리치는 예방주사가 없었기 때문에 아기를 낳으면 온갖 방법으로 잡귀와 부정을 막고자 했다. 당시에는 아기가 아무 탈 없이 건강하게 자라주는 것이 부모 된 자의 가장 소망스러운 일이었다.

산후 100일째 되는 날을 백일(百日)이라 했다. 이날은 아이의 무병장수를 빌면서 음식을 마련한다. '백(百)'에는 '많다'는 의미가 내포되어 있어 많은 날을 무탈하게 살아준 아이를 위해 특별히 잔치를 여는 것이다. 흰밥, 미역국, 백설기, 수수팥떡(수수경단), 인절미, 송편 등을 만들어 상에 올리지만, 백일 떡 하면 뭐니 뭐니 해도 '백설기[白雪只]'이다. 백일의 '백(百)'은 백설기의 '백(白)'과도 통하여, 백일에 특별히 백설기가 오르는 것은 어린아이의 장수를 바라는 부모의 소망이 담겨 있다. 아울러 '백(白)'은 '깨끗함'을 뜻해 잡귀와 부정을 막는 의미도 담겨 있다. 수수팥떡은 액막이를 위해 올리는 떡이다.

백일 떡을 받거나 백일 잔치에 초대받는 사람은 실타래를 가지고 갔다. 여기에는 아이의 수명이 길기를 바라는 손님의 소망을 담았다.

백일 다음으로 맞는 날이 돌이다. 태어난 지 만 1년이 되는 첫돌은 태어나서 위험한 고비를 무사히 넘겼음을 축복하고 아이의 장래를 축원하면서 돌잡이 상을 차린다.

1552년(명종 7년) 이문건(李文楗)이 돌을 맞은 손자 숙길의 돌잡이 모습을 보고 쓴 『묵재일기(默齋日記)』에 나오는 내용이다.

> 손자 숙길의 돌날이다. 일찌감치 가서 보았는데 방 중앙에 자리를 깔고 옥책,
> 붓과 먹, 벼루, 활, 도장, 토환(土環), 쌀, 떡 등을 상에 차리고 숙길을 동쪽 벽에
> 앉혀놓아 그것들을 보도록 했다. 그러자 숙길이 엉금엉금 기어 음식이 차려진
> 자리에 와서 잠시 쳐다보다가 오른손으로 필묵을 쥐고 한참 동안 가지고 놀았다.
> 또 토환을 집어 만지작거리기를 아주 오랫동안 하였다. 또 활을 집어서 놀다가

다시 이동해 창 앞으로 가서 섰다. 다시 쌀그릇 옆에 앉더니 손으로 쌀을 쥐고

다시 앞으로 가 도장을 잡고 놀았는데, 한참 동안이나 손에서 놓을 줄 몰랐다.

또 옥책을 펼치고 책 읽는 시늉을 했다.

쌀알을 집어 입에 넣고 씹다 다시 실을 잡고 흔들었다.

돌날에는 돌빔을 입혔다. 남자아이에게는 분홍 색동저고리와 남색 바지에 마고자나 두루마기를 입힌 후 금박이나 은박을 박은 전복(戰服)을 입히고 붉은 실띠를 한 바퀴 돌려 매주고 복건을 씌웠다. 또 타래버선을 신기고 돌 주머니를 달아주었다. 딸에게는 색동저고리에 분홍치마를 입히고 조바위를 씌웠다. 그러고는 타래버선을 신기고 돌 주머니를 달아주었다.

옷을 예쁘게 입은 아이는 돌잔치에 앞서 돌잡이를 하게 되는데,『묵재일기』에서 본 바와 같이 상에 차린 내용물 중에 무엇을 잡는지를 보고 아이의 장래를 점쳤다.

돌상을 수반(晬盤), 백완반(百玩盤)이라고도 하는데 상 위에 올리는 것은 백설기·수수팥떡·인절미·송편·무지개떡 등의 떡류, 쌀, 국수, 대추 등의 과일, 실, 돈, 책, 붓, 두루마리 종이, 벼루 등이었는데 남자아이와 여자아이 상 모두에 해당한다. 남자아이에게는 활과 화살, 천자문을 더 놓고, 여자아이에게는 국문 책, 색실, 자 등을 더 차린다. 이렇게 남자아이와 여자아이의 상에 놓는 물건은 약간 차이가 난다.

남자아이가 활 또는 화살을 잡으면 장래 무인(武人)이 될 것이라 여겼고, 붓·먹·책 등을 잡으면 학자나 문장가가 될 것이라 여겼다. 떡이나 쌀을 잡으면 먹을 복이 많은 부자가 되고, 대추를 잡으면 자손이 번성할 것이라 여겼다. 실이나 국수를 잡으면 불로장수할 것이라 생각했고, 여자아이가 자를 잡으면 바느질을 잘하는 규수가 될 것이라고 점쳤다.

돌상 차림에서 가장 중요한 음식은 아무래도 백설기와 수수팥떡이 아닐까 한다. 백일 때와 마찬가지로 부모 된 자의 간절한 소망이 담겨 있기 때문이기도 하지만, 특히 백설기는 삼신[産神, 帝釋神]께 바치는 가장 소중한 음식이기도 하였다.

【백설기】

쌀을 씻어서 물에 충분히 불린다.

이것을 가루로 만들어 체에 밭쳐서 물을 고루 뿌리는데,

손으로 쥐었을 때 뭉쳐질 정도로만 물을 내린다.

시루에 기름종이를 깔고 앞의 떡가루를 고루 펴서 담는다.

위를 편편하게 하여 베보자기로 덮고 불에 올려서 찐다.

시루 위로 김이 오르면 뚜껑을 덮고 30분 정도 찌고 10분 정도 뜸을 들인다.

【수수팥떡】

수수를 물에 충분히 불려서 여러 번 씻어 건져 가루로 만든 다음

끓인 물을 넣고 익반죽하여 고루 치대어 지름 2cm 정도의 경단을 빚는다.

붉은 팥에 물을 넉넉히 붓고 푹 무르게 삶아서 찧는다.

이것을 어레미에 내려서 고물로 만든다.

냄비에 물을 넉넉히 붓고 펄펄 끓인 후 앞의 경단을 넣고

휘휘 저어 주면서 위로 떠오를 때까지 끓인다.

떠오르면 바로 건져서 찬물에 헹구어 물기를 뺀다.

물기 뺀 경단을 팥고물에 굴려서 그릇에 담는다.

【인절미】

찹쌀을 하룻밤 충분히 불려서 물기를 뺀다.

이것을 베보자기를 깐 시루에 담아 한 시간 정도 무르게 찐다.

절구에 쌀알이 뭉개질 때까지 찧는다.

도마에 얹어서 적당한 크기로 잘라 콩가루고물을 묻힌다.

콩가루를 만들기 위해 콩은 씻어서 볶는다.

맷돌에 볶은 콩을 반으로 타서 껍질을 없앤 다음

절구에 담아 찧어 가루로 만들어서 고운 체에 내린다.

넓은 쟁반에 담아 인절미 고물로 쓴다.

【송편】

쌀을 씻어서 물에 충분히 불린다.

가루로 만들어 체에 밭쳐서 끓는 물로 익반죽한다.

밤알만 한 크기로 떼어 둥글게 빚어 가운데를 둥글게 판 다음 그 속에 볶아서
빻아 꿀에 버무린 깨소를 넣고 버무려 조개처럼 빚는다.

시루에 베보자기를 깔고 솔잎을 편다.

이 위에 빚은 송편이 서로 닿지 않게 한 켜 놓고, 위에 솔잎을 한 켜 놓는다.

다시 그 위에 송편과 솔잎 얹는 것을 반복하여 담아 불에 올린다.

김이 올라오고 나서 30분 정도 찐다.

다 쪄지면 꺼내어 냉수에 담갔다가 빨리 건져서 물기를 빼고 참기름을 바른다.

돌떡은 일가친척과 손님들에게 대접하고 이웃들에게도
돌려 나누어 먹는다. 돌떡을 받은 집에서는 그릇을 씻지
않고 빈 그릇에 아이의 복을 비는 쌀, 돈, 실타래, 반지 따
위를 담아 보낸다.

이 풍속화 〈돌잔치〉에서의 주인공은 잘사는 집에서 태어난 남자아이다. 색동옷 등으로
돌빔을 예쁘게 차려입고 돗자리 위에 앉아서 막 돌잡이를 하려는 모습이다. 돌잡이 상
에는 수북이 고여 담은 수수팥떡, 대추, 붓, 화살 등이 보이지만 이들 뒤에는 책, 벼루,
돈, 실 등도 차렸을 것이다. 대추와 수수팥떡이 보이게끔 그림을 그린 까닭은 당시의
사회상이 자손 번성과 액막이에 무엇보다도 신경을 썼기 때문이다.

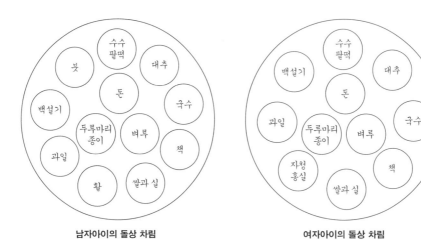

남자아이의 돌상 차림   여자아이의 돌상 차림

〈돌잔치〉는 고려대학교박물관에 소장된 ≪평생도≫의
제1첩에 해당하는 그림이다. 평생도는 사람이 태어나 죽을 때까지의 일 중
기념할 만한 일을 그린 풍속화의 한 유형이다. 건물이나 수목의 배치, 상하로
긴 그림의 구성 등 ≪모당평생도≫ 병풍의 제1첩 〈초도호연〉과 거의 유사한
모습이다. 그러나 상투적인 표현에 그치지 않고 인물의 세부 표현 등에서
그림이 그려질 당시의 풍속을 반영하고 있어 의미가 있는 작품이다.

신부신랑 초례하는 모양

〈신부신랑 초례하는 모양〉| 김준근 | 1889~1900년경 | 비단에 채색 | 28.0×32.0cm | 덴마크 코펜하겐국립박물관

혼인례

《평생도》 중 〈혼인례〉 | 작자 미상 | 20세기 전반 | 8첩 병풍 | 종이에 채색 | 각 110.2×51.5cm | 국립중앙박물관

신부연석

〈신부연석〉| 김준근 | 19세기 말 | 종이에 채색 | 30.0×38.7cm | 개인 소장

신부집에서 한몸이 되는 큰상 차리고
신랑집에서 시부모께 드리는 폐백상 차리고

〈신부신랑 초례하는 모양〉은 1800년대 말 혼례 풍경이다. '초례(醮禮)'란 신부집에서 혼례를 치르기 전에 신랑의 아버지가 신랑에게 결혼의 도를 훈계하고 경계하는 초계(醮戒)를 말한다. 이 초계가 변형되어 동뢰연을 초례라고 했다. 이 그림은 처가살이혼, 즉 반친영혼(半親迎昏)이 이루어지고 있었음을 보여준다.

고려 시대에는 처가살이혼[婿入婚]이 일반적이었다. 그러다가 공민왕이 중국에서 노국공주와 결혼하면서 친영의(親迎儀) 한 것이 계기가 되어 시집살이혼[嫁入婚]이 시작되었다.

처가살이혼이란 신랑이 정식으로 혼례를 올리기 전에 신부집에서 묵다가, 신부집에서 신방을 준비한 3일째에 독좌(獨座)를 받는 것이다. 독좌 때는 신랑과 신부 사이에 행3배(行三杯)가 행해졌다. 1500년 이상 지속되어 온 처가살이혼은 고려 말 봉건적 신분제도와 가부장제적 질서를 유지하기 위해 『주자가례(朱子家禮)』를 근거로 친영의 풍습으로 바뀐다. 그러다가 기묘사화 때 조광조(趙光祖)가 처단된 후 친영의가 폐지되기에 이른다.

친영의는 납채(納采, 혼인을 청하는 것), 납길(納吉, 혼일을 알림), 납징(納徵, 신랑집에서 신부집으로 예물 전달), 친영(親迎, 신부를 시집에 들이는 것), 동뢰연(同牢宴, 술과 음식으로 신랑과 신부가 한몸이 되는 것), 현구고례(見舅姑禮, 폐백)를 거쳐 혼례가 완성되는 것으로 『의례(儀禮)』의 「사혼례(士昏禮)」가 기반이 된 예법이다.

명종(재위 1545~1567) 대에 이르러서는 사민가(士民家)에서 신랑이 신부집에 가서 동뢰연을 행한 다음, 이튿날 아침 신랑집으로 와 시부모에게 현구고례를 행하는 반친영혼이 광범위하게 보급되었다.

〈신부신랑 초례하는 모양〉을 보면 상 위에 올려 있는 붉은 천에 싸인 기러기는 신랑이 신부에게 살아 있는 기러기로 예를 행하는 전안례(奠鴈禮)를 하기 위해 갖고 온 것이리라. 초례상 위에는 홍사촉 정도 되는 촛불 한 쌍이 켜져 있는데, 「사혼례」가 암시하듯

해가 뉘엿뉘엿 질 때[昏] 신랑이 신부집에 왔기 때문에 초례 치르는 시각은 어두워진 이후이므로 촛불이 켜져 있다. 상의 좌우에는 소박한 음식이 차려 있다. 상 위에 삶은 돼지가 보이지 않는 것은 고려 때 행하던 대로 속례로 이어온 결과이다. 술잔 받침 위에 올린 술잔이 신랑과 신부를 위해 각각 하나씩 있다. 신랑과 신부의 각 술잔을 중심으로 그릇이 두 개 보인다. 하나는 종지인 것 같고, 나머지 하나에는 나물이 담겨 있을 것이다.

신랑 쪽에는 신랑을 따라온 종자 두 사람(여인)이 신랑의 아버지인 듯한 사람이 지켜보는 가운데 신랑의 절을 돕기 위해 준비하고 있고, 신부 역시 종자 두 사람(여인)이 신부의 어머니와 작은어머니인 듯한 사람이 지켜보는 가운데 신부의 절을 돕기 위해 대기하고 있다. 아직 술 석 잔의 배사(杯事)는 행하지 않은 듯하다.

신랑과 신부는 초례 때의 합근주를 통하여 부부 합체(合體)하여 상친(相親)이 이루어졌다. 초례가 끝난 후 방 밖으로 내보낸 신랑이 먹다 남긴 술과 안주, 신부가 먹다 남긴 술과 안주를 신랑의 것은 신부의 종자가, 신부의 것은 신랑의 종자가 먹음으로써 종자끼리의 상친도 이루어졌다. 술과 안주가 합체하여 친척이 되는 매개체로 작용하는 것이다.

원래 신랑집에서 치르는 동뢰연 때 차리는 동뢰연상은 특돈(特豚, 삶은 돼지) 반 마리를 중심으로 서(黍), 직(稷), 석(腊), 어(魚), 급(湆), 장(醬), 저(菹), 해(醢)로 구성된 상차림이다. 처가살이혼에 젖어 있던 사회에서 반친영혼이 생기면서 처가살이 혼속 상차림에 특돈을 중심으로 차린 동뢰연상 상차림을 끼워 맞춘 것이 초례상이다.

성재(省齋) 신응순(辛應純)이 1626년(인조 4년) 초례상을 차려놓고 반친영으로 치른 차녀의 혼인 과정을 살펴보자.

> 신부집에서 방 안에 자리를 마련하였다.
> 의자와 탁자를 동서로 마주 보게 놓았다. 신랑의 자리는 동쪽에,
> 신부의 자리는 서쪽으로 하였다.
> 나물, 과일, 술잔, 술잔 받침은 보통 의식 때와 같이 차렸다.
> 술병은 동쪽 자리 뒤에 놓았다.
> 또 탁자를 술병의 남쪽에 놓고 그 위에

합근배(合巹杯)를 합하여 놓았다.

방구석에 남북으로 각각 손 씻는 대야, 수건, 휘건(揮巾)을 놓았다.

막차(幕次)를 문밖에 설치하고 장막을 치고 방석을 깔았다.

신랑이 기러기 머리가 왼쪽으로 가도록 안고 대청 아래에 이르러

북쪽을 향하여 무릎을 꿇고 기러기를 내려놓았다.

신랑이 남쪽에서 손을 씻고, 신부는 북쪽에서 손을 씻었다.

신부가 두 번 절하자 신랑이 한 번 절하여 답하였다.

신랑이 신부에게 읍하고 자리에 앉았다.

종자가 술을 따르고 찬을 올렸다.

신랑과 신부는 술과 효(殽)를 제사하였다.

종자가 술을 따랐다.

신랑과 신부는 제사하지 않고 마셨으며 안주는 없었다.

종자가 합근배를 들어 신랑과 신부에게 나누어주고 술을 따랐다.

신랑과 신부는 제사하지 않고 마셨으며 안주는 없었다.

신랑이 방 밖으로 나가고 음식을 치워 방 밖으로 내놓았다.

신랑의 종자가 신부의 남긴 음식을 먹고,

신부의 종자가 신랑의 남긴 음식을 먹었다.

제1잔은 신에게 올리는 술, 제2잔은 입가심을 위한 술, 제3잔은 영혼을 합하기 위하여 합근을 사용하여 마시는 술이 되며 술안주는 나물과 과일이다. 『성재집(省齋集)』에는 신랑과 신부에게 각각 차리는 술잔과 술잔 받침, 수저, 과일 5기, 나물 3기로 구성된 초례상이 구체적으로 기록되어 있다.

제3잔의 술과 합근배 사용 등은 친영의대로 한 것이지만, 과일과 나물 등은 고려 때 행하던 방식 그대로 속례(俗禮)로 했음을 보여준다.

임진왜란이 끝나고 나서도 여전히 반친영혼은 지속되었고, 과일과 나물로 차리는 초례상 상차림도 이어졌다. 이에 정약용은 『여유당전서(與猶堂全書)』에서 어느 정도 절충된 밥, 떡, 국, 생선, 김치, 젓갈, 닭 반 마리, 돼지 반 마리로 차릴 것을 제시하였으나 지켜지지 않았다.

〈혼인례(婚姻禮)〉는 신부집에서 초례상을 받고 나서 신랑이 신부를 데리고 집으로 돌아가서 시부모에게 첫인사를 드리는 현구고례 모습을 보여준다. 신랑집은 양반가 부유층으로 보인다. 현구고례가 끝나면 아마도 신랑과 신부에게 큰상[大床]을 차려주고 성대한 연회가 벌어질 것이다. 행랑채 뜰에서는 아낙들이 남자 손님들에게 독상을 부지런히 나르고 있다. 이 남자 손님들은 조금 있다 벌어질 연회를 기다리지 못하고 미리 상을 받는 객들로 보인다.

반친영혼의 중심 행사는 신부집에서 행하는 동뢰연상에 해당하는 초례상이지만 초례를 치르고 나서 이후 신랑과 신부를 위한 큰상, 신랑의 시중을 들기 위해 따라온 종자(從子)를 위한 후행상[後行床, 종자를 후행 또는 상객(上客)이라고도 하였음], 후행을 접대하는 일을 맡은 대객을 위한 대객상(待客床), 신랑 신부의 접대 역할을 맡은 대객을 위한 대반상(對盤床)을 차려 이를 통해 집안의 부를 과시했다.

이렇게 신부집에서 커다란 연회를 치르고 이튿날 신랑집으로 가서 현구고례를 한다 할지라도, 신랑집에서는 현구고례만으로 그치지 않고 현구고례가 끝난 다음 다시 신랑과 신부에게 큰상을 차렸다. 그러니까 반친영혼에서는 신부집 따로, 신랑집 따로 혼례를 치르는 까닭에 비용이 엄청나게 들었다.

현구고례 때에는 시아버지와 시어머니의 좌석 배치를 『주자가례』에 따라 동과 서에 마주 보게 하거나, 북쪽 벽에 시아버지와 시어머니를 남쪽을 향해 나란히 앉게 하는 것이 통례였다. 그림은 후자 쪽을 택하여 목단화 병풍을 뒤로 하고 남향하여 앉아 있는데, 시아버지와 시어머니 앞에 놓여 있는 주칠(朱漆) 소반 위에는 『의례』 중 「사혼례」의 예법에 따라 대추와 밤을 담아 만든 조율반(棗栗盤)과 고기와 생강·계피로 만든 포를 담은 단수포반(股脩脯盤)이 놓여 있다. 시아버지에게 조율반을 올리고 나서 시어머니에게

시아버지에게 올리는 조율반   시어머니에게 올리는 단수포반

단수포반을 올리곤 막 절을 하고 있는 모습이다.

이렇게 조율과 단수포로 규정한 것은 조율이 음성의 식물이고 단수포가 양성의 식물이기 때문이다. 음과 양이 화합하는 천시(天時)의 법칙을 따라 양인 시아버지에게는 음성의 조율을, 음인 시어머니에게는 양성의 단수포를 적용한 것이다.

음양의 적용과는 별도로 조율과 단수포는 조(棗, 대추)가 '많음'을 뜻하고, 율(栗, 밤)이 '공손함[謹敬], 단단함[堅], 갖춤[律]'을 의미한다. 시아버지에게 조율을 올리는 이유는 '공손하게 갖추어 진심 어린 마음을 많이 드린다'는 신부의 마음이 담겨 있는 것이다.

단(腶)은 '생강과 계피를 뿌려 말린 고기', 수(脩)는 '공경[敬], 따르고 배움[循·習], 노력함[勉], 길[長]'을 뜻한다. 시어머니에게 단수포를 올리는 이유는 '공경하고 노력하여 배우고 익히며 시어머니의 장수를 빌어 올린다'는 신부의 마음이 담겨 있다.

다음은 친영례의 규범으로 볼 수 있는 조선 왕가에서의 현구고례 때 조율반과 단수포반이 어떻게 전개되었는지를 보자.

1749년 영조는 당시의 혼속이 사치에 흐르고 국비 낭비 또한 심하므로 쓰임새를 줄이기 위하여 2월에 박문수(朴文秀)에게 명하여 『탁지정례(度支定例)』를 제정하도록 하고, 그 취지에 따라 국혼에 관한 정례를 만들어 궁중 혼수를 줄이도록 하였다. 그 정례가 바로 『어제국혼정례(御製國婚定例)』이며, 이후 조선이 멸망할 때까지 계속 유지되었다. 여기에서는 왕세자 가례에서 시아버지에게는 왜주홍칠소소사방반(倭朱紅漆小小四方盤)에 담은 조율을 왜주홍칠평안(倭朱紅漆平案)에 올리고, 시어머니에게는 역시 왜주홍칠소소사방반에 담은 단수포를 왜주홍칠평안에 올리도록 하였다. 조율과 단수포의 양도 규정하였다. 조(대추) 3되, 율(밤) 3되, 단수포 1접[貼, 100장]이었다.

〈혼인례〉에 보이는 왜주홍칠소반은 일반 민중은 절대로 사용할 수 없는 색깔의 소반이다. 『어제국혼정례』에서 제시한 왜주홍칠은 선명한 주홍색을 가리키는데, 당시 주홍색 칠은 왕만이 사용할 수 있는 색이었다. 그러므로 〈혼인례〉 풍경은 일반 사대부가도 아닌 왕족의 혼례인 듯싶다.

〈신부연석(新婦宴席)〉도 1800년대 말에 행해진 반친영혼에서 현구고례가 끝난 다음 시어머니가 며느리에게 베푸는 연석 과정을 그린 것으로 혼례를 마친 신부가 처음으로 신랑집에 가서 시부모에게 폐백을 드린 후 큰상을 받는 그림이다.

『주자가례』에 따라 병풍으로 둘러싸인 깔자리 위에 북쪽에서 남쪽을 향하여 앉아 있는 두 여인은 시댁 어른들로서 그림의 오른쪽은 시어머니이고 왼쪽은 시아버지의 첩인 듯 보인다. 시어머니 앞에는 사각반에 음식이 차려져 있고, 첩으로 보이는 여인 앞에는 몸종 두 명이 상을 마주잡고 들어와 막 놓으려 하고 있다.

오른쪽 상화(床花)가 꽂힌 음식상을 받고 있는 여인이 바로 오늘의 주인공인 신부이다. 신부와 마주 앉아 역시 음식상을 받고 있는 여인은 신부를 대접하는 일을 맡은 대반(對盤)이 아닐까 한다.

김준근이 살았던 시기 어느 양반집에서 치른 혼례 때 손님 접대 상황을 보면 신랑집에서 34명이 후행(신랑의 시중을 들기 위해 따라온 사람)으로 왔고, 이들을 대접하기 위하여 신부집에서 34명의 대객(후행의 접대 역할을 맡은 사람)을 선발하여 접대했다.

신부를 위해 차린 큰상에는 곶감, 귤, 사과, 배, 대추, 밤, 육포, 과자, 산자, 다식, 빙사과, 약과, 누름이, 행적, 족적, 두부적, 전유어, 수란, 계적, 어적, 육산적, 송기떡, 인절미, 절편 등을 놓았고 조화(造花)인 목단과 국화를 상화로 꽂았다. 시대는 조금 올라가지만 정조 때 관(官)에서 치러준 서민의 혼례 기록인『동상기(東廂記)』에도 상화를 꽂은 것이 보인다.

모든 일은 끝냄이 있어야 하는 것이니,
봉상시의 숙수(熟手) 몇 사람을
급하게 불러다 음식을 마련하게 했다.
증병, 인절미, 권모(權母), 백설기, 송편, 난면(卵麵), 산면(酸麵), 유밀과,
홍산자, 중박계, 다식, 양색요화, 각색 강정, 약과, 어만두, 어채, 구장(拘醬),
연계유(軟鷄濡), 어회, 육회, 양지머리 수육, 전유아,
누름이, 저육, 백육(白肉), 잡탕, 탕평채, 화채, 아가위, 능금,
유행(柳杏), 자두, 배, 황률, 대추, 참외, 수박 등등을 숙수가 내놓았다.
수파련을 꽂지 않을 수 없었으니,
이야말로 사또어른 밥상이라,
두꺼비가 받은 큰상과 같았다.
평생을 마시고 먹었으되 죽과 밥만을 알았거늘

한술 뜨기도 전에 배 먼저 부르구나

신랑의 소매엔 황률이 반 되나 가득

수모(手母)가 합환주(合歡酒) 따른 통에는 술이 가득

다들 사양치 마시고 드십사

이렇게 큰상은 다시 얻기 어려우이……

이상의 기록은 정조(재위 1776~1800) 이후 대한제국 말에는 궁중의 음식문화가 민가에도 영향을 미쳐, 궁중에서나 음식에 꽂았던 상화가 민가의 혼례에도 널리 퍼져 있음을 보여준다. 물론 상화만이 아니라 궁중음식이 보급된 상황도 마찬가지였다.

현구고례가 끝난 다음, 시부모에게 효순(孝順)을 나타내기 위하여 새끼 돼지 고기를 갖추어 올리는 예를 궤구고례(饋舅姑禮)라 하였다. 새끼 돼지 고기 대신 신부집에서 가지고 온(현재의 이바지 음식에 해당) 떡, 유밀과, 과일로 한 상을 차리고 신부가 몸소 만든 밥, 국, 생선, 고기로 또 한 상을 차려 두 개의 상을 시부모에게 신부가 올렸다.

궤구고례를 관궤례(盥饋禮)라고도 하였다. 정약용은 당시의 사치스러운 관궤례 풍조를 신랄하게 비판하였다.

지금 사람들은 성찬(盛饌) 두 자에만 매달려

사치와 낭비가 극에 달하고 있다.

남의 눈을 현혹시키고 가난함을 업신여겨

색시의 뜻을 오만하게 하니

이는 크게 어지로운 도이다.

마땅히(『의례』「사혼례」의 예법대로) 특돈 한 마리를 (…) 써야 하는데

어찌하여 마음대로 증감할 수 있겠는가. (…)

백성이 가난한 것은 분수를 넘은 데에서 기인한 것이다.

궤구고례 이튿날에는 향부례(饗婦禮)라 하여 시부모가 신부에게 1헌의 술을 내려 접대하였다. 〈신부연석〉의 장면은 바로 향부례 장면이다. 북쪽에서 남쪽을 향하여는 원래 시아버지와 시어머니가 앉아야 하나, 시아버지는 이미 돌아가신 듯 시아버지 자리를

시아버지의 첩이 대신하였다.

이들 앞에 차려진 사각반의 원래 명칭은 마제거식상이다. 조선시대에는 과일과 유밀과를 합한 숫자에 따라 상의 규모를 나타냈다. 이를테면 마제거식5과상, 마제거식7과상이 그것이다. 마제거식7과상은 유밀과에 과일을 포함하여 일곱 종류를 차린 상이란 뜻인데, 이 상은 조선 왕조가 명나라 사신 접대 때나 차릴 수 있는 지극히 사치한 수준이다.

그런데 시어머니 앞에는 마제거식5과상을 차리고, 신부 앞에는 마제거식7과상을 차렸다. 게다가 시어머니 상에는 상화가 없고 신부 상에는 화려한 상화를 꽂았다. 신부 앞에 차려진 마제거식7과상의 찬품은 4행(行) 상인데 4행에는 요화·강정·다식·약과·중박계·홍산자·각색당과·각색과일 중에서 일곱 가지, 3행에는 각종 나물과 김치·장류, 2행에는 어만두·전유아·편육·육회·어회·화양적 등, 1행에는 국수·탕·증병·인절미·송편 외에 잔받침을 갖춘 술잔과 수저를 차렸을 것이다.

이렇듯 화려한 향부례의 상차림은 정약용이 지적한 대로 이에 앞서 행했던 궤구고례 때도 성찬으로 차렸음을 의미한다. 따라서 궤구고례를 이어 같은 규모로 차린 것이 향부례 상차림이라고 보아도 좋다.

어쨌든 향부례에서 시부모가 신부에게 1헌의 술을 내려 접대하고, 고례(古禮)대로 시어머니는 서쪽 계단(손님의 계단)으로 내려오고 신부는 동쪽 계단(주인의 계단)으로 내려와 덕을 갖춘 유순한 며느리에게 대(代)를 전하였음을 분명히 하였다.

〈신부신랑 초례하는 모양〉은 혼인 의식을 묘사한 것으로,

기산 김준근의 풍속화이다.

이 그림은 혼례 중 하이라이트인 대례 의식을 보여준다.

대례는 신랑이 신부집에 가서 행하는 모든 의례를 말한다.

이 그림은 덴마크국립박물관의 소장품으로,

오이센(Janus Frederik Oiesen)이 1889년부터 1900년까지

원산 개항장에서 세관원으로 근무할 때 구입한 것으로 보인다.

이 그림은 이전까지 평생도의 혼인식 장면이 주로 신랑이 신부집으로 가서
신부를 맞이하던 형상에서, 신부가 시부모에게 인사를 드리는
폐백 장면으로 바뀐 새로운 형상이 등장한다는 점에서 중요하다.
그림 제작 시기는 평생도가 널리 유행한 후
새로운 표현법과 형상이 나타나는 점,
궁중회화의 모티프가 민간의 그림에서 저변화된 양상으로 나타나는 점,
채색이 지나치게 선명하고 풍부한 점 등으로 미루어 볼 때
19세기 말이나 20세기 초로 추정된다.

화폭에 담긴 한식

〈신부연석〉은 혼례식을 마친 신부가

큰상을 받고 있는 모습을 그린 것으로

합근례가 끝난 이후의 의식을 보여준다.

대례식과 상견례가 끝나면 신랑과 신부,

그리고 상객들은 큰상을 받는다.

이때 신랑과 신부의 친지 친구들을 각각 따로 대접하는데

신랑 친구들을 대접하는 것을 신랑연석이라 하고

신부 친구들을 대접하는 것을 신부연석이라 한다.

회갑례

《평생도》 중 〈회갑례〉 | 작자 미상 | 20세기 전반 | 8첩 병풍 | 종이에 채색 | 각 110.2×51.5cm | 국립중앙박물관

화폭에 담긴 한식

온갖 산해진미로 진수성찬 차려
자손이 따라주는 헌수주로 흥겨운 하루

조선시대에 효(孝)는 '백행과 만화(萬化)의 근본'이었으며, 조선 사회를 유지해주는 사상적 기둥이었다. 따라서 부모가 생일을 맞이하였을 때 여건이 허락하는 한 성대하게 잔칫상을 차리는 일은 매우 당연했다. 최립(崔岦)이 쓴 『간이집(簡易集)』의 「신동추경수도시서(申同樞慶壽圖詩序)」에 그 뜻이 잘 나타나 있다.

어버이를 위하는 효자의 정성된 마음은

그 자신이 가난하여 쌀을 멀리서부터 등에 지고 오건

솥을 늘어놓고 진수성찬을 맛보는 신분이건

오래 살면서 출세하여 어버이를 봉양하고자 하는 것이다.

다행히 그러한 행운을 얻게 된다면

술과 음식을 차리고 음악을 준비하여

영화로움을 받들어 즐거워하시도록

해드리는 것이 당연하고,

이 또한 자식의 경사이다.

생일잔치 중 가장 경사스러운 잔치가 회갑연이었다. 회갑(回甲)은 주갑(周甲), 환갑(還甲), 환력(還曆)이라고도 한다. 나이 예순한 살을 회갑이라고 하는 이유는 10간과 12지를 조합해 만든 60주기를 나타내는 육십화갑자(六十花甲子)를 한 번 돌았다는 의미이다. 태어나서 60년을 경과하여 생년의 간지(干支)를 맞이한 것이다.

60간지를 일순하는 것은 하나의 인생을 다 살았음을 의미하는 한편, 새로운 인생을 맞는 것이기 때문에 이 환력을 축하하는 풍습을 환갑(회갑)이라 하고 잔치를 벌였다.

가장 성대한 회갑 잔치는 아무래도 조선 왕조의 환갑연일 것이다. 1795년 정조가 어머니 혜경궁 홍씨의 환갑을 맞아 올린 진찬연(進饌宴)의 상차림과 찬품을 살펴보자.

【혜경궁 홍씨에게 올린 찬안(큰상)】

- 1자 5치로 고여 담은 약과 1기
- 1자 2치로 고여 담은 각색설기(백설기, 밀설기, 석이설기,

  신감초설기, 임자설기), 각색밀점설기(밀점설기, 잡과점설기, 합병, 임자점설기),

  임자절병, 각색절병 및 증병, 약반, 오색수단,

  맥수단, 낭화, 수면, 강병, 만두과, 다식과, 홍차수,

  백차수, 각색절육이 각각 1기
- 각색조악 및 화전이 3기
- 1자로 고여 담은 삼색요화 1기.
- 9치로 고여 담은 흑임자다식, 송화다식,

  잡당다식, 황률·상실다식, 신감초다식, 홍갈분다식,

  오색강정, 삼색매화강정, 편육이 각각 1기
- 8치로 고여 담은 계전·합전, 양전,

  생선전, 간전이 각각 1기
- 7치로 고여 담은 사탕, 민강·귤병, 잉금, 사과,

  이실, 유월도, 자도, 복분자, 청포도, 서과, 진과, 생이,

  송백자, 실호도가 각각 1기
- 6치로 고여 담은 팔보당, 옥춘당·인삼당·어과자,

  오화당, 잡당합, 증황률, 증대조, 이숙, 수상화,

  전복초 · 해삼초 · 홍합초, 화양적, 각색만두가 각각 1기
- 5치로 고여 담은 각색정과 4기, 수정과가 각각 1기
- 탕으로는 칠계탕, 생치탕, 양포탕, 천엽탕, 족탕, 추복탕, 저육탕이

  각각 1기
- 찜요리로는 구증, 부어증, 연계증, 갈비증이 각각 1기

• 생복숙, 어채, 인복회, 생복회, 백청, 개자,
  초장이 각각 1기와 소주 3선(鐥)

【혜경궁 홍씨에게 올린 주별미상(입매상)】

심홍변흑조각대원반 1좌와 흑칠조각중협반 4좌에
40기의 당화기를 사용하여 찬품을 고여 담아 차렸다.

• 9치로 고여 담은 삼색연사과, 삼색매화강정1기
• 8치 5푼으로 고여 담은 각색병(백설기, 밀설기, 석이설기,
  신감초설기, 임자설기, 밀점설기, 잡과점설기, 합병, 임자점설기,
  각색조악, 각색화전, 각색절육, 산삼전, 잡과고, 당귀엽전, 국화엽전),
  약반, 병시, 수면, 만두과가 각각 1기
• 6치로 고여 담은 잡당다식, 조란, 잉금, 이실,
  유월도, 복분자, 수박, 참외, 편육, 각색전유화, 숙복초,
  연저적, 연치적, 구증, 연계증, 삼복숙,
  부어백숙, 어회, 생복회가 각각 1기
• 5치로 고여 담은 각색왜당, 각색당당, 이숙, 수상화가 각각 1기
• 4치로 고여 담은 도전, 복분자고, 각색정과가 각각 1기
  탕은 금중탕, 초계탕이 각각 1기
• 청, 개자, 초장이 각각 1기와 소주 1선
  여기에는 대수파련 1개, 중수파련 1개, 삼색목단화 3개,
  월계화 1개, 사계화 1개, 홍도삼지건화 5개, 홍도별건화 10개,
  홍도별간화 10개, 합하여 32개의 상화를 꽂았다.

이 밖에 흑칠대원반 1좌에 40기의 갑번자기(甲燔磁器)를 사용하여 찬품을 고여 담아 차린 내입(內入) 1상과 20기를 차린 내입 2상, 홍칠중원반 1좌에 18기를 차린 내입 6상, 15기를 차린 내외빈상상(內外賓上床) 215상, 13기를 차린 내외빈중상 20상, 10기를 차린 내외빈하상 50상, 15기를 차린 조정상상상(朝廷床上床) 15상, 13기를 차린 조정상차

상(朝廷床次床) 205상, 9기를 차린 조정상중상 100상, 8기를 차린 조정상하상 130상, 각각 6기로 하여 겸상 60상을 준비한 시위백관상이 차려졌다.

내외빈에게는 이들 외에 혜경궁 홍씨에게 올린 것처럼 주별미(晝別味) 70상을 차렸는데, 찬품은 소맥면, 서과, 정과, 수정과, 수상화, 완자탕, 절육, 전유화, 어채, 초장이 각각 1기씩이고 여기에 홍도별건화와 홍도별간화에 각각 상화를 한 개씩 꽂았다.

한편 유생 800명에게는 각각 백병 1개, 대구 1편(片), 진과 1개, 밀수를 내렸고, 장관과 장교 이하에게도 음식을 내렸으며 원역(員役)과 군병(軍兵)에게 역시 음식을 나누어 먹였다. 이처럼 주인공 혜경궁 홍씨에게는 82기를 차린 찬안과 40기를 차린 주별미를 합하여 122기를 차린 반면, 정조와 중전 등에게는 내입상 40기, 20기, 18기가 올랐다. 그밖에 내외빈상과 조정들의 경우는 15기에서 8기로 구성되었다. 이렇듯 환갑을 맞은 주인공에 대한 경외심은 대단한 것이었다.

큰상〔大床〕

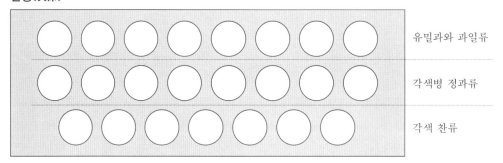

유밀과와 과일류

각색병 정과류

각색 찬류

입매상

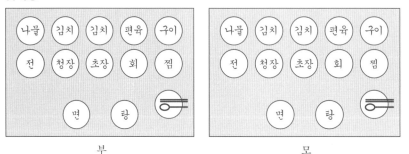

부   모

19세기 말의 회갑 상차림

조선 왕조의 회갑연을 그대로 이어받은 것이 양반 사대부가의 회갑연이다. 그 규모는 왕실만큼 크지 않았지만 차림 구성은 비슷하였다. 특히 상당히 높은 상류층 연회인 것으로 보이는 〈회갑례〉가 그려진 1800년대 말 사회 풍조는 정조 대에 거행된 연향의 영향을 많이 받았다.

그림 속에 등장하는 북쪽에 정좌하여 남쪽을 향하여 앉은 노부부 앞에 각각 놓인 주홍칠을 한 원반은 앞서 혜경궁 홍씨에게 올린 주별미상과 같은 성격의 상으로, 주인공이 직접 먹을 수 있는 찬품으로 구성되었다. 이 상을 입매상이라 하였다. 이 상 외에 큰상[혜경궁 홍씨에게 올린 찬안과 같은 성격의 상으로 대상(大床)·망상(望床)이라고도 함]이 별도로 있었을 것이다. 물론 큰상에는 각 찬품마다 고임 음식을 담고 상화도 꽂았을 것이다. 다시 말하면 그림 속의 광경은 회갑연을 치르고 난 이후의 모습이다.

노부부가 각각 받은 입매상

회갑연에서 노부부는 큰상을 독상 형태로 받는다. 물론 노부부는 이 큰상의 음식은 먹지 않는다. 자손들이 따라주는 헌수주(獻壽酒)를 마시고 한바탕 풍악과 함께 흥겨운 자리를 즐긴 후 큰상에 올린 음식을 허물어 음식도 내리고, 모든 집안 식구들과 나누어 먹는다. 그리고 따로 먹을 수 있는 입매상인 원반을 다시 받는다.

이 〈회갑례〉 장면은 61세 생일을 기념하는 회갑 장면을
그린 것으로, 이전의 평생도에는 등장하지 않던 장면이다.
괴석과 나무 등 길상적인 형상이
형식화된 필치로 나타난다.
그림 속 마당에 술에 취한 인물의 모습은
조선 후기 도화서 화원 유숙이 그린 〈대쾌도〉와 같은
풍속화에서 찾아볼 수 있는 요소이다.

회혼례

《평생도》중 〈회혼례〉 | 작자 미상 | 20세기 전반 | 8첩 병풍 | 종이에 채색 | 각 110.2×51.5cm | 국립중앙박물관

화폭에 담긴 한식

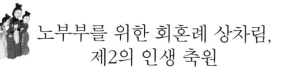

노부부를 위한 회혼례 상차림,
제2의 인생 축원

회혼(回婚)이란 해로(偕老)하는 부부가 혼인한 지 예순 돌이 되었다는 의미로, 이를 기념하여 벌이는 잔치가 회혼례(回婚禮)이다.

〈회혼례〉는 1800년대 말에서 1900년대 초 벚꽃이 활짝 핀 어느 봄날, 궁궐 같은 저택에서 부잣집 노부부가 올리는 회혼례 모습을 그린 것이다. 이 부부는 60년 전의 혼례 때처럼 동뢰연상(초례상)도 차리고 큰상도 차렸다. 대청 북쪽 벽에서 동뢰연을 막 마친 듯, 발 높은 동뢰연상에는 기러기(닭) 한 쌍과 과일 등이 놓여 있고, 그 앞에는 술단지를 차린 탁자가 놓여 있다. 대청 오른쪽 방의 발 높은 상에 음식이 차려져 있는 게 큰상이다.

노부부는 회혼례에 참석한 사람들에게 일일이 감사 인사를 하고 있다.

오래 산 부부이기에 참석한 손주들도 많다. 한쪽에서는 분주히 손님들을 접대하는데 한 아낙은 왼손으로는 아이를 잡고 오른손으로는 머리에 인 주연상을 받쳐 들고 부지런히 나르고 있다. 문을 끼고 있는 옆방에서는 손님 세 명이 술상을 받았고 그 옆방의 다른 남자는 음식을 기다리는 듯하다. 이 남자에게 술상을 올리기 위해 아낙이 막 문을 들어서고 있다.

『의례』의 「사혼례」에 준하면 당연히 기러기가 올라가야 하지만 그 대신에 닭 두 마리를 놓았다. 그렇다면 이 그림에 나타나는 회혼례는 여자가 남자 집으로 시집가는 친영례에 준하였지만, 정확한 친영례가 아니라 관습적으로 내려오는 혼속이 합해져 생긴 반친영례를 따른 것으로 볼 수 있다.

원래 전통 혼속은 신랑이 신부집에 가서 혼례를 치르는 처가살이혼이었는데 조선 왕조가 들어서면서 『주자가례』를 기반으로 한 시집살이혼인 친영례를 권장하였다. 친영례는 신랑이 신부집에 가서 기러기를 바치고[奠鴈禮] 신부와 함께 신랑집으로 와서 동뢰연을 치른 후 이튿날 시부모에게 현구고례를 드리는 것이며, 반친영례란 신랑이 신부집에 가서 동뢰연을 올리고 이튿날 신랑집으로 와 시부모에게 현구고례를 드리는 것이다. 어쨌든 친영례는 좀처럼 널리 보편화되지 않았다. 이에 세종은 김종서에게 친영례 정착에 관해 의논했다.

세종께서 김종서에게 물었다. "친영례는 우리나라에서 오랫동안 시행하지 않았는데, 한성부윤 고약해 등이 고례에 의거하여 이를 실행할 것을 요청하였다. 태종 때 친영례를 시행하자는 의논이 있었으나, 나이 어린 처녀를 모두 혼인시켜 남자 집에서 혼인을 행하기가 어려웠다. 그 어려운 이유가 무엇인가?" 이에 김종서는 "우리나라 풍속은 남자가 여자 집으로 가 혼례를 치르는 것입니다. 그 유래가 오래되었습니다. 만일 여자가 남자 집으로 들어가게 된다면 거기에 필요한 노비와 의복, 기구와 그릇 등을 모두 여자 집에서 마련해야 하기 때문에 그것이 곤란하여 어렵게 된 것입니다. 만일 남자 집이 부자라면 신부를 맞는 것이 어렵지 않겠지만, 가난한 사람은 부담하기가 매우 어렵기 때문에 남자 집에서도 이를 꺼려 왔습니다"라고 아뢰었다. 세종께서 말씀하시기를 "이 같은 예법을 갑자기 시행할 수 없다면 먼저 왕실에서 하여 사대부들에게 본받게 하면 어떤가?" 하였다. 그러자 김종서는 "정말 전하의 말씀처럼 왕실에서 먼저 시행하고, 아래에서 행하지 않은 사람에게도 죄를 묻지 않는다면 고례에 대하여 행할 뜻을 가진 사람은 저절로 따라올 것이며, 그렇게 해서 오래되면 온 나라에서 저절로 행하게 될 것입니다"라고 답하였다. 세종은 맞는 말이라고 했다. 친영례 시행은 16세기에 들어와서도 정착되지 않았다. 급기야 중종이 친영례 시행을 명하기에 이른다.

세종께서 말씀하시기를 "혼례는 삼강의 근본이요, 시초를 바로잡는 도리다. 성인들이 대혼(大婚) 예를 중시하여 친영례를 마련한 것인데, 우리의 풍속은 남자가 여자 집으로 가는 것으로 그 유래가 오래되어 갑자기 고칠 수 없으니 이제부터 왕자나 왕녀의 혼인은 한결같이 옛 법제대로 하여 백성들의 모범이 되도록 하라" 하셨지만 (…)

화폭에 담긴 한식

습속이 버릇이 되어 버려두고 거행하지 않으니 결여된 법이다.
만일 위에 있는 사람이 먼저 그 예절을 실행하면
아랫사람들이 자연히 감화될 것이다.
앞으로 경대부집에서 혼인할 때 친영례를 예문을 따라한다면,
사대부와 서민 집에서도 본받게 될 것이니 논의해서 아뢰도록 하라.

조정에서 친영례 정착을 위해 노력을 기울였지만 결코 완전히 실현되지는 않았다. 명종 때에는 반친영으로 변형되고 영조 대에는 반친영이 거의 정착되었다.
어쨌든 〈회혼례〉는 반친영혼의 장면을 반영한 것으로 보인다. 규범(친영례)과 관행(반친영례)이 엇갈리는 가운데 일반 서민의 동뢰연에서는 신부집 앞에 송죽(松竹)을 세우고 대청에 교배석(交拜席)을 마련한 다음, 발 높은 고족상(高足床)에 밤·대추 등의 과일을 놓고 양 끝에는 청색 보자기와 홍색 보자기로 몸을 묶은 닭 두 마리를 놓았다. 그리고 술 주전자, 술잔, 합근주를 배설하였다. 이것이 바로 동뢰연상이다.

동뢰연상의 상차림

정약용은 『여유당전서』에서 동뢰연 때 술 석 잔을 전부 합근배로 쓰는 점, 대청에서 동뢰연을 하는 점, 부부가 각각 상을 따로 받지 않고 하나의 상을 받는 점을 지적하며 그대로 시행해도 되는 것과 고쳐야 할 것을 제시하였다. 『의례』의 「사혼례」를 따른다면, 원래 동뢰연은 대청이 아니라 신랑 방에서 해야 하며, 합근배는 세 번째 술을 마실 때 쓰는 것이고, 동뢰연상은 신랑 신부가 각각 독상으로 받아야 한다.

〈회혼례〉 광경은 정약용이 지적한 내용이 그대로 드러나 있다. 동뢰연상을 대청에 차린 점, 신랑과 신부 상을 따로 차리지 않고 상 하나를 같이 쓰게 한 점이 그것이다. 정약용의 지적 사항은 아니지만, 기러기가 올라가야 할 자리에 닭 두 마리가 올라가 있는 광경 역시 친영례에서 제시한 규범이 아니다.

동뢰연을 치르고 나면 신랑과 신부 양가의 유대를 강화하고 혼인을 공표하는 뜻으로 향응을 베푼다. 이때 신랑과 신부가 받는 상을 큰상이라 했다. 큰상은 송기떡·인절미·절편 등의 떡과 건시·귤·사과·배·대추·밤 등의 과일, 어포와 육포, 산자·약과·다식·빙사과·강정 등의 유밀과, 지짐, 행적, 족적, 두부적, 전유어, 수란, 달걀, 어적, 산적, 각색당과 등으로 차려졌다. 큰상 외에 별도로 신랑과 신부가 먹을 수 있게 차린 입매상이 있었고, 친인척을 대접하는 주연상이 있었다.

〈회혼례〉에서는 큰상과 주연상이 보이지만 입매상으로 노부부를 위로했을 것이다. 회혼례는 자식들이 부모의 결혼 60주년을 맞이하여 다시 인생을 시작하라는 의미에서 올리는 의식이다. 사실 이러한 회혼례가 가능했던 것은 10세 정도 되면 혼인을 시키는 조혼 풍습이 있었기 때문이다.

화폭에 담긴 한식

이 그림은 국립중앙박물관이 소장하고 있는 《평생도》 8첩 병풍 중
마지막 첩에 해당하는 회혼례 장면이다.
이 그림에는 중국식 동자의 모습을 한 아이들이 많이 등장한다.
자손의 번창을 상징하는 의미를 더욱 강조한 것으로
혼인 후 60년이 지나 자손이 크게 번창하고
다복한 가족을 이루는 것을 염원하고 있다.
더불어 그림 속에서 실제 회혼례식에 사용된 대추·생밤 등의 음식과
사악한 기운을 물리치는 '벽사(辟邪)'의 의미로 사용한 닭의 모습을
확인할 수 있다는 점에서 중요하다.

초상난 데 초혼 부르는 모양

〈초상난 데 초혼 부르는 모양〉 | 김준근 | 1889~1900년경 | 비단에 채색 | 28.0×32.0cm | 덴마크 코펜하겐 국립박물관

망자에게 드리는 마지막 음식
술·과일·포·나물로 차려

김준근이 살았던 1800년대 말과 1900년대 초에는 사람의 목숨이 끊어지면 집사자(執事者)가 휘장(또는 병풍)으로 침실을 가리고, 시중드는 사람[侍者, 여자의 초상에서는 여자가 시중을 들고, 남자의 초상에서는 남자가 시중을 든다]은 시신 앞에 침상(寢床)을 세로로 놓고 이부자리와 베개를 준비하여 시신의 머리가 남쪽으로 향하도록 눕힌 다음 홑이불인 금(衾)으로 시신을 덮었다. 아내와 아들, 며느리와 첩은 모두 관(冠)과 겉옷을 벗고 머리를 풀었다. 남자는 심의(深衣)를 입고, 부인은 흰 장의(長衣)로 갈아입었다.

그런 다음 집사자가 탁자(시신이 살아 있을 때 사용하던 밥상을 가리킴)에 사자가 살아 있었을 때 시렁에 남아 있던 얇게 저며 양념하여 말린 고기 조각인 포(脯), 그리고 포를 썰어 누룩 및 소금을 섞어서 술에 담근 음식류인 해(醢)를 길사(吉事) 때 썼던 그릇에 담아 차리고 술(깨끗이 씻은 술잔에 술을 부어서 사용)도 차려 돌아가신 분에게 올린다. 이것을 '전(奠)을 드린다'라는 의미의 시사전(始死奠)이라 한다. '전'이란 시신을 땅에 묻기 전에 음식을 시신에게 올릴 때 쓰는 용어이다. 시신을 땅에 묻고 난 뒤부터는 제(祭)라는 글자를 쓴다. 그러므로 전은 시사전부터 영구가 떠날 때 지내는 제사인 견전(遣奠)까지 '전'이라 하고, 제는 초우제(初虞祭)부터 붙인다.

전을 마련할 때에는 탁자를 동쪽 계단 동남쪽에 마련하고, 전에 올릴 찬(饌), 술잔, 술주전자를 탁자 위에 진설한다. 손 씻는 대야와 손 닦는 수건을 찬의 동쪽에 놓는다. 별도로 탁자를 마련하여 그릇 씻는 대야와 그릇 닦는 수건을 그 동쪽에 놓는다. 이때 해 대신 과일, 나물 등을 쓰기도 했다.

사람의 목숨이 갓 끊어지는 상황에서는 살아 있는 사람의 마음이 황망하기 그지없고 목숨을 구할 수 있는 방법이라면 어떤 방법이라도 써야 한다. 그래서 나온 예(禮)가 초혼(招魂), 즉 복(復)이다. 시중드는 사람이 죽은 사람이 입었던 겉옷을 왼손으로 들고 앞쪽의 처마[榮]로부터 용마루[中霤]에 올라가 왼손으로는 옷깃을 잡고 오른손으로는 허리를 잡고 북쪽을 향해서 옷을 가지고 "○○(살아 있을 때의 호칭) 복(復, 돌아오시오)"
이라고 세 번 부른 다음 옷을 둘둘 말아 들고 내려와서 시신 위에 덮는 것이다. 이렇듯
초혼하는 것은 죽은 사람의 혼을 불러 몸과 마음을 다시 합하고자 하는 것이며, 지붕에
올라가는 것은 혼기(魂氣)가 위에 있기 때문이다. 이렇게 해도 살아나지 않아야 초상을
행한다. 복을 세 번 부르는 것은 예가 삼(三)에서 이루어지기 때문이다. 이른바 천(天)·
지(地)·사방(四方)의 가운데에서 혼이 온다는 의미이다.

그러나 반드시 지붕에 올라가 초혼하는 것이 법도는 아니었던 듯, 만일 지붕에 올라가
혼을 불러 여러 사람이 놀랄 염려가 있을 때에는 안마당 남쪽으로 가서 평소에 부르던
호칭으로 부르기도 했다.

〈초상난 데 초혼 부르는 모양〉은 휘장 대신 병풍으로 침실을 가리고, 침실에 홑이불을
덮고 있는 침상의 시신이 누워 있는 모습이다. 병풍 앞의 두 사람은 머리를 풀어헤치고
심의 차림으로 곡을 하고 있다. 죽은 사람이 남자인 듯, 시중드는 남자가 안마당 남쪽
에서 죽은 사람이 입었던 겉옷의 옷깃을 왼손으로 잡고, 오른손으로는 허리를 잡고 초
혼하고 있다.

초혼하는 사람 앞에는 죽은 사람을 대접하기 위해 음식이 차려져 있다. 시사전이다. 전
이 차려져 있는 탁자를 보면 촛대 한 쌍에 꽂힌 초에는 불이 켜져 있고, 음식이 4행으
로 차려져 있다. 제1행은 술을 담은 술잔 3개, 제2행은 면식(麵食), 고기, 생선 등을 담
은 것으로 보이는 그릇, 제3행은 젓갈과 나물 등이 담긴 합 5기, 제4행은 육포와 어포
3기로 구성되었다. 제4행에서 포가 3기인 것은 술 석 잔에 따른 술안주를 나타낸 것으
로 보인다. 그런데 한 그릇에 담겨 있는 포의 숫자도 3이다. 이것은 복을 세 번 부르는
것과 같은 의미로 천·지·사방의 혼을 접대하기 위해서일 것이다.

〈초상난 데 초혼부르는 모습〉은 남성 한 명이

죽은 사람의 저고리를 들고 초혼하는 모습을 그린 것으로

풍속화 속 인물은 넓으면서도 튀어나온 이마,

눈 주위에 검은 달무리, 갈고리 코 등이 특징이다.

또한 의복은 명암을 도식화하여 표현한

이중윤곽선묘법을 이용하여 묘사했다.

김준근은 조선인이 소중히 여기고

경외시하는 상제례 장면을 서양인의 요청에 따라 제작했다.

상례 셩복졔

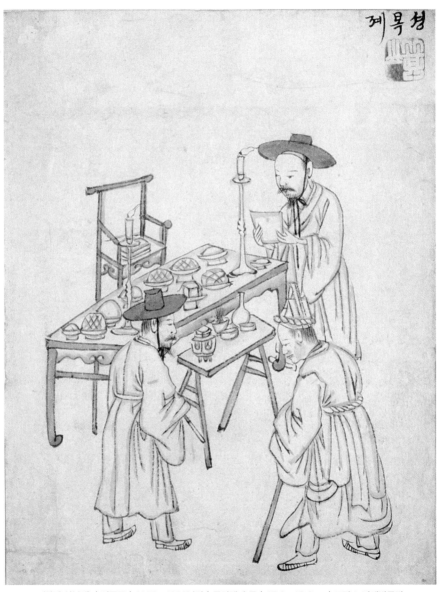

〈상례 성복제〉 | 김준근 | 1888~1889년경 | 종이에 수묵 | 17.2×13.3cm | 프랑스 기메박물관

상례 소대상

〈상례 소대상〉 | 김준근 | 1894년 이전 | 무명에 채색 | 28.5×35.0cm | 독일 함부르크민족학박물관

죽은 사람 섬기기를 산 사람 모시듯, 정성스레 마련한 찬품 올리고

〈상례 성복제〉는 새벽에 상복을 입고 조전(朝奠, 장례에 앞서 지내는 제사)을 올리는 모습이다. 상제는 머리에는 효건(孝巾) 위에 상관(喪冠)을 쓰고 수질(首絰)을 둘렀으며, 최복(衰服)을 입고 요질(腰絰)을 두르고 있다. 신발은 짚신을 신었으며, 손에는 지팡이를 짚고 있다. 막 조전을 올리려는 듯한 모습이고, 얼굴에는 슬픔이 가득하다.

옛날에는 초종(初終, 죽음)을 맞으면 고복(皐復, 혼은 하늘로 백은 땅으로 가는 과정), 발상(發喪, 조문객에게 알림)을 하고, 습(襲, 시신을 닦고 옷을 입힘)과 대렴(大斂, 입관 전에 소렴한 시신을 베로 감싸는 것)을 거쳐 성복(成腹, 상복 착용)을 하였다. 성복은 대렴한 이튿날, 운명한 지 나흘째에 했다.

상제 앞에는 향안(香案)이 있고, 향안 위에는 향로(香爐), 향합(香合), 술잔, 술병이 놓여 있다. 향안 앞에는 고족마제거식상(高足馬蹄車食床)에 2행으로 음식이 차려져 있다. 제1행에 차려진 찬품은 약과(藥果)인 듯한 유밀과(油蜜果)와 대추·밤 등의 실과(實果), 그리고 경중병(粳甑餅)과 점증병(粘甑餅)이 놓여 있는 듯하다. 이들 모두는 고임으로 음식을 담았다. 제2행에 차려진 찬품은 두부적, 나물전, 젓갈 등이다. 양쪽에 놓인 촛대에는 촛불이 켜져 있다. 탁자 앞에는 혼백을 모신 영좌(靈座)가 놓여 있는데, 향 피우는 일을 전담하는 축관(祝官)이 축을 읽고 있다. 음식을 마련하여 차린 집사자는 상제를 바라보고 있다.

성복제의 상차림

성복날에 남자는 효건이라는 두건을 쓰고 그 위에 상관을 쓴다. 상관은 두꺼운 종이에 풀칠해서 바탕감으로 하고 이를 삼베로 싼 것이다.

삼베로 만든 윗옷인 서고리[衣]와 아래에 입는 상(裳)을 입는다.

최복 밑에 중의를 입는다.

머리에는 수질을 두르는데, 짚으로 엮고 테두리를 삼 껍질로 감아 베 두 가닥을 서로 꼰 것이다.

허리에는 삼을 섞어서 꼬아 만든 요질을 두르고 삼으로 만든 띠인 교대를 두른다.

지팡이는 대나무나 오동나무로 만들며, 요질과 같은 굵기로 만든다.

여성은 머리에 개두(蓋頭)라는 너울 같은 것을 쓰고 흰색 관을 쓴다. 앞의 머리는 잠(簪) 으로 묶는다. 여성도 남성과 같이 삼베옷을 입는다.

성복은 대부분 조전을 올릴 때 곡(哭)과 절을 겸하여 행한다. 그래서 이를 성복제(成服祭) 라고도 한다.

전(奠)은 시신을 땅에 묻기 전에 시신에게 음식을 올리는 것을 말한다.

전을 올릴 때는 습을 마치고 만든 혼백(魂帛)을 의자[靈座] 위에 모셔놓고, 음식을 차릴 탁자 외에 향로와 향합을 올려놓을 향안 또한 설치한다. 만일 방 안이 어두우면 촛불을 켜서 찬을 밝게 비춘다.

조전이 해가 뜨면 바로 지내는 것이라면, 석전(夕奠)은 해 지기 전에 지낸다. 조전을 올 릴 때는 석전을 치우고, 석전을 올릴 때는 조전을 치운다. 조전 올리고 나서 석전 전까 지, 석전 올리고 나서 조전 전까지 전 올리는 음식은 보자기로 덮어서 그대로 놓아둔 다. 다만 여름에 음식이 부패하여 냄새가 나거나 썩을 염려가 있을 경우에는 한 끼 먹 을 동안만 두었다가 치운다. 그러나 술과 과일만은 남겨둔다.

식사하는 시간이 되면 상식(上食)을 지낸다. 반(飯), 갱(羹), 찬(饌), 차(茶)가 상식이다. 전 올릴 때의 음식과 같지만 과일(실과와 유밀과)은 따로 갖추지 않는다. 이때는 쟁반 [盤]과 수저(匙筯)를 담은 접시[楪]도 함께 갖추어 차린다. 즉 상식 음식과 숟가락·젓가 락 놓을 접시를 마련하고 술을 따르고 메(밥)의 뚜껑을 연 다음 메에 숟가락을 꽂는다. 젓가락을 바로 놓고 한 끼 먹을 동안이 지난 뒤에 국그릇을 물리고 숭늉을 올린다. 그 런 다음 조금 뒤에 물린다.

성복제가 끝나고 나면 달마다 초하루와 속절(俗節) 및 생일에는 조전 음식을 차린다. 다만 대부(大夫) 이상일 때는 매달 보름날과 사시(四時) 명절에도 전을 지냈다. 소채(蔬菜), 청장(淸醬), 미식(米食), 면식(麵食), 반, 갱, 육(肉), 어(魚), 시첩(匙楪), 쟁반[盤], 숙수(熟水)가 찬품 단자(饌品單子)이다. 생일에 조전을 올리는 뜻은 죽은 사람 섬기기를 산 사람 섬기듯 한다는 도리에 따른 것이다.

이 밖에 새로 익은 오곡백과를 포함하여 제철 음식이 나오면 상식 때의 의식과 같이 하여 신물(新物)을 올렸다. 이를 천신(薦新)이라 한다. 오곡 중에서 메를 지을 수 있는 것은 마땅히 반찬 두어 가지를 마련하여 다달이 올리고, 생선·과일·콩·밀 등 메를 지을 수 없는 것은 한 잔의 술과 함께 올렸다.

소대상의 상차림

'상례 성복제'가 운명한 지 나흘째에 하는 의식이라면 '상례 소대상'은 장례 절차 중 마지막에 지내는 의식이다. 그림 〈상례 소대상〉은 소상(小祥)과 대상(大祥)을 치르는 장면을 묘사했다. 소상은 초상이 난 후 1주기 되는 날에 올리고, 대상은 2주기 되는 날에 지낸다. 소대상은 상례 중 가장 큰 행사로 가까운 친척은 물론 죽은 이의 친구와 상주의 친구들도 문상하러 오므로 술과 음식을 장만하여 대접한다. 대상은 원칙적으로 삼년상을 치르는 경우에만 해당하므로 부모상이 대부분이었다.

그림은 강신 후 진찬하는 모습을 보여준다. 병풍이 둘러진 북쪽에 남쪽을 향하여 영좌가 있고, 영좌의 남쪽에는 음식을 차린 발 높은 탁자가 놓여 있다. 그 앞에는 향로, 향합, 모사 그릇, 술병, 술잔 등이 놓여 있는 향안이 있다. 탁자 제1행에는 영좌 앞에 시저첩과 잔받침을 갖춘 술잔이 보인다. 제2행은 비어 있고, 제3행에는 포, 해, 나물 등 다섯 그릇을 차린 작은 그릇이 놓여 있다. 제4행에는 일곱 그릇이 차려서 있는데, 여섯 그릇으로 그려야 하나 잘못 그린 것으로 보인다. 곶감, 감, 대추, 약과, 다식, 밤, 사과 등일 것이다. 향을 피워 양신(陽神)을, 술을 모사 그릇에 부어 음신(陰神)을 불러 모신 듯 이미 강신은 끝이 났다.

집사자가 다음에 행할 초헌, 아헌, 종헌에 대비하기 위하여 막 원반에 차려 내온 제1행에 놓을 메와 탕, 제2행에 놓을 고기, 생선, 면식, 미식을 진찬하기 위해서 분주히 준비하고 있는 모습이다.

지팡이를 짚고 있는 사람은 초헌을 하려고 기다리는 주인(상제)이고, 그 오른편에 서 있는 사람은 주인의 아들과 친척일 것이다. 주인 왼쪽에 서 있는 사람은 축관과 집사자이다.

소상과 대상을 치르는 날이 다가오면 하루 전날 집사자와 내집사자는 제기를 늘어놓고 음식을 장만한다. 손 씻는 대야와 손 닦는 수건은 서쪽 계단의 서쪽에 놓는다. 영좌의 남쪽에 탁자(발 높은 상)를 놓고 탁자 앞에 향안을 놓는다. 향안에는 향로, 향합, 술잔, 술잔 받침, 술병, 퇴주(退酒) 담을 빈 그릇 하나를 차린다.

제사 당일 아침 일찍 일어나 탁자 제1행에 시저첩을 영좌 앞 중앙에 놓고, 시저첩 서쪽에 잔받침을 갖춘 술잔을 놓는다. 또 그 동쪽에 초를 놓는다. 그런 다음 제4행에 과일을 차리고, 제3행에 포·해·나물 등을 놓고 술병에 술을 채운다. 현주(玄酒) 병은 술병 서쪽에 놓는다.

날이 밝으면 축관이 신주를 영좌에 모셔낸다. 주인과 형제가 모두 방 밖에서 지팡이를 짚고 제사에 참여하는 사람 모두와 함께 영좌 앞에 들어가 곡을 한다. 남자는 동쪽에 자리하고, 여자는 서쪽에 자리한다.

축관이 곡을 그치게 하면 주인이 서쪽 계단으로 내려가 손을 씻고 물기를 닦는다. 그리고 영좌 앞에 가서 향을 피우고 두 번 절한다. 집사자 모두가 손을 씻고 물기를 닦는다. 한 사람은 술병을 열어 주전자에 술을 채우고 서쪽을 향하여 선다. 이 자리는 주인의 오른편이다. 또 한 사람은 탁자 위에 놓여 있는 잔과 잔받침을 받들고 동쪽을 향하여 무릎을 꿇는다. 주인도 무릎을 꿇는다. 이때 주전자를 잡은 집사자가 주전자를 주인에게 준다. 주인이 술을 따르고 주전자를 집사자에게 주면 집사자는 주전자를 탁자 위에 놓고 제자리로 돌아온다. 주인은 왼손으로 잔받침을 잡고 오른손으로 잔을 잡아 모사(茅沙) 위에 부어서 강신(降神)한다. 그런 다음 잔과 잔받침을 집사자에게 돌려준다. 집사자는 잔과 잔받침을 탁자 위에 되돌려놓고 제자리로 돌아간다. 주인은 부복흥(俯伏興)하고, 조금 물러나 재배(再拜)하고 제자리로 돌아간다.

집사자의 도움을 받아 주인은 고기와 생선을 받들고, 주부는 면식과 미식을 받들며, 주인은 국을 받들고, 주부는 메를 받들어 진찬하는데, 고기는 잔과 잔받침의 남쪽에 놓고 면식은 고기의 서쪽에, 생선은 초(醋)의 남쪽에, 미식은 생선의 동쪽에 놓는다. 곧 제2행이다. 다음 메는 잔과 잔받침의 서쪽에 놓고 국은 초의 동쪽에 놓는다. 곧 제1행이다. 집사자가 적(炙)과 간(肝)을 시저첩의 남쪽에 놓는다.

다음은 신주에게 올리는 첫 번째 술잔인 초헌(初獻)이다. 주인이 주전자를 놓은 탁자 앞에 가서 주전자를 들고 북쪽을 향하여 선다. 집사자가 영좌 앞의 잔과 잔받침을 집은 다음, 주인 왼쪽에 서서 동쪽을 향하여 선다. 주인은 술잔에 술을 붓고 주전자를 탁자 위에 돌려놓는다. 주인이 영좌 앞에 가서 북쪽을 향하여 서면 집사자가 잔을 받들고 주인을 따른다. 주인이 무릎을 꿇으면 집사자도 무릎을 꿇고, 잔과 잔받침을 올린다. 주인이 잔을 받아 세 번 모사 위에 고수레하고 잔을 집사자에게 준다. 주인이 엎드렸다가 일어나면 집사자가 잔을 받들어 영좌 앞에 가서 먼저의 잔 놓은 위치에 놓는다. 메 뚜껑을 열어 그 남쪽에 놓고 제자리로 돌아간다. 주인이 조금 물러나 무릎을 꿇는다. 나머지 사람들도 전부 무릎을 꿇는다.

축관이 축판을 받들고 주인의 왼쪽으로 가서 동쪽을 향해 무릎을 꿇고 읽는다. 그리고 제자리로 돌아간다.

주부와 내집사자 모두 손을 씻고, 두 번째 술을 올리는 아헌(亞獻)을 초헌 의식과 같이 한다. 다만 축문은 읽지 않고 네 번 절한다.

친척이나 손님 중 한 사람이 손을 씻고 세 번째로 잔을 올리는 종헌(終獻)을 아헌 의식과 같이 한다. 다만 술은 물리지 않는다.

아헌이 끝나면 조상에게 음식을 권하는 절차인 유식(侑食)을 행한다. 집사자는 주전자를 잡고 잔 속의 술을 보태고는 주전자를 탁자 위에 되돌려놓는다. 메에 숟가락을 꽂고 젓가락 자루를 접시 위에 똑바로 놓고 제자리로 돌아간다.

이어서 조상이 음식을 흠향할 수 있도록 문을 닫고 밖에 나가 기다린다. 주인이 문의 동쪽에 서쪽을 향해서 서고, 항렬이 낮거나 어린 남자들은 그 뒤에 두 줄로 북쪽을 위로 하여 선다. 주부는 문의 서쪽에 동쪽을 향해 선다. 항렬이 낮거나 어린 여자들도 그렇게 한다. 항렬이 높거나 나이가 많은 사람은 다른 곳에서 한 번 밥 먹는 동안인 일식(一食)만큼 쉰다.

축관이 문에 이르러 북쪽을 향하여 인기척을 세 번 하고 문을 연다. 주인 이하가 들어가 자리에 간다. 집사자가 국을 물리고 숭늉을 올린다. 축관이 서쪽 계단 위에서 동쪽을 향해 서서 이성(利成)이라고 고(告)한다. 집사자가 숟가락과 젓가락을 접시에 내려 놓고 메 뚜껑을 덮고 제자리로 돌아간다.

신주를 거두어 갑(匣)에 넣는다. 축관이 축문을 들고 와서 불사른다. 집사자가 찬을 물리고, 축관은 혼백을 가지고 집사자를 데리고 가서 으슥한 곳의 깨끗한 땅에 묻는다.

〈상례 성복제〉는 상례 의식을 치르는 모습을 그린 것으로
프랑스 기메박물관의 소장품이다.

이 그림들을 수집한 사람은 1888년부터 1889년까지
조선을 여행했던 프랑스의 민속학자
샤를 루이 바라(Charles Louis Varat)이다. 바라가
조선을 여행한 시기인 1888년에서 1889년 사이에 구입했을 것이므로
그림은 그 무렵 제작되었을 것으로 보인다.

화폭에 담긴 한식

〈상례 소대상〉은 상례 의식을 치르는 모습을 그린 것으로,

함부르크민족학박물관에 소장되어 있다.

세창양행의 본사격인 미타양행을 경영했던 마이어와

민족학 학자인 단젤이 수집한 것이다.

세창양행은 제물포에 개설한 독일계 회사로

주 업무는 통상이지만 조선의 민속품이나 미술품을 구매하여

독일 박물관에 판매 또는 기증하는 역할도 하였다.

이곳을 통해 마이어는 김준근의 풍속화를 입수하였던 것으로 보인다.

4부

연회상을 벌이다

조선 왕실은 회례연·양로연·기로연 등의 잔치를 벌이면서 그 내용을 의궤에 기록하였다. 4부에서는 왕실의 진찬·진연에서 차린 상에 대하여 영조 대부터 고종 대에 이르기까지 여러 의궤나 병풍 등에 나타난 음식 관련 그림을 통해서 알아본다.

185

경현당 석연도

《기해기사계첩》 중 〈경현당 석연도〉 | 김진여, 장태흥, 박동보, 장득만, 허숙 | 1719~1720년 | 비단에 채색
52.0×72.0cm | 국립중앙박물관

　화폭에 담긴 한식

국왕의 기로소 입소를 연로한 신하와 함께 축하

1719년 4월 18일 59세 나이에 연로한 왕이나 고위 문신을 예우하기 위해 설치한 일종의 경로당인 기로소(耆老所)에 입소한 숙종을 축하하기 위해 경현당(景賢堂)에서 치러진 친림사연(親臨賜宴)을 묘사한 그림이다. 친림사연은 왕이 참석하여 잔치를 내리는 것으로 세자가 10명의 기로신(耆老臣)과 함께 숙종에게 전문을 올리는 장면이다. 이 그림이 수록되어 있는《기해기사계첩(己亥耆社契帖)》은 숙종이 기로소에 입소한 것을 기념하는 계첩이다. 임방(任埅)이 쓴 서문, 숙종이 지은 어제, 기로소에 봉안된 어첩의 발문, 의식에 참여한 기로신들의 명단, 기로신들의 좌목, 그들의 반신상 초상화와 축시, 계첩을 제작한 실무자들의 명단 등이 들어 있다.

숙종의 입기로소는 문관 이집(李集)의 청으로 윤허되었다. 2월 11일에 존호(尊號)와 생년월일, 입소 일자를 적은 어첩이 궁 밖 기로소 서루에 봉안되었고, 2월 12일에는 종묘와 사직에 입기로소를 알리는 고제(告祭)를 올렸으며, 왕세자가 백관을 인솔하여 경희궁 숭정전에서 전문을 올려 축하하고 진연이 다음과 같은 순서로 진행되었다.

전하 출궁. 〈여민락만(與民樂慢)〉을 연주함.

전하에게 진찬안(進饌案), 진화(進花), 진소선(進小膳)을 올림. 〈여민락령(與民樂令)〉을 연주함.

선창(先唱)함, 〈존숭악장(尊崇樂章)〉, 〈유천지곡(維天之曲)〉을 연주함.

전하에게 제1작을 올림. 〈천년만세(千年萬歲)〉를 연주함.

전하에게 진만두(進饅頭)를 올림. 〈청평곡(淸平曲)〉을 연주함.

전하에게 제2작을 올림. 〈오운개서조(五雲開瑞朝)〉를 연주함.

전하에게 진탕[進湯, 초미(初未)]을 올림. 〈환환곡(桓桓曲)〉을 연주함.

전하에게 제3작을 올림. 〈보허자령(步虛子令)〉을 연주함. 무동(舞童)이 들어와 〈초무(初舞)〉 정재(呈才)를 춤.

전하에게 진탕[이미(二未)]을 올림. 〈하운봉(夏雲峰)〉을 연주함.

전하에게 제4작을 올림. 〈정읍만기(井邑慢機)〉를 연주함. 무동이 들어와

〈아박(牙拍)〉 정재를 춤.

전하에게 진탕[삼미(三未)]을 올림. 〈유황곡(維皇曲)〉을 연주함.

전하에게 제5작을 올림. 〈보허자령〉을 연주함. 무동이 들어와 〈향발(響鈸)〉 정재를 춤.

전하에게 진탕[사미(四未)]을 올림. 〈천년만세〉를 연주함.

전하에게 제6작을 올림. 〈정읍만기〉를 연주함. 무동이 들어와 〈무고(舞鼓)〉 정재를 춤.

전하에게 진탕[오미(預未)]을 올림. 〈청평곡〉을 연주함.

전하에게 제7작을 올림. 〈여민락령〉을 연주함. 무동이 들어와 〈광수(廣袖)〉 정재를 춤.

진대선(進大膳)을 올림. 〈태평년지악(太平年之樂)〉을 연주함.

향악(鄕樂)과 당악(唐樂)이 번갈아 〈여민락〉을 연주함. 무동이 들어와

〈처용무(處容舞)〉 정재를 춤.

전하 환궁. 〈여민락령〉이 연주됨.

숙종과 왕세자에게 과상(果床), 별행과(別行果), 오미수(預味數), 만두, 진염수, 소선(小膳), 대선(大膳)을 차리고, 약과 7되[升]에 상화로 수파련(水波蓮) 1개를 꽂아 올린 소반과 대육(大肉) 1근씩 차린 외선상(外宣床)이 140상, 약과 5되에 수파련 1개를 꽂아 올린 소반과 대육 1근씩을 차린 외선상 50상, 약과 3되를 차린 시위 별선상(侍衛別宣床) 35상, 약과 1되를 차린 지차상(之次床) 37상이 차려졌다. 그 밖에 군병(軍兵) 등 1179명에게는 술과 안주를 나누어주는 예에 따라 호궤(犒饋)하였다. 시위 별선상 이하 호궤까지도 음식에 매화간화(梅花看花) 1개를 상화로 꽂았음은 물론이다. 숙종에게 올린 찬품을 중심으로 보자.

별행과에는 소약과, 홍세한과, 백세한과, 백은정과, 분송화다식, 절전복, 건치절, 문어절, 포도, 유자, 생이, 홍시, 연근정과로 13기를 차렸다. 염수는 염수당안(塩水唐鴈)이다.

미수에서 초미는 소약과, 세면, 양숙편, 추복탕, 병시, 석류, 천엽어음적을 차렸다.

이미는 백미자, 과제탕, 골만두, 부어증, 생복어음적, 생치전체소, 생이를 차렸다.

삼미는 전행인과, 완자탕, 계란어음적, 어만두, 전복숙, 생복회, 족편, 홍시자를 차렸다.

사미는 홍미자, 당저장포, 계탕, 생선전유아, 양어음적, 생복초, 동과만두, 포도를 차렸다.

오미는 전은정과, 금중탕, 낙제어음적, 생선숙편, 저간, 피자정과, 유자를 차렸다.

과상의 대탁(大卓)에는 한 자 높이로 고인 한약과 5기, 8치 높이로 고인 백은정과, 행인과, 연행인과, 난산과, 만두과, 6치 높이로 고인 양면과, 백미자, 홍미자, 소소매엽과, 적백과, 5치 높이로 고인 소소과, 은빙과, 전다식, 백다식, 4지 높이로 고인 건시, 실진자, 백자, 대조, 황률, 실연자를 차렸다.

과상의 찬안상에는 약과, 삼색병, 홍미자, 서여, 분송화다식, 홍다식, 백은정과, 압자전유어, 대전복절, 건대하, 대문어절, 생선전유어, 길경채, 수정과, 연근정과, 인삼정과, 천문동정과를 차렸다.

대탁의 찬품에는 공작 5타, 대봉 5타, 중봉 5타, 백학 5타, 나화초충 5타를 상화로 꽂았다.

소선에는 삶은 갈비 1짝, 삶아 익힌 양 1구, 삶아 익힌 당안(唐鴈) 1수를 차렸다.

대선에는 삶아 익힌 소 뒷다리 1개, 삶아 익힌 돼지 1구, 삶아 익힌 당안 1수를 차렸다.

진연이 숙종에게 올린 진연이라면, 4월 18일에 행한 기로신들에 대한 공식적인 친림사연은 태조가 입기로소한 뒤에 기로연을 베푼 예를 따른 것이다. 그림을 보면 무대 중앙 양쪽으로 동쪽에 4명, 서쪽에 6명의 기로신이 앉아 있다. 동쪽의 4명은 정1품 관리인 이유(75세), 김창집(金昌集, 72세), 김우항(金宇杭, 71세), 황흠(黃欽, 81세), 서쪽의 6명은 종1품 강현(姜鋧, 70세)과 정2품 홍만조(洪萬朝, 75세), 이선부(李善溥, 74세), 정호(鄭澔, 72세), 신임(申銋, 81세), 임방(80세)이다. 품계가 높은 사람이 동쪽에, 낮은 사람은 서쪽에 앉았다. 이때 참석한 기로신들과 함께한 행주(行酒)와 헌작(獻酌)은 다음과 같다.

제1작 행주, 초무
제2작 행주, 아박
제3작 행주, 향발
제4작 행주, 무고
제5작 행주, 광수무
대선, 처용무

시임기로당상(時壬耆老堂上, 현재 재직중인 기로당상)의 헌작과 행주가 반복되면서 사이사이에 무동에 의한 정재가 있었던 이 친림사연은 숙종이 기로신들에게 경로의 뜻을 나타내기 위해서 베푼 것이다. 제5작을 올리기에 앞서 숙종은 기로신들을 위해 미리 준비한 은배(銀杯)를 하사하며 여기에 술을 담아 마시게 하였다. 그런 다음 술잔 바닥에 '사기로소(賜耆老所)'를 금으로 새기도록 명하였다. 이에 감복한 김창집은 이 은배를 가지고 기로소에 들어가서 연회를 계속할 것을 청하였고, 숙종은 어악(御樂)과 법주(法酒) 등 남은 음식을 기로소에 보내 연회를 열 수 있도록 배려하였다.

경현당 석연은 두 가지 목적으로 치러졌다. 하나는 숙종에게 헌수하기 위해서이고, 다른 하나는 왕이 신하에게 사연하기 위해서였다. 그림을 보면 대청 북쪽 남향으로 만들어진 차일에 가려져 반 정도 보이는 붉은색 명주보를 덮은 주칠어찬안(朱漆御飯案)이 보이고, 대청 동쪽 오른쪽에는 붉은색 명주보를 덮은 왕세자 찬탁을 포함하여 왕세자의 시연위(侍宴位)가 있으며, 왕세자 시연위를 가운데 두고 각각 3명씩 6명이 어좌를 향하여 앉아 있다.

주칠어찬안에 높게 고임 음식으로 담은 찬품은 앞서 기술한 진연 때 차린 대탁의 찬품을 크게 벗어나지 않았을 것이다.

한편 제5작의 헌수주와 행주가 번갈아 있었다는 것은 술안주로 미수(味數, 탕)가 올라갔음을 의미한다. 대선의 찬품 역시 진연 때 오른 대선과 같았을 것이다.

어찬안 앞에는 한 사람이 술잔을 올리고 있고, 10명의 신임 기로당상들은 작질(爵秩)에 따라 머리에 꽃을 꽂은 채 덧마루 위 동쪽에 4명, 서쪽에 6명이 원반인 독상을 차려놓고 앉아 있다. 이 독상에 높게 고여 담은 찬품 역시 진연 때의 외선상에 오른 약과일 것이며, 약과 위의 상화는 수파련이다.

왕의 술을 담은 붉은 칠을 한 수주정(壽酒亭)은 왕과 마주하여 대청 아래 서남쪽에 놓여 있다. 역시 붉은 칠을 한 왕세자의 주정(酒亭)은 대청 아래 동남쪽에 놓여 있으며, 제신들의 주탁(酒卓)이 대청 아래 왕의 수주정 밑에 동서로 놓여 있다. 왕의 수주정이 북쪽의 왕과 마주하여 남쪽에 놓여 있는 것은 『예기』의 기록인 "범존필상현주 유군면존(凡尊必上玄酒唯君面尊)"을 따른 것이다.

보계 네 귀퉁이에는 휘를 들고 있는 협률랑(協律郎)과 등가(登歌)가, 계단 아래에는 헌가(軒架)가 배치되어 있고 보계 한가운데에서는 제3작 때 공연된 〈향발〉 정재가 공연되고 있다. 대선을 올린 다음 마지막으로 추는 〈처용무〉를 위하여 5명의 처용 무동이 보계 오른쪽에서 걸어 나와 준비하고 있다.

〈경현당 석연도〉가 포함된 ≪기해기사계첩≫은

1719년(숙종 45년) 59세 된 숙종이

기로소에 들어간 사실을 기념한 계첩이다.

임방이 쓴 서문, 숙종의 어제, 어첩의 발문, 기로신들의 명단, 다섯 폭의 그림,

기로신들의 좌목, 그들의 반신상 초상화와 축시, 계첩을 제작한 실무자들의

명단 등으로 이루어져 있다.

이 화첩의 그림을 그린 김진여, 장태흥, 박동보, 장득만 , 허숙 등은 모두

도화서 화원들로 어진 제작에 참여한 경력이 있는

당대 최고의 초상화가들이었다.

본소사연도

《기사경회첩》 중 〈본소사연도〉 | 장득만, 장경주, 정홍래, 조창희 | 1744~1745년 | 비단에 채색
43.5×67.8cm | 국립중앙박물관

온갖 찬품과 술, 풍악으로
영조의 기로소 입소를 경축

이 그림은 영조의 기로소 입소를 기념하는 화첩인《기사경회첩(耆社慶會帖)》의 한 장면이다.

기로소에 들어갈 수 있는 기로신의 자격은 70세 이상으로 정2품 이상의 문반에게 주어졌다. 국왕의 경우는 60세에 기로소에 들어갈 수 있었다. 국왕 중에는 태조, 숙종, 영조, 고종 등 역대 4명만이 기로소에 들어갔다. 1744년은 영조 재위 20년으로 영조의 춘추가 51세, 즉 망육(望六)이 되는 해이다. 왕은 60세에 기로소에 입소하는 것이 정례이지만, 망육(60세를 바라보는 나이)에도 기로소에 들어갈 수 있다는 신하들의 주청에 따라 기로소 입소가 이루어지게 된다. 이에 '기로소의 경사스러운 모임[耆社慶會]'이라는 의미의《기사경회첩》이 만들어졌다.

《기사경회첩》에는 영수각 친림도(靈壽閣親臨圖), 숭정전 진하전도(崇政殿進賀箋圖), 경현당 선온도(景賢堂宣醞圖), 사악선 귀사도(賜樂膳歸社圖), 본소사연도(本所賜宴圖) 등 시간 순서에 따른 행사 장면을 그린 총 다섯 장의 그림과 입소 행사에 대한 기록, 기로소 신하들의 초상화, 그들이 지은 시 등이 실려 있다. 마지막에는 화첩 제작에 참여한 감조관과 서사관을 비롯하여 그림을 그린 화원의 이름이 밝혀져 있다.

당시 기로소당상(耆老所堂上)에는 영중추부사 이의현(76세), 지중추부사 신사철(74세), 행부사직 윤양래(72세), 김유경(76세), 지중추부사 이진기(92세), 정수기(81세), 이하원(81세), 공조판서 이성룡(73세), 김환, 형조판서 조석명(71세)이 포함되었다.

기로소 입소일인 9월 9일 영조는 익선관에 곤룡포를 입고 사도세자를 거느리고 창덕궁에 가서 선원전을 배알하였다. 기로소에 거동하여 영수각에서 직접 어첩 셋째 장에 본인의 존호와 기로소에 들어간 연월일을 썼다. 어첩은 곧 상자에 넣어 감실에 봉안되었다. 그리고는 상의원 제조가 궤장(几杖)을 받들었다. 무릎을 꿇고 예관(禮官)에게 주니 예관은 받아서 임금이 앉은 자리 앞에 놓았다. 다시 승지가 무릎을 꿇고 받들어 내시에게 주었다. 내시는 이것을 받아 궤(几, 안석)는 왼편에서 받들고, 장(杖, 지팡이)은 오른편에서 받들었다.

9월 10일에는 숭전전에서 영조가 참석하지 않은 상태에서 왕세자가 백관을 거느리고 하례를 올렸다. 기로신들도 전문을 올려 축하하였다. 10월 4일에는 광명전에서 대왕대비에게 진연을 올려 예를 갖춘 후 10월 7일에 영조의 입기로소를 기념하는 외진연이 숭전전에서 열렸다. 순서는 다음과 같았다.

영조 출궁, 여민락만 연주

진찬안(進饌案) · 진화(進花) · 진소선(進小膳), 여민락령 연주

선창(先唱), 존숭악장 유성지곡

제1작, 여민락만 연주

제2작, 진탕(進湯), 여민락만과 천년만세(千年萬歲) 연주

제3작, 진탕, 오운개서조(五雲開瑞朝)와 청악곡(淸樂曲) 연주, 무동 초무 정재

제4작, 진탕, 정읍만기(井邑慢機)와 환환곡(桓桓曲) 연주, 무동 아박 정재

제5작, 진탕, 보허자령(步虛子令)과 하운봉(夏雲峰) 연주, 무동 향발 정재

제6작, 진탕, 여민락만과 낙양춘(洛陽春) 연주, 무동 무고 정재

제7작, 진탕, 보허자령과 유황곡(維皇曲) 연주, 무동 광수무 정재

제8작, 진탕, 여민락령과 정동방지곡(靖東方之曲) 연주, 무동 향발 정재

제9작, 진대선(進大膳), 보허자령과 태평지악(太平之樂) 연주, 무동 광수무 정재

처용무

영조 환궁

이상의 의례 진행은 기해년(1719년)의 예에 따라 진행된 것이지만, 이날 영조와 사도세자에게 올리는 소선, 염수, 대선은 검소하게 치르라는 영조의 명을 따라 감했다. 그래서 과상, 별행과, 7미수, 만두만으로 구성된 연향상을 차리고 또 기해년에 올린 인삼정과(人蔘正果) 역시 영조의 명을 따라 없앴다. 미수는 각 미마다 7기를 차렸다.

약과 7되를 높게 고여 담고 상화로 수파련 한 개를 꽂아 차린 외선상이 172상이었다. 이들에게도 미수를 7미로 차리고 각 미마다 3기를 차렸다. 약과 5되를 높게 고여 담고 상화로 수파련 한 개를 꽂아 차린 불승전자(不陞殿者)에 해당하는 외선상이 63상, 약과

3되를 고여 차린 시위 별선상 외에 약과 1되를 고여 담아 차린 지차상이 37상이었으며, 예대로 군병 등에게도 술과 안주를 나누어 먹었다.

〈본소사연도〉의 연향상

70세 이상 관원이 모두 참석한 가운데 찬품·상차림에서부터 의례에 이르기까지 철저히 기해년의 예에 따라 외진연을 치른 후, 영조는 기로신들에게 술을 내리고 기로소에 가서 계속 연회를 할 것을 명하였다. 이 자리에서 친히 칠언시 한 구절을 내리며 이에 화답하여 글을 올리게 하고 은배를 내려준 숙종 대의 고사에 따라 은병(銀甁) 한 벌을 내려 기로소에서 잘 간직하도록 하였다. 이것 역시 기해년의 예를 따른 것이다.

기로신들은 임금이 내려준 은병을 받들고 역시 임금이 내려준 수레 네 개에 음식을 싣고 악대와 함께 기로소에 가서 계속 연회하였다. 이를 그린 것이 〈본소사연도〉이다.

〈본소사연도〉의 광경은 이제 막 연회가 끝난 듯 5명의 무동이 처용무를 추고 있다. 숭정전 외진연이 기해년의 예에 따라 행해졌으므로 본소사연 역시 기해년의 〈경현당 석연도〉와 거의 비슷한 의례로 구성되었다.

제1작 행주(行酒), 초무

제2작 행주, 아박

제3작 행주, 향발

제4작 행주, 무고

제5작 행주, 광수무

처용무

햇불과 촛불을 환하게 밝힌 상태에서 야연(夜宴)이 이루어진 본소사연은 기해년의 사
연도를 그린 〈경현당 석연도〉와는 여기(女妓)가 등장하는 점, 작질(爵秩, 작위와 녹봉을
아울러 이르는 말)에 따라 머리에 꽃을 꽂은 9명의 기로신들이 ㅁ자형으로 앉아 있는
점, 왕과 왕세자의 찬안이 동쪽에서 서쪽을 향하고 있는 점 등에서 다소 차이가 난다.
9명의 기로신들 앞에는 둥근 소반에 고임으로 담아 차린 약과
가 놓여 있고, 약과 위에는 수파련이 꽂혀 있다. 약과 옆에 약과
보다 약간 낮게 고여 담은 음식은 아마도 대육(大肉, 돼지고기 편
육)일 것이다. 왕이 내린 법주(法酒, 법대로 담은 술)를 담은 흰 술
병이 주탁 위에 차려져 섬돌 위에 마련되어 있는데, 머리에 꽃을
꽂은 두 명의 여자 기생들은 기로신을 위해 부지런히 음식을 나르고 있고, 한 명은 무
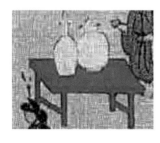릎을 꿇고 기로신 한 사람에게 음식을 올리고 있으며, 다
른 두 명의 여자 기생들은 춤을 추고 있다.

영조가 기로소에 들어간 것을 기림하는 진연은
1744년 10월 7일 숭정전에서 거행되었으며
진연 뒤에는 기로소에서 사연이 베풀어졌다.
〈분소사연도〉는 이러한 일련의 행사를 그린 다섯 장면의
기록화 중 맨 마지막 장면이다.
기영관 대청과 서쪽의 온돌방까지 연회장으로 쓰였는데
온돌방의 문을 활짝 열어 안이 훤히 들여다보이도록 묘사하였다.

봉수당 진찬도

《화성능행도병》 중 〈봉수당 진찬도〉 | 최득현, 김득신, 이명규, 장한종, 윤석근, 허식, 이인문 |
1795년 | 비단에 채색 | 151.2×65.7cm | 국립중앙박물관

화폭에 담긴 한식

70가지의 음식으로
혜경궁 홍씨의 환갑을 축하

〈봉수당 진찬도(奉壽堂進饌圖)〉는 화성에 도착한 지 사흘째인 윤2월 13일 행궁인 봉수당에서 혜경궁 홍씨의 환갑을 기념하는 진찬 모습을 그린 그림이다.
진찬 전날 자궁(慈宮, 정조의 생모)의 좌석을 봉수당 내전(內殿) 북쪽 벽에 남쪽을 향하여 설치하고, 향로를 얹은 향안은 정전 앞 기둥 좌우에 각각 설치하였다. 정조의 좌석은 자궁의 좌석 동쪽에 북쪽 벽에서 남쪽을 향하도록 설치하였다. 또 자궁의 수주정(壽酒亭)은 앞 기둥 발 안쪽에 자궁의 좌석과 마주 보도록 북쪽을 향하여 설치하고, 임금의 주정(酒亭)은 수주정보다 약간 뒤쪽으로 동편에 북쪽을 향하도록 설치하였다.

진찬의 자리 배치

내명부와 외명부의 자리는 앞 기둥 발 안쪽에 서로 마주 보게 설치하였는데, 내명부는 동쪽에 외명부는 서쪽에 두되 북쪽을 상위로 하였다. 의빈(儀賓, 왕족의 신분이 아니면서 왕족과 혼인한 사람의 통칭)과 척신(戚臣, 임금과 척분이 있는 신하)들의 자리는 기둥 발 밖에 북쪽을 상위로 하여 설치하였다. 실직에 있는 자는 동편에, 군속이나 명예직인 차함직(借啣職)인 자는 서편에 두어 서로 마주 보도록 하고 북쪽을 향하게 하였다. 배종하는 백관들의 자리는 중양문(中陽門) 밖에 동과 서에 서로 마주 보도록 하고 북쪽을 상위로 하여 북쪽을 향하도록 하였다.

진시(오전 7~9시) 삼각(三刻, 45분)에 자궁이 〈여민락령〉이 울리는 가운데 예복(禮服)을 갖추고 나와서 자리에 올랐다. 이때 향로에서는 연기가 피어올랐다. 〈낙양춘곡(洛陽春曲)〉이 연주되고 내명부와 외명부가 자궁께 두 번 절하였다.

〈여민락령〉이 연주되면서 정조가 융복(戎服)을 입고 나왔다. 〈낙양춘곡〉이 울리자 임금이 자궁께 두 번 절하였다. 의빈, 척신, 배종 백관 모두 두 번 절하였다.

임금, 의빈, 척신, 배종 백관 모두가 무릎을 꿇고 앉아 〈여민락령〉이 울리는 가운데 여관이 임금을 대신하여 휘건(揮巾)을 자궁께 올렸다. 이어서 〈여민락만〉이 연주되고 자궁께 찬안(饌案)을 올렸다. 찬안은 검은 칠을 한 족반에 자기 70기를 사용하여 음식을 담아 차렸다. 고임 높이 1자 5치로 담은 백미병, 점미병, 삭병, 밀설기, 석이병, 각색절병, 각색주악, 각색사증병, 각색단자병으로 구성된 각색병(各色餠), 대약과, 만두과, 다식과, 흑임자다식, 송화다식, 율다식, 산약다식, 홍갈분다식, 홍매화강정, 백매화강정, 황매화강정, 홍연사과, 백연사과, 황연사과, 홍감사과, 백감사과, 홍요화, 백요화, 황요화, 절육, 고임 높이 1자 4치로 담은 각색팔보당, 용안·여지, 고임 높이 1자 3치로 담은 인삼당, 고임 높이 1자 2치로 담은 오화당, 고임 높이 1자 1치로 담은 밀조·건포도, 유자(80개), 석류(80개), 배(50개), 고임 높이 1자로 담은 조란, 율란, 강란, 민강, 귤병, 잣(2말), 돼지고기 편육, 어전유화, 생치전유아, 전치수, 준시(430개), 밤(3말 5되), 황률(3말 5되), 대추(3말, 잣 5되), 증대조(蒸大棗, 대추 4말, 잣 3되), 호두(3말 5되), 고임 높이 7치로 담은 산약(20단), 각색정과, 화양적, 각색만두, 고임 높이 4치로 담은 어채 그리고 수정과, 생이숙, 금중탕, 완자탕, 저포탕, 계탕, 홍합탕, 생치숙, 수어증, 해삼증, 연저증, 어만두, 약반, 국수, 어회, 숙합회, 숙란(320개), 꿀, 초장, 개자장이 찬안의 찬품이다.

찬안과는 별도로 맛있는 음식만을 작게 차린 상인 소별미(小別味) 한 상을 12그릇에 음식을 담아 차렸는데 미음(米飮), 각색병, 침채만두, 다식과·만두과, 홍백연사과, 생이·석류, 대조·생률, 각색정과, 별잡탕(別雜湯), 열구자탕(悅口資湯), 어만두(漁饅頭), 저포(猪胞), 청(淸, 꿀), 초장(醋醬)이 소별미상의 찬품이다.

미음은 멥쌀 1되에 대추 2되, 꿀 2홉, 물을 합하여 죽보다 묽게 만든 것이다.

각색병에서 삭병(槊餅)은 찹쌀 4말을 가루로 만들어 흑두(黑豆) 1되 6홉, 익힌 밤 1되, 대추 1되, 계핏가루 5전, 꿀 6홉을 넣고 시루에 담아 찐 것이다. 각색절병(各色切餅)은 각색절편이다. 멥쌀 3되를 가루로 만들고 가루를 5등분하여 연지 1/2사발, 치자 1전, 쑥 3홉, 감태 3전으로 물들여 흰가루와 함께 다섯 가지 색이 구성되도록 한 다음, 시루에 담아 쪄내서 절구에 담아 치댄 것을 떡살로 찍어내 참기름 3작을 바른 것이다.

건시조악병(乾柿助岳餅)은 찹쌀 3되를 가루로 만들어 익반죽한 것을 밤톨 크기로 떼어 흑두 2되, 계핏가루 3전, 꿀 5홉으로 만든 소를 넣고 송편 모양으로 빚어서 참기름 1되 5홉으로 지져냈다.

침채만두는 멥쌀 2되를 가루로 만들고 메밀가루 7홉을 합하여 반죽해서 만두피를 만들고 배추김치 한 주먹, 꿩다리 2개, 쇠고기 3냥, 돼지고기 3냥, 두부 2모, 잣 3작, 참기름 1홉 5작, 간장을 합하여 소를 만든 다음, 앞의 만두피에 소를 넣고 빚어 시루에서 쪄냈다. 간장은 1홉 5작이 소용되었다.

다식과(茶食果)·만두과(饅頭果)는 밀가루 5되에 꿀과 참기름, 후춧가루 7푼, 건강가루 7푼, 계핏가루 2전을 합하여 반죽해서 다식과감은 다식판에 찍어내어 참기름으로 지지고 꿀로 집청한 후 잣 3홉으로 만든 잣가루에 사탕 1/2원(圓)을 합한 고물을 입히고, 만두과감은 밤톨 크기로 떼어낸 반죽에 대추 1되, 황률 1되, 건시 1꽂이로 만든 소를 넣고 만두 형태로 빚은 다음 참기름으로 지져내어 꿀로 집청한 후 잣과 사탕을 합한 고물을 입힌 것이다. 꿀 2되, 참기름 2되, 잣 3홉이 소용되었다.

홍백연사과(紅白軟絲果)는 찹쌀 5되를 가루로 만들어 소주 한 잔과 꿀을 넣고 반죽한 다음 시루에 담아 쪄낸다. 절구에 쏟아 치대서 찹쌀가루를 뿌린 안반에 올려놓고 홍두깨로 두께 0.5cm 정도로 밀고는 4 × 4cm 크기로 썬다. 더운 방에서 바싹 말린 뒤 참기름에 튀겨내어 백당 1근 1냥을 중탕하여 녹인 백당액(물엿)으로 집청하고 절구에 담아 으깬 건반을 고물(세건반)로 묻힌 것이 백연사과이다. 홍연사과는 참기름에 지초 2냥을 넣어 붉게 우려낸 지초기름으로 세건반을 물들인 다음 고물을 입힌 것이다.

생이·석류는 배 6개와 석류 9개이다.

대조·생률은 대추 2되와 밤 4되를 담은 것인데, 대추 2되에는 잣 1홉을 고명으로 사용하였다.

각색정과는 연근 5뿌리, 생강 2되, 산사 2되, 감자 3개, 모과 3개, 유자 2개, 배 2개, 동아 3편, 두충 1되 각각에 꿀을 넣고 졸였다. 꿀 1되가 소용되었다.

별잡탕은 진계 1/2마리, 쇠고기 2냥, 양 2냥, 돼지아기집 2냥, 곤자소니 1부, 숭어 1/2마리, 계란 5개, 전복 1개, 무 1개, 오이 1개, 해삼 2개, 두골 1/2부, 박고지 1주먹, 참기름 5홉, 녹말 3홉, 표고버섯 2작, 잣 2작, 후춧가루 1작, 간장 2홉을 재료로 하여 끓인 탕이다.

열구자탕은 신선로 틀을 사용하여 즉석에서 끓여 먹는 탕이다. 꿩 1/2마리, 진계 1/2마리, 숭어 1/2마리, 쇠고기 3냥, 곤자소니 1부, 등골 1/2부, 돼지고기 2냥, 우설(牛舌) 2냥, 양 2냥, 익힌 돼지고기 2냥, 돼지아기집 2냥, 계란 15개, 전복 2개, 무 2개, 오이 2개, 추복 3조(條), 해삼 3개, 표고버섯 1홉, 참기름 6홉, 녹말 3홉, 파 1단, 미나리 1/2단, 고사리 1주먹, 박고지 1주먹, 도라지 1주먹, 황률 5작, 대추 5작, 잣 5작, 간장 5홉이 재료이다.

어만두는 숭어 2마리를 포로 떠서 만두피로 하였다. 익힌 쇠고기 5근, 익힌 돼지고기 5냥, 진계 1/2마리, 두부 2모, 생강 2홉, 잣 2홉, 참기름 2홉, 파 2주먹, 후춧가루 2작, 소금 1홉으로 소를 만들어 앞서의 만두피에 싸서 빚은 것에 녹두가루 5홉을 골고루 묻혀 시루에서 쪄낸 것이다.

저포는 돼지아기집 5부로 만든 수육이다.

초장은 간장 7작에 초 3작과 잣 1작을 넣어 만들었다.

찬안과 소별미에는 대수파련 1개, 중수파련 1개, 소수파련 2개, 삼색목단화 3개, 월계 1개, 사계 1개, 홍도별삼지화 6개, 홍도별건화 5개, 홍도건화 15개, 홍도간화 7개로 구성된 상화 42개를 꽂았다.

〈여민락령〉이 연주되고 자궁께 꽃을 올리자 임금, 의빈, 척신, 배종 백관 모두가 엎드렸다가 일어나 몸을 바로 하였다.

두 사람의 여령(女伶)이 동과 서로 나뉘어 전으로 들어와 자궁의 수주정 뒤에서 북쪽을 향하여 서서 선창악장(先唱樂章)을 창하였다.

정조 임금이 자궁의 수주정 남쪽에 이르러 북쪽을 향하여 섰다. 이때 〈여민락령〉이 울렸다. 상식(尙食)이 자궁 수주정의 수주(壽酒)를 작에 따라 임금에게 올렸다. 임금이 자궁 앞에 나아가 무릎을 꿇고 작을 올리곤 엎드렸다가 일어나 몸을 바로 하였다. 작 올리는 일은 상식이 대신하였다.

여집사가 임금의 절하는 자리로 가서 임금을 대신하여 치사(致詞)를 읽었다.

자궁께서 "전하와 더불어 경사롭습니다"라고 선지(宣旨)하였다. 천세만세곡(千歲萬歲曲)인 〈여민악〉이 연주되고 자궁께서 헌수 제1작을 마쳤다.

정조 임금, 의빈, 척신, 배종 백관 모두 삼고두(三叩頭, 세 번 머리를 조아림) 하였다. 모두 손을 모아 이마에 대고 '천세천세 천천세'를 외쳤다.

정리사가 정조 임금에게 휘건을 올렸다. 이때 〈여민락령〉과 〈여민락만〉이 연주되고 정조 임금에게 찬안을 올렸다. 찬안은 검은 칠을 한 족반이다. 여기에 20기의 자기를 사용하여 음식을 담아 차렸는데, 고임 높이 8치로 담은 각색병, 대약과, 각색강정, 절육, 고임 높이 7치로 담은 민강, 귤병, 유자·석류, 배, 고임 높이 6치로 담은 준시, 돼지고기 편육, 밤, 각색전유아, 고임 높이 5치로 담은 각색정과, 고임 높이 4치로 담은 각색다식·각색 연사과, 그리고 약반, 국수, 수정과, 금중탕, 완자탕, 꿀, 초장, 개자장이 찬품이다.

찬안 외에 9기를 차린 소별미도 한 상 올렸다. 미음, 고임 높이 5치로 담은 각색병, 다식과·만두과, 침채만두, 대추·밤, 고임 높이 3치로 담은 각색정과 그리고 별잡탕, 열구 자탕, 저포, 꿀, 초장이 소별미의 찬품이다.

찬안과 소별미에는 대수파련 1개, 중수파련 1개, 소수파련 1개, 월계 1개, 사계 1개, 삼색목단화 2개, 홍도별삼지화 4개, 홍도건화 5개, 홍도별간화 10개로 구성된 상화 26개를 꽂았다.

정리사가 다시 〈여민락령〉을 연주하는 가운데 정조 임금에게 꽃을 올렸다.

전빈(典賓)이 내명부와 외명부에게, 여집사가 의빈과 척신에게, 집사자가 배종 백관에게 찬탁(饌卓)을 올렸다. 청연군주와 청선군주(정조의 여동생)에게는 정조에게 올린 찬안 및 소별미와 같게 올리되 다만 상화만을 달리하여 중수파련 1개, 소수파련 1개, 월계 1개, 사계 1개, 홍도별삼지화 2개, 홍도건화 7개, 홍도별간화 10개로 구성된 상화 23개를 꽂았다.

내빈 상 15상과 제신용 상상[諸臣上床] 30상은 각각 11기를 차렸다. 각색병, 국수, 소약과, 각색강정, 각색요화, 준시(40개), 배·대추·밤, 잡탕, 절육, 어전유아·족병, 화양적, 꿀, 초장이 찬품으로 차려졌고 소수파련 1개, 홍도삼지화 2개, 간화 2개, 홍도건화 3개로 구성된 상화 8개를 꽂았다.

제신용 중상[諸臣中床] 100상은 각각 8기를 차렸다. 각색병, 국수, 소약과, 각색강정, 준시·배, 잡탕, 어전유아·저육족병, 화양적, 꿀, 초장이 찬품으로 차려졌고 홍도삼지화

1개, 건화 1개, 간화 1개, 지간화 1개로 구성된 상화 4개를 꽂았다.

제신용 하상[諸臣下床] 150상은 각각 6기를 차렸다. 각색병, 국수, 각색요화, 건시·대추, 밤, 잡탕, 화양적, 꿀이 찬품으로 차려졌고 홍도건화 1개, 간화 1개, 지간화 1개로 구성된 상화 4개를 꽂았다.

찬탁 설치가 끝나자 내명부, 외명부, 의빈, 척신, 배종 백관 모두에게 꽃을 나누어 주었다. 참석자 전원이 머리에 꽃을 꽂았다.

〈여민락만〉이 연주되고 자궁께 전기한 소별미 한 상을 올렸다.

행주 제1잔이 시작되자 〈헌선도(獻仙挑)〉 정재가 공연되었다. 〈여민락환환곡(與民樂桓桓曲)〉이 연주되는 가운데 정조 임금이 자궁 수주정의 남쪽으로 나아가서 자궁께 술을 헌수주 때와 같은 방법으로 올렸다. 자궁이 술을 마시고 빈 잔을 임금에게 주었다. 임금 주정의 술을 잔에 따라서 다시 자궁에게 올렸다. 자궁은 이 술을 마시지 않고 임금에게 주었다. 임금이 술잔을 받아 마셨다. 전빈이 내명부와 외명부에게 행주(行酒)하고, 여집사는 의빈과 척신에게 행주하였다. 행주 제1잔과 같은 방법으로 제7작까지 다음과 같이 진행되었다.

행주 제2잔, 〈금척(金尺)〉 정재, 〈수명명하황은(受明命荷皇恩)〉 정재, 〈여민락청평악(與民樂清平樂)〉 연주, 명부 반수(命婦班首)가 헌작, 헌작 이후 연회 참석자 전원에게 행주

행주 제3잔, 〈포구락(抛球樂)〉 정재, 〈무고(舞鼓)〉 정재, 〈여민락오운개서조(與民樂五雲開瑞朝)〉 연주, 명부가 헌작, 헌작 이후 연회 참석자 전원에게 행주

행주 제4잔, 〈아박(牙拍)〉 정재, 〈향발(響鈸)〉 정재, 〈향당교주천세만세곡(鄉唐交奏千歲萬歲曲)〉 연주, 명부가 헌작, 헌작 이후 연회 참석자 전원에게 행주

행주 제5잔, 〈학무(鶴舞)〉 정재, 〈여민락유황곡(與民樂惟皇曲)〉 연주, 명부가 헌작, 헌작 이후 연회 참석자 전원에게 행주

행주 제6잔, 〈연화대(蓮花臺)〉 정재, 〈여민락항항곡(與民樂恒恒曲)〉 연주, 영의정 홍낙성이 헌작, 헌작 이후 연회 참석자 전원에게 행주

행주 제7잔, 〈수연장(壽延長)〉 정재, 〈여민락하운봉곡(與民樂夏雲峰曲)〉 연주, 광은부위(光恩副尉) 김기성(金箕性)이 헌작, 헌작 이후 연회 참석자 전원에게 행주

향악과 당악으로 〈정읍악(井邑樂)〉과 〈여민락〉이 교대로 연주되는 가운데 〈처용무〉 공연, 〈낙양춘곡(洛陽春曲)〉이 연주되면서 〈첨수무(尖袖舞)〉 공연을 끝으로 두 사람의 여령이 동서로 나뉘어 전으로 들어가 자궁의 수주정 뒤에서 북쪽을 향하여 서서 〈관화장(觀華章)〉을 창하였다.

〈여민락만〉이 연주되는 가운데 상식이 자궁과 임금의 찬안을 치우고 전빈이 명부의 찬탁을, 여집사가 의빈과 척신의 탁자를 치웠다.

임금, 의빈, 척신, 배종 백관 모두 절하는 자리에서 〈낙양춘곡〉이 울리는 가운데 자궁께 두 번 절하였다.

〈여민락령〉이 연주되면서 임금이 합(閤) 안으로 들어가고, 내·외명부는 절하는 자리로 와 〈낙양춘곡〉이 연주되는 가운데 자궁께 두 번 절하였다.

〈여민락령〉이 연주되고 자궁께서 합 안으로 들어갔다.

〈봉수당 진찬도〉는 봉수당 정전 공간, 봉수당 앞 계단에서 뜰에 이르기까지 임시로 덧마루를 설치하여 대형 백목장(白木帳)을 두른 공간, 중양문 하단의 좌익문을 연결하는 공간 등 크게 셋으로 구분된다.

봉수당 정전의 북쪽 벽에 남쪽으로 향하도록 설치된 혜경궁 홍씨의 좌석과 동편과 서편에 설치한 내명부와 외명부의 자리는 주렴(朱簾)으로 가려져 보이지 않는다. 이는 귀한 신분은 그리지 않는 조선시대 기록화 방식을 따른 것이다. 정전 오른쪽, 즉 동편에는 정조 임금의 좌석이 북쪽 벽에 남쪽을 향해 설치되어 있다. 역시 임금의 모습은 그리지 않았다.

백목장으로 두른 덧마루 위에는 융복을 입은 의빈과 척신이 동쪽과 서쪽에 나누어 앉아 있다. 실직에 있는 자가 동쪽, 군속이나 차함직에 있는 자는 서쪽으로 하여 서로 마주 보도록 앉게 하면서 북쪽을 향하게 하였다. 실직에 있는 자의 수가 훨씬 많다. 이들 앞에는 모두 상화를 꽂은 음식을 차린 둥근 원반이 놓여 있다. 이들 사이에는 〈헌선도〉, 〈무고〉, 〈연화대〉 등의 정재를 추고 있는 여기들의 모습이 현란하다. 행주 제1잔부터 제7잔까지에서 공연된 정재 무용 대부분을 담고 있는 듯하다. 정재 때나 주례(酒禮) 때의 악을 위하여 악공과 악기들이 아랫부분을 점하고 있다.

중앙문을 지나서는 배종하는 백관들이 동서로 나뉘어 서로 마주 보고 앉아 있는데, 모두 북쪽을 향하여 있다. 문관은 동쪽, 무관은 서쪽에 배치하였을 것이다. 이들 앞에도 상화를 꽂아 음식을 차린 원반이 놓여 있다.

〈봉수당 진찬도〉가 들어 있는 ≪화성능행도병≫은
1795년 정조가 어머니 혜경궁을 모시고 화성으로 행차하는 중요한 광경을
8첩 병풍에 사실적으로 묘사한 궁중행사도이다.

이 병풍은 당시 최고의 화원이었던 최득현, 김득신, 이명규, 장한종, 윤석근,
허식, 이인문 등 7명이 그렸는데 16작가 제작되어 궁 안에 두거나
총리대신 채제공을 비롯하여 당상과 낭청들에게 나눠주었다.

이 그림은 정조 대 궁중연향의 양상을 자세하게 알 수 있을 뿐만 아니라
진찬이라는 형식의 궁중연향을 보여주어 매우 귀중한 시각 자료로 평가된다.

낙남헌 양로연

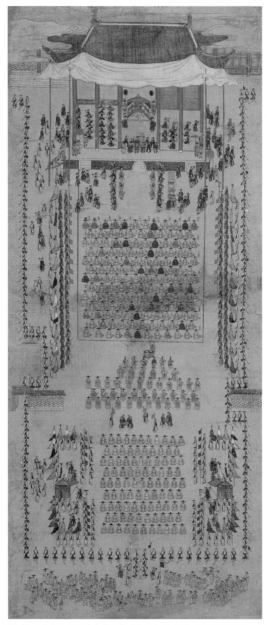

《화성능행도병》 중 〈낙남헌 양로연〉 | 최득현, 김득신, 이명규, 장한종, 윤석근, 허식, 이인문 |
1795년 | 비단에 채색 | 151.2×65.7cm | 국립중앙박물관

화폭에 담긴 한식

나라에 기여한 노인 관직자들을 모셔
음식과 술, 풍악으로 위로

〈낙남헌 양로연(洛南軒養老宴)〉은 1795년(정조 19년) 윤2월 14일 신시(오후 3~5시)에 정조가 친림한 가운데 낙남헌에서 베풀어진 양로연을 묘사한 궁중 기록화이다. 낙남헌은 수원 행궁(行宮)의 부속 건물로서, 낙(洛)은 '즐길 락(樂)'이고 헌은 '풍류틀 헌(軒)'이니, '남쪽에 있는 풍류를 열어 즐기는 곳'이다. 정조가 활을 쏘았던 득중정(得中亭)을 1794년(정조 18년)에 노래당(老來堂) 뒤쪽으로 옮기면서 자리를 넓게 닦아서 지었다. 양로연은 조선 개국 초부터 국가적 차원에서 노인 공경과 풍속 교화를 위하여 매년 계추(季秋, 음력 9월)에 설행된 이후 꾸준히 계속되어 온 잔치이다. 문관, 무관, 생원, 진사, 녹사, 선조의 공덕으로 벼슬을 얻은 80세 이상의 자손, 적자손이 없는 자의 첩 자손, 장손으로 아버지와 할아버지를 대신하여 조상의 제사를 받드는 자들이 대상이었다. 부인들에게는 왕비가 내전에서 잔치를 베풀고, 지방에서는 수령이 내청과 외청을 따로 마련하여 내청에서는 여자들에게, 외청에서는 남자들에게 잔치를 하였다.

윤2월 13일 정조는 봉수당에서 어머니 혜경궁 홍씨에게 진찬연을 올렸다. 이날 낙남헌에는 이튿날 양로연을 위하여 다음과 같이 배설하였다. 정전(正殿) 한가운데 북쪽 벽에 남쪽을 향하여 어좌를 설치하고, 정전 기둥 안 남쪽 한가운데에 정조와 마주 보게 왕의 수주정을 놓고, 기둥 밖 계단 위에는 노인들의 주탁 한 개를 설치하였다. 중앙 계단, 동쪽 계단, 서쪽 계단으로 이루어진 계단 아래의 뜰 동쪽과 서쪽에는 노인들의 절하는 자리인 배위(拜位)를 북쪽으로 향하게 배치하였다. 또 노인들의 주탁 한 개를 놓았다.

이튿날 왕은 묘시(오전 5~7시)에 융복(戎服)을 갖추어 입고 신풍루에 나아가 백성들에게 쌀을 지급하고 굶주린 백성들에게는 죽 먹이는 일을 살폈다. 총 4819명이 대상이었는데 기민에게 먹일 죽 한 주발을 먼저 맛본 후 혹시 차가운 죽이 지급되는 일이 없게끔 잘 살펴 검사할 것을 당부하고, 쌀과 죽은 어머니 혜경궁 홍씨의 은혜에서 나왔다는 뜻을 백성들에게 알리도록 하교하였다.

이어서 진시에 정조는 같은 융복 차림으로 낙남헌에 임어하였다. 좌석에 오를 때는 〈여민 락령〉이 연주되고 정전 기둥 밖 계단 위의 왼쪽과 오른쪽에 설치한 향로에서는 연기가 피어올랐다. 이어서 어가를 따라 한양에서 내려온 노인 관직자들인 2품 이상의 융복을 입은 78세의 영의정 홍낙성, 76세의 우의정 채제공, 61세의 영돈령 김이소, 76세의 판부사 이명식, 79세의 판돈령 이민보, 61세의 수어사 심이지, 61세의 행도승지 이조원, 61세의 행대사관 서유신, 71세의 호조참판 조윤형, 72세의 행부호군 조규진, 71세의 내의(內醫) 김효검, 61세의 사복관관 한대유, 61세의 인의(引儀) 최정, 61세의 인의 김동람, 61세의 인의 홍탁보 등이 〈낙양춘곡〉이 연주되는 가운데 임금에게 두 번 절하였다. 그리고 이들은 왕이 하사한 구장(鳩杖)을 짚고 동반은 동쪽 계단으로, 서반은 서쪽 계단으로 올라와 정전 기둥 안의 동쪽과 서쪽에 서로 마주 보게 마련한 자리로 나아갔다. 이때 왕은 일어나서 맞이하였다.

〈낙남헌 양로연〉에 나타난 6개의 기둥 안 정전 맨 위 북쪽에 남쪽을 향하여 마련된 정조의 좌석에는 임금의 모습은 그려져 있지 않다. 군자 중의 군자인 임금은 존엄한 신분 때문에 모습을 드러내지 않게 한 까닭이다. 임금의 좌석을 중심으로 동쪽과 서쪽에 마주 보고 앉은 사람들이 바로 2품 이상의 노인 관인들이다. 모두 지팡이를 오른손에 잡고 있는데, 역시 왕이 하사한 황색 명주 수건[黃紬巾]으로 지팡이 머리를 붙들어 매었다.

2품 이상의 노인 관직자들 외에 화성에 살고 있는 전직 관료 70세 이상과 61세의 벼슬아치, 80세 이상과 61세의 사족(士族) 그리고 서인(庶人) 384명이 초대받았는데 양로연에 61세 노인을 넣은 것은 혜경궁 홍씨와 동갑으로 환갑 맞은 것을 배려한 때문이다.

절하는 자리 뒤로 평상복을 입은 사족 노인들이 13줄로 줄을 지어 북쪽을 향하여 앉았다. 각 노인들은 오른손에 황색 명주 수건으로 머리를 붙들어 맨 지팡이를 잡고 있는 모습이다. 이들 뒤에는 북 치는 악사가 북을 앞에 놓고 서쪽을 향하여 서 있고, 북 뒤에 5줄로 선 악사가 각기 악기를 앞에 놓고 있다. 악사들 뒤에는 또 서인 노인들이 북쪽을 향하여 9줄로 줄을 지어 앉았다. 역시 오른손에는 황색 명주 수건으로 머리를 붙들어 맨 지팡이를 잡았다.

전 안쪽의 2품 이상 노인 관직자들이 좌정하자 악사 2명이 동쪽 계단과 서쪽 계단을 이용하여 올라와 기둥 밖 한가운데로 가서 북쪽을 향하여 서서 〈화일곡(化日曲)〉을 창한 뒤 자리로 돌아가고, 전악(典樂)이 공가(工歌)와 거문고 공인, 비파 공인, 생황 공인을 인솔하여 〈화일곡〉을 불렀던 장소로 가서 서는데, 그림에는 이들이 수주정 뒤에서 정조의 좌석을 바라보며 북쪽을 향하여 서 있는 모습이 그려져 있다.

〈여민락령〉이 연주되는 가운데 주기(酒器)가 올라가고, 공가와 공인들이 〈천보(天保)〉, 〈관저(關雎)〉, 〈녹명(鹿鳴)〉을 연주하였다. 정리사 윤행임(尹行恁)이 "잔칫상의 온 좌석이 자궁(혜경궁 홍씨)께 헌수하고자 갖추어 기다리고 있습니다"라고 임금께 아뢰었다. 임금께서 즉시 받들 것을 명하였다.

〈여민락만〉이 연주되는 가운데 양로연에 참석한 모든 사람들에게 음식을 올렸다. 임금께는 붉은 칠을 한 운족반(雲足盤)에 두포탕(豆泡湯) 1기, 편육 1기, 흑태증(黑太蒸) 1기, 실과(實果, 배·건시·밤) 1기가 담긴 자기(磁器) 4기를 차렸고, 나머지 노인들에게는 싸리나무로 엮어서 만든 축반(杻盤)에 임금께 올리는 음식과 마찬가지의 찬품인 두포탕 1기, 편육 1기, 흑태증 1기, 실과 1기가 담긴 자기 4기를 차렸다. 노인상은 425상이었다.

두포탕은 두부탕이다. 연포탕(軟泡湯)이라고도 했다. 『동국세시기』에서 연포에 대해 설명하기를 "두부를 잘게 썰어서 꽂이에 꿰서 기름에 지진 다음 닭고기와 함께 국을 만든다. 포(泡)는 두부이다"라고 한 것으로 미루어 대략 이런 유로 만들었을 것이다. 원행(園幸) 동안 밥상에 오른 편육은 돼지고기가 주로 상에 올랐으므로 이날도 돼지고기 편육일 가능성이 높다. 흑태증은 검은 대두찜이다. 두포탕과 편육이 술안주로 차려진 찬품이라면, 흑태증은 노인의 불로장수를 기원하며 악기(惡氣)를 물리치기 위해 차렸거나[『형초세시기(荊楚歲時記)』], 신장의 건강, 습비(濕痹) 예방, 중풍 치료 및 예방식으로 올렸을 것이다(『동의보감』). 악기를 물리치기 위해서였건 치료식으로 차렸건 불로장수를 염원하는 동기에서 출발한 것은 같다.

상 올리는 일이 끝나자 윤행임이 〈여민락령〉이 연주되는 가운데 임금께 꽃을 올리고 집사자들은 노인들에게 꽃을 나누어주었다. 임금이 말씀하시기를, "오늘의 연회는 참으로 장수를 비는 자리이니 어제(윤2월 13일에 열린 봉수당 진찬을 가리킴) 비록 모두 잠화(簪花)하였더라도 오늘 반열에 참석한 사람은 꽃 한 송이를 더 꽂아서 항상 있지 않는 경사스러운 연회임을 표시하라" 하였다. 초대받은 모든 노인들이 머리에 꽃을 꽂았다.

제1작은 노인들의 반수(班首)인 홍낙성이 올렸다. 임금께 올리는 술은 정조의 수주정에 올려 있던 술 단지의 술이다. 이어서 홍낙성이 산호(山呼)하니 〈낙빈락(樂賓樂)〉, 〈녹명〉,

〈천보곡(天保曲)〉이 연주되고 집사들은 노인들 앞에 차려진 주탁의 술로 노인들에게 행주하였다.

제2작은 채제공이 올리고 산호하였다. 〈낙빈락〉, 〈관저〉, 〈작소곡(鵲巢曲)〉이 울리면서 집사들이 노인들에게 행주하였다.

제3작은 김이소가 올리고 산호하였다. 〈낙빈락〉, 〈남유가어(南有嘉魚)〉, 〈남산유대곡(南山有臺曲)〉이 울리면서 집사들이 노인들에게 행주하였다.

제4작, 제5작, 제6작은 이명식, 이민보, 심이지가 차례로 올리고 산호하였다. 이때 향악(鄕樂)과 당악(唐樂)이 번갈아 연주되었다. 임금께 작을 올릴 때마다 집사자들이 노인들에게 행주하였다. 채제공이 아뢰기를 "춘대수역(春臺壽域)은 예로부터 들어 온 말이지만 지금 다행스럽게도 직접 보게 되니 참으로 손뼉을 치며 기뻐하지 않을 수 없습니다"라고 하였다.

임금께서 말씀하시기를 "수고(壽考)의 은택은 자궁의 덕이며, 노인들이 취하고 포식할 수 있는 것도 우리 자궁이 내려주셨기 때문이니 오늘 노인들이 잔을 올려 헌수(獻壽)함은 모두 자궁께 돌아갈 것이다" 하였다. 홍낙성이 아뢰기를 "원컨대 노인들의 나이를 전궁(殿宮)과 원자궁(元子宮)께 바칩니다" 하니, 임금께서 말씀하시기를 "경 등의 소반에 있는 흑태(흑태증을 가리킴)를 한 움큼씩 주면 원자에게 보낼 것이다" 하였다. 임금께서 흑태증을 상에 받아놓고 하교하시기를 "내가 평소 술 마시는 것을 좋아하지 아니하나 오늘의 취함은 오로지 기쁨을 표하기 위한 것이니 경 등도 또한 흠뻑 취해야 할 것이다. …… 화성부에 거주하나 장부에 오르지 못하여 잔치에 참석하지 못한 노인을 파악하여 모두 초청할 것이며, 밖에서 구경하는 사람들 가운데 만약 노인이 있으면 모두 술과 음식을 나누어 먹일 것이다" 하였다. 그러자 윤행임이 구경하는 노인들에게 찬안 4상을 가지고 가 음식을 나누어주었다. 이때 모두 일어나 천세를 부르고 춤을 추었다.

집사자가 상을 치웠다[撤饌]. 노인들이 청색 보자기에 남은 음식을 쌌다. 이어서 〈낙양춘곡〉이 연주되는 가운데 두 번 절하였다.

〈여민락령〉이 연주되고 임금께서 좌석에서 내려와 안으로 들어가셨다. 인의(引儀)가 노인들을 밖으로 인솔하였다. 양로연에 참석한 노인들에게는 백화주(白禾紬) 한 단과 청려장(靑藜杖)을 선물로 내렸다.

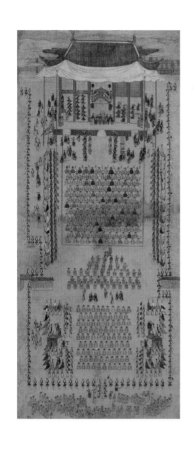

〈낙남헌 양로연〉은 정조가 참석한 가운데

화성행궁의 낙남헌에서 치러진 양로연을 그린 것이다.

양로연 광경은 낙남헌을 중심으로 높은 위치에서 아래를 내려다보듯 그렸다.

이 그림은 국가 의식으로 치러진 양로연, 특히 왕이 친림하는

양로연의 모습을 알 수 있는 유일한 사례로서 가치가 있다.

전통적인 행사기록화의 구도와 시점을 취하였지만

구경하는 백성들의 사실적인 묘사에서 알 수 있듯이 풍속적인 측면도

겸비하고 있어서 경직되고 엄숙하기만 한

여느 궁중행사도의 분위기와는 다른 면을 보여준다.

동뢰연도

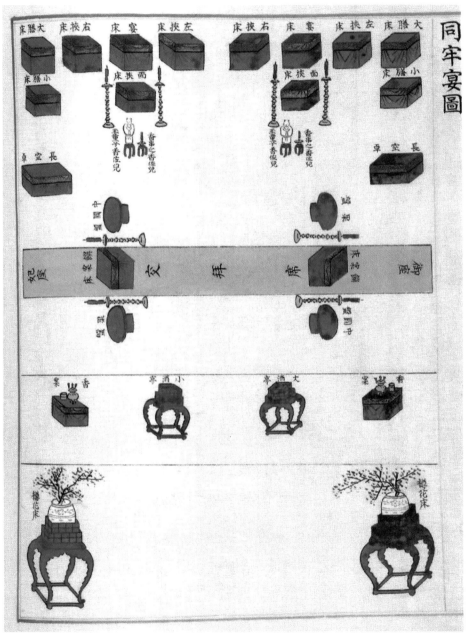

《헌종효정후가례도감의궤》 중 〈동뢰연도〉 | 1844년 | 종이에 수묵 채색 | 49.0×34.5cm | 서울대학교 규장각

몸과 마음이 하나되는 가례
작은 박 쪼개 둘로 만들어 합환주 마시고

이 그림은 『가례도감의궤(嘉禮都監儀軌)』에 나타난 조선 제24대 왕 헌종과 그의 두 번째 비인 효정후의 가례를 그린 〈동뢰연도(同牢宴圖)〉이다. 조선시대에는 혼례를 준비하는 임시관청인 가례도감이 따로 있었는데, 이곳에서 혼례 과정을 글과 그림으로 기록해 의궤로 남겼다.

왕실 혼례 절차는 간택(왕비 선택), 납채(혼인을 청하는 예), 납징(예물 전달), 친영(왕비를 궁궐로 들이는 예), 동뢰연(술과 돼지고기로 몸과 마음이 합체되는 연회), 조현례(부왕과 대비를 뵙는 예)로 구성되었다. 그중 동뢰연은 신랑과 신부의 성혼을 상징하는 가장 구체적인 의식이다. 신랑과 신부는 이 예를 통하여 일심동체가 된다.

동뢰연의 동(同)은 '한 가지 동', 뢰(牢)는 '굳을 노' 또는 '짐승 뢰'이다. 몸만 합체하는 것이 아니라 '영혼과 신분도 합체하는 의례'라 하여 동뢰연이라 일컬었다. 예식은 서로 마주한 왕과 왕비가 술 석 잔과 안주로 돼지고기를 먹은 후 동쪽 방으로 들어가는 것으로 마친다.

동뢰연을 포함한 조선의 국혼은 전통적으로 매우 엄하고 철저하게 진행되었다. 국가의 대사라는 의미를 기려 궁궐 안에서 매우 사치스럽게 거행되는 일이 빈번하였다. 이에 영조는 병조판서 박문수에게 명하여 국혼에 관한 정례를 확립하도록 하였다. 이를 『탁지정례(度支定例)』(1749)에 담아 조선 왕조 내내 유지하였다.

이 그림은 예규에 따라 동뢰청(同牢廳)에서 동뢰연을 치를 때의 상차림을 묘사한 것이다. 북쪽 벽에 남쪽을 향하여 동뢰연 대상(大床) 2조를 벌려 놓았다. 동쪽의 1조는 신랑(왕)을 위한 것이고, 서쪽의 1조는 신부(왕비)를 위한 것이다. 각 조는 연상(宴床, 당주홍칠저족상), 좌협상(左俠床, 당주홍칠저족상), 우협상(右俠床, 당주홍칠저족상), 면협상(面俠床, 당주홍칠저족상), 대선상(大膳床, 왜주홍칠대선상), 소선상(小膳床, 왜주홍칠소선상)으로 구성되었다. 이들 상 위에는 붉은색 명주로 만든 상건(床巾, 상보)을 씌웠다. 2개의 소선상 남쪽에는 붉은색 명주 상건이 씌워진 2개의 왜주홍칠장공탁(長空卓)이 놓였다. 장공탁 사이에는 옥동자(玉童子) 한 쌍을 올려놓기 위한 왜주홍칠향좌아(香座兒) 한 쌍이 벌려 있다. 그 옆에는 향꽂이 한 쌍을 올려놓는 왜주홍칠향좌아 한 쌍이 있고, 화룡촉(畵龍燭) 두 쌍이 주대촛대(鑄大燭臺)에 꽂혀 배설되었다.

장공탁 남쪽에는 신랑과 신부가 동쪽과 서쪽에서 서로 마주보고 동뢰연을 치르는 교배석(交拜席)이 마련되었다. 신랑과 신부가 절하는 자리에는 가장 밑에 각각 온갖 채색 꽃무늬를 넣어서 둘을 맞대어 붙여 만든 상등품의 큰 돗자리인 채화만화면상석(彩花滿花面上席)을 깔고 그 위에 자주색 바탕의 두꺼운 명주로 만든 요와 홍색 명주로 만든 요를 깔았으며, 이 위에는 홍색 무명 요를 간 후 각각의 요 위에 온갖 꽃무늬를 넣어서 짠 방석인 만화방석(滿花方席)을 놓았다. 교배석 앞에는 홍색 명주 상건이 씌워진 왜주홍칠찬안상(饌案床) 2좌를 설치하고, 찬안상 좌우에는 왜주홍칠과반 2좌와 왜주홍칠중원반 2좌 그리고 주중촛대에 꽂힌 홍사촉(紅肆燭)을 놓았다.

교배석 남쪽에는 술병과 술잔을 올려놓기 위한 신랑용 왜주홍칠대주정(大酒亭)과 신부용 왜주홍칠주정(酒亭)을 북쪽을 향하여 놓았다. 이들 모두는 좌면지(座面紙)를 깔았다. 대주정과 주정 옆에는 향로와 향합을 올려놓기 위해 붉은색 명주 상건을 덮은 향안(香案) 2좌가 있다. 향안 뒤 남쪽에는 북쪽을 향하여 화룡화준(畵龍花樽)을 올려놓기 위해 왜주홍칠을 한 준대(樽臺) 1쌍을 벌려놓았다. 준화(樽花)를 꽂기 위함이다.

각각의 연상에는 주대우리(鑄大亐里)에 1자 높이로 고여 담은 중박계(中朴桂) 2기, 주소우리에 8치 높이로 고여 담은 백산자(白散子) 2기와 홍산자(紅散子) 2기, 주중우리에 6치 높이로 고여 담은 홍마조(紅亇條) 2기와 유사마조(油沙亇條) 2기, 주우리에 4치 높이로 고여 담은 육색실과(六色實果) 6기를 차렸다.

중박계는 밀가루에 참기름, 꿀, 물을 넣어 반죽한 다음 홍두깨로 약 1cm 두께로 밀어서 가로 2.5cm, 세로 8.5cm 정도 되게 네모반듯하게 썰어 참기름에 튀겨낸 것이다.

백산자는 밀가루에 참기름과 물을 넣고 반죽한 것을 홍두깨로 약 0.2cm 두께로 밀어서 가로 4cm, 세로 5cm 정도 되게 네모반듯하게 썰어 참기름에 튀긴 뒤 꿀에 담갔다가 건져내어 꿀물을 완전히 뺀 다음 건반(乾飯, 찐 찹쌀을 바싹 말려서 뜨거운 냄비에 담아 튀겨낸 것)을 고물로 하여 묻힌 것이다. 홍산자는 백산자와 만드는 방법이 같으나 지초기름(지초를 참기름에 넣어 지초물을 들인 기름)을 뿌려 붉게 물들인 건반을 고물로 묻혔다.

유사마조는 밀가루에 참기름, 꿀, 물을 합하여 반죽한 것을 홍두깨로 약 0.5cm 두께로 밀어서 가로 1.5cm, 세로 10cm 정도 되게 반듯하게 썰어 참기름에 튀겨낸 뒤 꿀에 담 갔다가 건져내어 꿀물을 완전히 빼고는, 유사상말(油砂上末, 참기름에 볶아 익힌 밀가루)을 고물로 하여 묻힌 것이다. 홍마조는 만드는 방법은 유사마조와 같으나, 지초기름을 뿌려 붉게 물들인 건반가루를 고물로 하여 묻혔다. 육색실과는 잣, 호두, 밤, 대추, 황률(黃栗, 말린 밤), 건시(乾柿)를 각각 1기로 하였다.

각각의 좌협상에는 주중우리에 8치 높이로 고여 담은 홍망구소(紅望口消) 2기와 유사망 구소(油沙望口消) 2기, 주소우리에 6치 높이로 고여 담은 전단병(全丹餠) 2기와 백다식(白 茶食) 2기, 주소우리에 5치 높이로 고여 담은 소홍망구소 2기와 유사소망구소 2기, 주우 리에 4치 높이로 고여 담은 유사미자아(油沙味子兒) 1기, 송고미자아(松古味子兒) 1기, 백 미자아(白味子兒) 1기, 적미자아(赤味子兒) 1기, 운빙(雲氷) 1기를 차렸다.

홍망구소는 밀가루에 참기름, 꿀, 물과 합하여 반죽한 것을 홍두깨로 약 0.2cm 두께로 밀어 지름 4cm 정도의 원형 틀로 찍어내어 참기름에 튀겨낸 뒤 꿀에 담갔다가 건져내 어 꿀물을 완전히 뺀 다음 지초기름을 뿌려 붉게 물들인 건반가루를 고물로 하여 묻혔 다. 유사망구소는 홍망구소와 만드는 방법이 같으나 유사상말을 고물로 하여 묻혔다.

백다식은 하얗게 볶아 익힌 밀가루에 꿀을 합하여 반죽한 후 다식판에 박아낸 것이다. 전단병은 참기름을 두르고 갈색이 나도록 볶아 익힌 밀가루에 꿀을 넣고 반죽하여 다식 판에 박아낸 것을 흑당(黑糖, 검은 조청)에 담갔다가 건져내어 흑당 물을 완전히 뺀 것 이다.

송고미자아는 찹쌀가루에 꿀과 곱게 다진 숙송기[熟松古]와 물을 넣어 반죽해서 도토리 크기로 빚은 것을 참기름에 튀겨내고는 꿀에 담갔다가 건져내어 꿀물을 완전히 뺀 다음 건반가루를 고물로 하여 묻혔다.

백미자아는 밀가루에 참기름, 꿀, 물을 넣어 반죽해서 도토리 크기로 빚은 것을 참기름 에 하얀색이 유지되게끔 튀겨내고는 꿀에 담갔다가 건져낸 것이다. 유사미자아는 백미 자아와 만드는 방법이 같으나 유사상말을 고물로 하였다. 적미자아를 만드는 방법은 백 미자아와 같으나 갈색이 되게끔 튀겨내고는 꿀에 담갔다가 건져낸다.

운빙은 밀가루에 참기름, 꿀, 물을 넣어 반죽해서 홍두깨로 0.1cm 정도 두께로 밀어 가 로·세로 8cm 정도 되게 반듯하게 썬 것을 참기름에 하얀색이 유지되게끔 튀겨내고는 꿀에 담갔다가 건져낸 것이다.

각각의 우협상에는 주중우리에 8치 높이로 고여 담은 홍마조 2기와 유사마조 2기, 주소 우리에 6치 높이로 고여 담은 송고마조 2기와 염홍마조 2기, 주소우리에 5치 높이로 고 여 담은 소홍산자 2기와 소백산자 2기, 주우리에 4치 높이로 고여 담은 백미자아 1기, 운빙 1기, 송고미자아 1기, 유사미자아 1기, 적미자아 1기, 율미자아 1기를 차렸다.

송고마조는 무르도록 쪄낸 찹쌀밥에 곱게 다진 숙송기를 합하여 안반에 놓고 밥알이 으 깨지도록 떡메로 쳐서 두께 1cm, 가로 1.5cm, 세로 10cm 정도 되는 막대 형태로 잘라 꿀물에 담갔다가 건져내어 건반가루를 고물로 하여 묻혔다.

율미자아는 무르도록 쪄낸 황률과 찹쌀밥에 꿀과 참기름을 넣고는 안반에 담아 밥알이 으깨지도록 떡메로 쳐서 도토리 모양으로 빚은 것을 꿀에 담갔다가 건져내어 건반가루 를 고물로 하여 묻혔다.

각각의 면협상에는 주종지우리[鑄鍾子亐里]에 채소 4기, 어육(魚肉) 4기, 건남(乾南) 4기, 전어육(煎魚肉) 3기를 차렸다. 채소는 미나리, 무, 도라지, 산삼이다. 청장, 참기름, 소금, 식초, 겨자로 양념한 생채이다. 어육은 건문어, 건치(乾雉, 말린 꿩고기), 중포(中脯), 건전 복이다. 먹기 좋게 칼로 모양을 내어 오린 것이다. 건남은 전복, 달걀, 연계(軟鷄), 생치 (生雉)이다. 찜요리이다. 전어육은 노루 뒷다리, 오리, 생선을 포로 떠서 소금과 후춧가 루를 뿌려 녹말가루를 묻힌 후 참기름에 지져낸 전유어이다.

각각의 대선에는 돼지 한 마리, 소의 볼기를 합하여 소의 뒷다리 한 개, 오리 한 마리를 삶아 왜주홍칠소원반에 담아 차렸다. 각각의 소선에는 양 한 마리, 소의 갈비 1척(隻)을 합하여 소의 앞다리 한 개, 오리 한 마리를 삶아 왜주홍칠소원반에 담아 차렸다.

그림에는 없으나 미수(味數)를 보조하기 위하여 미수사방반(味數四方盤, 미수를 보조하기 위한 네모진 상) 두 상도 차렸는데 각각의 미수사방반에는 건전복, 건광어, 건대구어, 건 문어, 육포를 칼로 오려서 각각 1기로 하여 전복절(全鰒折), 광어절(廣魚折), 대구어절(大 口魚折), 문어절(文魚折), 쾌포절(快脯折)이란 찬품명을 붙여 담았다.

각각의 중원반에는 전복절, 인복절(引鰒折, 생복을 칼로 오려서 말릴 때 늘려 말린 것), 건치 절, 전유어를 각각 1기로 하여 고여 담아 차렸다.

각각의 과반에는 전복절, 건치절, 문어절, 약과, 배, 잣, 밤, 정과(正果)를 각각 1기로 하 여 고여 담아 차렸다. 정과는 천문동(天門冬), 생강, 동아[冬瓜]에 꿀을 넣어 졸여 만든 것으로 과반 3상에 천문동정과, 생강정과, 동아정과를 각각 달리하여 차렸다.

미수사방반과 마찬가지로 그림에는 나타나지 않았지만 술 석 잔의 술안주로 점진적으로 배선되는 초미(初味), 이미(二味), 삼미(三味)가 신랑과 신부에게 각각 올려졌다. 이를 미수(味數)라 했다.

초미는 전복자기(全鰒煮只), 생치적(生雉炙), 산삼병(山蔘餅), 수정과(水正果), 추복탕(搥鰒湯), 약과, 잣, 꿀[追淸]을 각각 1기로 하여 고여 담아 과반에 차렸다. 전복자기는 물에 삶아 부드럽게 만든 전복을 먹기 좋은 크기로 잘라 생강즙, 간장, 참기름, 후춧가루 등을 넣고 볶은 것이다. 생치적은 각을 떠 잘라낸 꿩에 소금, 후춧가루, 참기름을 발라 구웠다. 산삼병은 쪄낸 찹쌀밥과 산삼을 합하여 쌀알이 으깨질 때까지 떡메로 쳐서 손가락 크기로 만들어 참기름에 지져낸 것이다. 수정과는 꿀물이다. 추복탕은 닭 육수에 두들겨 가면서 말린 추복을 넣고 끓여 깻가루, 소금, 잣을 넣은 탕이다.

이미는 생치자기(生雉煮只), 전유어, 송고병(松古餅), 수정과, 밤, 행인과, 세면(細麵), 꿀을 각각 1기로 하여 고여 담아 과반에 차렸다. 생치자기는 각을 떠 잘라낸 꿩에 생강즙, 간장, 참기름, 후춧가루 등을 넣어 볶은 것이다. 송고병은 무르게 쪄낸 찹쌀밥에 숙송기를 합하여 쌀알이 뭉개질 때까지 떡메로 친 다음 밤톨 크기로 떼어 참기름에 지져낸 것이다. 세면은 녹두 녹말가루로 만든 발이 가는 국수이다.

삼미는 어만두(魚饅頭), 생치전체소(生雉全體燒), 자박병(自朴餅), 장육자기(獐肉煮只), 전은정과(煎銀正果), 수정과, 대추, 꿀을 각각 1기로 하여 고여 담아 과반에 차렸다. 어만두는 얇고 넓게 저민 숭어살에 녹말가루를 묻혀서 여기에 곱게 다져 양념한 쇠고기와 돼지고기소를 넣고 만두 모양으로 싼 다음 녹말가루를 묻혀 찜통에서 쪄낸 것이다. 생치전체소는 생치를 통째로 준비하여 참기름과 소금을 바른 다음 물에 젖은 한지에 싸서 불기 있는 재 속에 묻어 구워낸 것이다. 자박병은 찹쌀가루를 익반죽하여 참기름에 튀겨내어 콩고물을 묻힌 것이다. 장육자기는 각을 떠 잘게 자른 노루고기에 간장, 참기름, 후춧가루 등을 넣고 볶은 것이다. 전은정과는 밀가루에 꿀과 물을 넣고 반죽하여 홍두깨로 0.2cm 두께 정도 되게 얇게 밀어서 작은 직사각형 형태로 잘라 참기름에 흰색이 유지되게끔 튀겨낸 뒤 꿀에 담갔다가 건져낸 것이다.

동뢰연에서 신랑과 신부가 합체하기 위해서 작은 박 하나를 쪼개어 둘로 만든 근배(巹盃)에 신랑용 대주정과 신부용 주정에 올려 있던 술항아리의 술을 따라 마시게 한다. 양기(陽氣)를 키워 신랑과 신부의 혼을 일체시키기 위함이다. 이때 안주로 과반, 중원반,

미수사방반 외에 초미, 이미, 삼미에 차려진 찬품을 먹는다. 이 안주는 음기(陰氣)를 키워 신랑과 신부의 몸을 합체시키는 매개체로 작용한다.

술안주를 삼미(三味)로 구성한 이유는 신랑과 신부에게 술 석 잔이 올라가기 때문이다. 첫 번째 잔은 하늘과 땅에 신랑과 신부의 혼례를 알리는 의식인 좨주(祭酒)를 마시는데, 이때의 술안주가 초미이다. 두 번째 잔은 먹은 음식을 조화시키기 위하여 마신다. 이때의 술안주는 이미가 된다. 세 번째 잔은 합체를 위하여 합근주를 마신다. 이때의 술안주가 삼미이다. 과반, 중원반, 미수사방반은 초미, 이미, 삼미를 보조하기 위하여 차려진 음식이다.

동뢰연이 끝나면 신부(왕비)를 따르는 사람은 신랑(왕)이 먹고 남긴 찬과 술을 한데 모아 싸고, 신랑을 따르는 사람은 신부가 먹고 남긴 찬과 술을 한데 모아 싸서 일정한 장소에 가서 마시고 먹는다. 이렇게 신랑 측 시종인과 신부 측 시종인이 신랑과 신부가 먹다 남긴 음식을 서로 맞바꾸어 먹는 의례는 신랑과 신부가 첫 번째 잔을 먼저 좨주하고 음복하여 신과의 공음(共飮), 공식(共食)이 이루어져 신에게 맹세하여 합체하였듯이, 신랑·신부 그리고 그 가족들이 공음과 공식을 통하여 일체가 되는 과정이다.

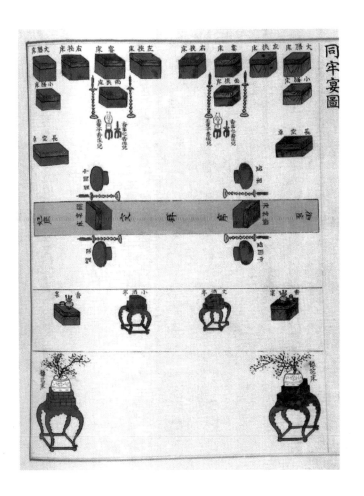

〈동뢰연도〉가 실려 있는 『헌종효정후 가례도감의궤』는
1844년(헌종 10년) 헌종이 계비 효정왕후를 맞아들일 때의
가례 의식을 종합적으로 정리한 책이다.
〈동뢰연도〉는 관명전에서 치러진 동뢰연의 좌차를 그린 것으로
궁중의 각종 행사 장면을 그린 일종의 의궤도인 반차도 형식이다.
인물이나 그 밖의 정황 묘사는 없지만 동뢰연이 치러지는 공간의
위차와 격식을 갖춘 음식상의 기본 배열을 짐작하기에 좋은 그림이다.

통명전 내진찬도

《무신년진찬도병》 중 〈통명전 내진찬도〉 | 8첩 병풍 | 139.0×384.0cm | 비단에 채색 | 국립중앙박물관

화폭에 담긴 한식

왕실의 화평과
대왕대비의 평안을 기원

〈통명전 내진찬도(通明殿內進饌圖)〉는 왕실의 의식 절차에 따라 1848년(헌종 14년) 3월 17일 통명전에서 거행된 내진찬 연향(宴享)을 그린 것이다. 연(宴)은 합음(合飮)을 뜻하고 향(享)은 헌(獻)을 의미하는 것으로, 연향이란 연으로 자혜(慈惠)를 보이고 향으로 공검(恭儉)의 뜻을 일러준다는 의미가 깃들어 있다.

조선 왕조의 의식 절차를 밝혀 놓은 것으로는 1474년(성종 5년)에 제정된『국조오례의(國祖預禮儀)』와 1744년(영조 20년)에 편찬된『국조속오례의(國祖續預禮儀)』그리고 1752년(영조 28년)에 재정비한『국조속오례의보(國朝續預禮儀補)』가 있다. 무신년에 벌인 통명전 진찬연은 1744년에 나온『국조속오례의』「가례(嘉禮)」의 '진연의'와 '대왕대비 진연의'의 의주를 기본으로 한 것이다.

순조(純祖, 1800~1834) 비 순원후(純元后) 김씨의 나이가 60세가 되고, 익종(翼宗, 1809~1830, 순조의 아들) 비 조씨의 나이가 41세가 되는 해를 기념하여 올린 연회가 통명전 진찬이다. 통명전에서 3월 17일 묘시(卯時, 오전 5~7시)에 내진찬, 3월 17일 이경(二更)에 야진찬, 3월 19일 묘시에 대전회작, 3월 19일 이경에 야연이 거행되었다.

이틀 동안 치러진 연회 중 가장 성대한 것이 통명전 내진찬이었다. 외진찬이 군신 간의 남자들만이 참석한 공적인 것이라면, 내진찬은 왕실 집안의 사적인 연향이다.

연향상을 받은 사람은 대왕대비인 순원후, 헌종, 헌종비, 순화궁(順和宮), 내입(內入) 20명, 내·외빈 67명, 진찬소 당랑 14명이고, 반사(頒賜, 왕이 내린 음식)를 받은 사람은 대신 5명과 제신(諸臣) 115명이었다. 이 밖에 대궐 안에 들어와 당직을 보는 관원 24명과 특별히 대령하여 파수를 보는 군인 18명, 그리고 내시, 별감, 악공, 여령 등에게도 반사를 내렸다. 그러니까 공식 연회에 참석한 사람은 105명이고, 반사를 받은 사람은 200명에 가깝다.

〈통명전 내진찬도〉의 내용은 크게 전(殿) 안과, 계단 위를 보계(補階)로 설치하여 적목장(赤木帳)으로 빙 둘러친 전정(殿庭) 및 적목장 밖으로 나누어 볼 수 있다.

북→동→서→남의 순서로 상석을 정하여 통명전 북쪽 벽에 대왕대비의 평상(平床), 교의(交椅), 보안(寶案), 답장(踏掌)을 설치하고, 이들 뒤에는 병풍을 둘렀다. 시위 여관들은 어탑 주위를 지키고 늘어서 있다. 어탑 아래에는 진작탁(進爵卓)이 있고 진작탁 앞에는 찬안과 6잔의 술을 올리는 진작위(進爵位)가 있다. 이를 중심으로 머리에 꽃을 꽂은 2명의 여관이 서로 마주하여 부복하고 있다. 대왕대비께 올릴 술을 담은 수주정이 왼쪽 중앙 첫 번째 기둥 앞에 대왕대비와 마주하여 놓여 있다.

대왕대비 좌석의 동남쪽에는 찬안과 방석이 놓인 경빈(慶嬪)의 시연위가 있다. 경빈을 위한 주정은 오른쪽 중앙 첫 번째 기둥 앞에 설치되어 있다. 대왕대비 좌석의 서남쪽에는 찬안과 방석이 놓인 왕비의 시연위가 있다. 왕비를 위한 주정은 오른쪽 중앙 첫 번째 기둥 밖에 설치되어 있다. 왕을 위한 시연위는 주렴 밖 동쪽에 있다.

전정에는 제1작 때부터 무대에 오른 〈하황은(荷皇恩)〉, 〈헌선도(獻仙桃)〉, 〈포구락(抛毬樂)〉 정재 등이 현란하게 그려져 있다.

적목장이 둘러쳐 있는 전정 밖 뒤에는 헌가(軒架)가 배치되어 있고, 그 뒤에는 제신들이 북쪽을 향하여 대왕대비를 바라보며 원반인 독상을 앞에 놓고 앉아 있다.

대왕대비의 수주정, 왕비와 경빈의 주정, 내·외명부들의 주탁 옆에는 술을 퍼서 술잔에 담는 일을 전적으로 하는 여관이 서 있는데, 이날의 내진찬은 헌수주 3작에 행주 3잔이었다.

진수주(進壽酒) 제3작

대왕대비께 진휘건, 진찬안, 진시첩, 진화, 〈하황은〉 정재

전하, 왕비, 경빈께 진화

여령(女伶) 2명이 선창악장(先唱樂章)을 창함.

대왕대비께 수주 제1작과 진미수(進味數, 초미)를 전하가 올림. 〈향령무(響鈴舞)〉 정재

대왕대비께 진염수, 진소선, 진탕, 진대선, 진만두

대왕대비께 진 제2작과 진미수[이미(二味)]를 왕비가 올림. 〈헌선도〉 정재

대왕대비께 진다(進茶)

대왕대비께 진 제3작과 진미수[삼미(三味)]를 경빈이 올림.

〈장춘보연지무(長春寶宴之舞)〉 정재

전하, 왕비, 경빈께 진휘건, 진찬안, 진시첩

행주

대왕대비께 제1잔을 전하가 올림. 진미수, 전하 제1잔을 마심. 〈보상무(寶相舞)〉 정재

대왕대비께 제2잔을 왕비가 올림. 진미수, 왕비 제2잔을 마심.

〈가인전목단(佳人剪牧丹)〉 정재

대왕대비께 제3잔을 경빈이 올림. 진미수, 경빈 제3잔을 마심. 〈포구락〉 정재

전하, 왕비, 경빈께 진탕, 진만두, 진다, 〈무고(舞鼓)〉 정재

대왕대비께 진별행과(進別行果), 〈향발무(響鈸舞)〉 정재

전하, 왕비, 경빈께 진별행과, 〈아박무(牙拍舞)〉 정재

행주, 〈선유락(船遊樂)〉 정재, 〈관동무(關東舞)〉 정재

여령 2명이 후창악장(後唱樂章)을 창함.

철상과 퇴장

이상이 통명전에서 열린 정일진찬의 대략적인 의례 구성이다.

대왕대비에게는 찬안, 미수, 소선, 대선, 염수, 탕, 만두, 차, 별찬안, 별행과, 과합을 올리고 있다. 찬안은 주칠고족찬안(朱漆高足饌案) 6좌를 합한 것에 유기(鍮器)와 갑번자기(甲燔磁器) 45기를 사용하여 찬품을 고여 담아 차렸다. 1자 7치로 고여 담은 각색절육, 1자 5치로 고여 담은 각색병, 대약과, 다식과, 만두과, 각색다식, 삼색매화강정, 양색세건반강정·오색강정·삼색빙사과, 삼색매화연사과, 양색세건반연사과, 삼색감사과, 삼색한과, 양색차수과, 양색요화, 편육, 유자·감자, 석류, 생이, 준시, 생률, 황률, 대조, 호도·송백자, 1자 4치로 고여 담은 삼색전유화·족병, 전복초·해삼전, 각색화양적, 어만두, 어채, 연저증, 수란, 1자 3치로 고여 담은 각색당, 용안, 여지, 조란·율란·강란, 녹말병·서여병·전약, 1자로 고여 담은 각색조악·화전·단자병, 각색정과, 각색갑회, 그리고 약반, 건면, 화채, 금중탕, 열구자탕, 백청, 개자, 초장이 찬안의 찬품이다. 이들 찬품

에는 대수파련 1개, 중수파련 2개, 소수파련 2개, 각색절화 9개, 홍도삼지화 11개, 홍도별건화 6개, 홍도별간화 3개로 구성된 총 34개의 상화를 꽂았다.

통명전 내진찬에서 대왕대비에게 올리는 찬안

각색절육은 편포 2접, 황포 7접, 건오징어 5접, 강요주 5접, 전복 70개, 건치 10마리, 추복 1동(同), 건대구 40마리, 광어 40마리, 황대구 30마리, 건문어 5마리를 칼로 아름답게 오려서 다시마 20립(立)과 잣 3되로 싸서 고여 담은 것이다.

각색병에서 백두경증병(白豆粳甑餅)은 멥쌀 6말과 찹쌀 1말 3되를 가루로 만들어 대추 1말 5되, 밤 1말 5되를 합하여 시루에 켜켜로 담아 거피팥 4말 4되를 고물로 하여 찐 것이다.

녹두경증병(綠豆粳甑餅)은 멥쌀 3말과 찹쌀 7되를 가루로 만들어 대추 8되·밤 8되를 합하여 시루에 켜켜로 담아 녹두 2말 2되를 고물로 하여 찐 것이다.

임자점증병(荏子粘甑餅)은 찹쌀 2말을 가루로 만들어 감태 5장·잣 5홉을 합하여 시루에 켜켜로 담아 깨 8되를 고물로 하여 찐 것이다.

　　　　　화폭에 담긴 한식

석이밀설기(石耳蜜雪只)는 멥쌀 1말 5되와 찹쌀 5되를 가루로 만들어 석이가루 4되, 신감초가루 2되를 합하고 꿀 5되를 섞어서 시루에 켜켜로 담아 채로 썬 대추 3되와 밤 3되, 절반으로 쪼갠 잣 5홉을 고명용 고물로 하여 찐 것이다.

초두점증병(炒豆粘甑餠)은 찹쌀 2말을 가루로 만들어 꿀 8되, 대추 2되, 밤 2되를 합하여 시루에 켜켜로 담고 팬에 담아 볶은 거피팥 1말 2되를 고물로 하여 찐 것이다.

백설기(白雪只)는 멥쌀 2말 5되와 찹쌀 5되를 가루로 만들어 시루에 켜켜로 담고 석이버섯 3되 채로 썬 것, 절반으로 쪼갠 잣 5홉, 채로 썬 감태 3장을 고명으로 얹어 찐 것이다.

대약과(大藥果)는 105개를 담았다. 밀가루 8말에 계핏가루 1홉, 후춧가루 1홉, 참기름, 꿀을 합하여 반죽한 다음 홍두깨로 1cm 두께 정도로 밀어서 큰 방형으로 썬 것을 참기름에 튀겨내어 꿀로 집청한 후 사탕 1원에 잣 5홉을 합하여 만든 고물을 입힌 것이다. 참기름 3말 2되와 꿀 3말 2되가 소용되었다.

다식과(茶食果)는 150개를 담았다. 밀가루 8말, 꿀 3말 2되, 참기름 3말 2되, 사탕 1원, 잣 5홉, 계핏가루 1홉, 후춧가루 1홉으로 대약과 만드는 방법과 같이 하되, 다만 다식판에 찍어내 다식 모양으로 하였다.

만두과(饅頭果)는 160개를 담았다. 밀가루 7말, 꿀 2말 8되, 참기름 2말 8되, 사탕 1원, 잣 5홉, 계핏가루 1홉, 후춧가루 1홉으로 다식 만드는 방법과 같이 하되, 다만 밤톨 크기로 떼어낸 반죽에 대추 7되와 황률 5되로 만든 소를 넣어 만두 빚듯이 빚어 튀겨내어 고물을 입혔다.

각색다식(各色茶食)은 1600개를 담았다. 송홧가루 1말 5되, 흑임자가루 1말 5되, 황률가루 1말 5되, 신감초가루 1말, 청태가루 5되에 꿀을 합하여 반죽해서 다식판으로 박아낸 것이다. 다만 녹말가루 1말 5되에는 연지 50사발과 오미자 2되로 붉은 물을 들여서 꿀을 합하여 반죽해서 다식판으로 박아내고, 흑임자다식 등에는 사탕 3근으로 고물을 입혔다. 꿀 1말 5되가 소용되었다.

삼색매화강정(三色梅花强精)은 홍매화강정 500개, 백매화강정 500개, 백자강정 300개 합 1300개를 담았다. 찹쌀 2말을 가루로 만들어 술 2되와 꿀 2되를 넣고 되직하게 반죽해서 시루에 담아 찐다. 이것을 절구에 담아 치댄 후 찹쌀가루 뿌린 안반에 쏟아 0.5cm

두께로 얇게 홍두깨로 밀고는 1×4cm로 썰어(연사과감은 4×4cm, 빙사과감은 작게 썬다) 뜨거운 방에서 죽 늘어놓고 바싹 말린다. 참기름 2되로 튀겨내어 백당 2근으로 중탕하여 만든 백당액에 집청한 다음 점조(粘租) 4말을 쪄서 말려 볶아 튀겨낸 것(건반)을 고물로 입히면 백매화강정이고, 건반을 참기름 1되에 지초 8냥을 넣어 우려낸 지초기름으로 물들여 고물로 입히면 홍매화강정이며, 잣 5되를 고물로 입히면 백자강정이다.

양색세건반강정(兩色細乾飯強精)·오색강정(五色強精)·삼색빙사과(三色冰絲果)는 홍세건반강정 250개, 백세건반강정 250개, 오색강정 각각 120개, 삼색빙사과 각각 40개, 합 1220개를 담았다. 바탕감 만드는 법은 매화강정을 참조한다. 찹쌀 3말, 술 3되, 꿀 3되, 참기름 3되, 백당 3근, 지초 10냥, 홍취유 2근, 세건반(건반을 절구에 담아 찧은 것) 7되, 흑임자가루 1되, 신감초가루 1되, 송홧가루 1되, 깨 1되, 울금 2냥이 소용되었다.

삼색매화연사과(三色梅花軟絲果)는 홍매화연사과 400개, 백매화연사과 400개, 백자연사과 200개, 합 1000개를 담았다. 바탕감 만드는 법은 매화강정을 참조한다. 찹쌀 2말, 점조 4말, 술 2되, 꿀 2되, 참기름 2되, 백당 2근, 지초 8냥, 홍취유 1되, 잣 8되가 소용되었다.

양색세건반연사과(兩色細乾飯軟絲果)는 홍연사과 500개, 백연사과 500개, 합 1000개를 담았다. 찹쌀 2말, 세건반 1말 2되, 술 2되, 꿀 2되, 참기름 2되, 백당 2근, 지초 8냥, 홍취유 1되가 소용되었다.

삼색감사과(三色甘絲果)는 6000개를 담았다. 바탕감 만드는 방법은 매화강정을 참조한다. 다만 잘게 썰어 말려서 꽃전[花煎] 지지듯이 한 것이다. 찹쌀 2말, 술 2되, 꿀 2되, 참기름 2되, 백당 2근, 지초 8냥, 홍취유 1되, 울금 2냥, 갈매 5냥이 소용되었다.

삼색한과(三色漢果)는 3000개를 담았다. 밀가루 6말에 참기름과 꿀을 합하여 반죽해서 홍두깨로 0.5cm 두께로 민다. 이것을 중박계보다 작고 네모지게 썰어서 참기름으로 튀겨낸 후 백당 2근으로 중탕하여 만든 백당액에 집청하였다. 홍세한과는 백당액을 참기름 1되에 지초 8냥을 넣어 붉은색이 나도록 우려낸 지초기름으로 다홍물을 들여서 집청한 것이고, 청세한과는 백당액을 갈매 5냥으로 청색물을 들여서 집청한 것이다. 참기름 5되와 꿀 4되가 소용되었다.

양색차수과(兩色叉手果)는 1200개를 담았다. 밀가루 1말 5되에 소금 2홉 5작을 넣고 반죽하여 홍두깨로 얇게 민 다음, 가는 국수처럼 썰어 실타래같이 만들어 참기름 4되로 튀겨내어 꿀에 집청하였다. 홍차수과는 참기름 1되에 지초 5냥을 넣어 붉은색이 나도록 우려낸 지초기름을 집청꿀에 합하여 집청하였다.

양색요화(兩色蓼花)는 1200개를 담았다. 밀가루 3말을 반죽하여 홍두깨로 얇게 민 다음, 네모지고 갸름하게 썰어 참기름 2되로 지진 후 백당 2근을 중탕하여 녹인 백당액으로 집청한 다음 세건반 1말 2되로 고물을 입혔다. 다만 홍색요화는 참기름 1되에 지초 8냥을 넣어 붉은색이 나오도록 우려낸 지초기름으로 세건반을 물들여 고물로 하였다.

편육(片肉)은 양지머리 5부, 업진육 7부, 돼지다리 4부, 돼지아기집 3부를 삶아 만들었다.

유자(柚子)와 감자(柑子)에서 유자는 170개, 감자는 30개를 담았다.

석류(石榴)는 석류 220개를 담았다.

생이(生梨)는 배 220개를 담았다.

준시(蹲柹)는 준시 13접에 잣 3되를 합하여 담았다.

생률(生栗)은 밤 5말을 담았다.

황률(黃栗)은 말린 밤 5말을 담았다.

대추는 대추 5말에 잣 5되를 합하여 담았다.

호도(胡桃)·송백자(松柏子)에서 호두는 3말을 담고 잣은 1말 5되를 담았다.

삼색전유화(三色煎油花)·족병(足餠)은 숭어 20마리, 간 4부, 양령 1부로 만든 어전유화·간전유화·양전유화 그리고 족병이다. 숭어를 저며 떠서 소금을 뿌리고 밀가루와 계란 250개로 옷을 입혀 참기름에 지져낸 것이 어전유화이고, 간을 삶아서 얇게 편으로 썬 다음 소금을 뿌려 밀가루로 옷을 입히고 참기름에 지져낸 것이 간전유화이며, 양을 무르게 삶아서 얇게 저며 썬 다음 소금을 뿌려 녹말 3되로 옷을 입히고 참기름에 지져낸 것이 양전유화이다. 밀가루 1말 2되, 참기름 7되, 소금 5홉이 소용되었다.

우족 10척·진계 2마리·쇠고기 안심육 1/4부를 합하여 고기가 녹도록 삶아 체에 밭쳐서 채로 썬 석이버섯 1홉과 고추 10개, 그리고 절반으로 쪼갠 잣 5작을 고명으로 넣고 굳힌 것이 족병이다.

전복초(全鰒炒)·해삼전(海蔘煎)에서 전복 300개, 홍합 300개 그리고 쇠고기 안심육 1부, 진계 3마리를 먹기 좋은 크기로 잘라 간장·후춧가루·참기름·잣·꿀을 넣고 볶아 익힌 것이 전복초이고, 해삼의 배를 갈라 뱃속에 두부 6사(篩)·업진육 1/2부에 소금·후춧가루·참기름·잣을 넣고 양념하여 만든 소를 넣고 밀가루 5되와 계란 100개로 옷을 입혀 참기름에 지진 것이 해삼전이다. 참기름 4되, 간장 1되, 꿀 5홉, 후춧가루 3홉, 잣 3홉, 소금 2홉이 소용되었다.

각색화양적(各色花陽炙)은 1200꽂이를 담았다. 우둔육 5부, 등골 5부, 곤자소니 5부, 돼지 다리 2부, 양 1/4부, 숭어 3마리, 전복 30개, 해삼 50개, 도라지 5말, 파 7단, 표고버섯 3되, 계란 20개, 참기름 5되, 간장 4되, 석이버섯 1되, 녹말 1되, 후춧가루 1되, 깻가루 1되, 소금 5홉을 재료로 하여 만든 일종의 느름적이다.

어만두(魚饅頭)·어채(魚菜)는 숭어 20마리로 일부는 포로 뜨고, 일부는 채로 썰어 포 뜬 것은 만두 감, 채로 썬 것은 어채 감으로 하였다. 쇠고기 안심육 1/2부, 전복 7개, 해삼 10개, 도라지 1단, 파 1단, 미나리 1단, 표고버섯 5홉, 석이버섯 5홉, 생강 5홉, 녹말 5되, 참기름 7홉, 연지 4사발, 치자 15개, 잣 3홉, 고추 10개가 소용되었다. 연지와 치자는 화려한 어채를 만드는 데 동원되었다.

연저증(軟猪蒸)은 돼지 1마리, 진계 2마리, 쇠고기 안심육 1부를 먹기 좋은 크기로 썰어 계란 20개, 표고버섯 2홉, 석이버섯 2홉을 고명으로 삼아 참기름 1되, 후춧가루 1홉, 잣 1홉, 젓액 3홉을 양념으로 하여 끓여 조렸다.

수란(水卵)은 계란 400개를 하나하나 수란기에 담아 물로 중탕하여 익히고 파 1단, 고추 10개, 잣 3홉을 고명으로 하였다.

각색당(各色糖)은 대사탕 54원(圓), 귤병 135원, 팔보당 4근, 포도당 4근, 진자당 4근, 과현당 5근, 밀조(蜜棗) 5근, 인삼당 2근, 청매당 2근, 옥춘당 2근, 문동당 2근, 오화당 2근, 어과자 2근이다.

용안(龍眼)은 용안 15근이다.

여지(荔芝)는 여지 20근이다.

조란(棗卵)·율란(栗卵)·강란(薑卵)에서 대추 3말을 곱게 다져 꿀을 넣고 졸여서 대추 모양으로 빚어 잣가루 고물을 입힌 것이 조란이고, 생강 3말로 만든 생강녹말에 후춧가루를 합하여 꿀을 넣고 졸여서 생강 모양으로 빚어 잣가루 고물을 입힌 것이 생란이며, 황률 2말 5되를 쪄서 곱게 가루로 만들어 후춧가루를 합하여 백당 3근을 넣고 졸여서 밤 모양으로 빚어 계핏가루와 잣가루 고물을 입힌 것이 율란이다. 잣 1말 5되, 백청 1말 2되, 후춧가루 5홉, 계핏가루 5홉이 소용되었다.

녹말병(菉末餅)·서여병(薯蕷餅)·전약(煎藥)에서 녹말 1말에 꿀을 넣고 반죽하여 연지 40사발, 오미자 2되로 물을 들여 쪄낸 것이 녹말병이고, 시루에서 쪄낸 산마 7단에 꿀을 합하여 절구에 담아 찧어내 잣 2홉으로 만든 고물을 입힌 것이 서여병이다. 전약 1/2사발, 백청 5되가 소용되었다.

각색조악(各色助岳)·화전(花煎)·단자병(團子餅)에서 다양한 색을 입힌 찹쌀가루를 익반죽하여 소를 넣고 송편 모양으로 만들어 참기름에 지진 것이 조악이며, 익반죽한 찹쌀가루를 지질 때 꽃 모양으로 지져 꿀로 집청한 것이 화전이고, 찹쌀가루에 석이가루를 합하여 시루에 담아 쪄낸 후 밤톨 크기로 떼어 소를 넣고 고물을 묻힌 것이 단자병이다. 각색조악은 찹쌀 1말, 거피팥 4되, 참기름 4되, 대추 5되, 치자 70개, 감태 5장, 꿀 3되, 잣 2홉, 계핏가루 1홉이 소용되었고, 화전은 찹쌀 7되, 참기름 2되, 꿀 1되 5홉, 잣 1홉이 소용되었으며, 석이단자는 찹쌀 5되, 석이가루 1되 5홉, 밤 1되 5홉, 대추 2되 5홉, 꿀 2되, 잣 4되, 계핏가루 5작이 소용되었다.

각색정과(各色正果)는 배 20개, 모과 15개, 산사육 1되, 연근 10단, 생강 1말, 도라지 7단에 백청(白淸, 흰꿀) 1말 2되를 넣고 끓여 조린 것이다. 청매당 4냥도 소용되었다.

각색갑회(各色甲會)는 쇠콩팥 5부, 천엽 1부, 양 1/2부, 생복 70개를 횟감으로 썰어 전복 껍질에 담아 잣 2홉을 고명으로 하였다.

약반(藥飯)은 찹쌀 1말 5되에 대추 1말 2되, 밤 5되, 꿀 8되, 참기름 2되, 간장 1되, 잣 7홉을 넣고 버무려 시루에 담아 쪄낸 것이다.

건면(乾麵)은 메밀국수 15사리이다.

화채(花菜)는 백청 5홉, 오미자 1홉, 연지 5사발을 물에 타 석류 1개와 배 7개를 넣고 잣 5작을 띄운 것이다.

금중탕(錦中湯)은 진계 10마리, 쇠고기 안심육 1/2부, 전복 7개, 해삼 7개, 무 10개, 오이 10개, 계란 15개, 표고버섯 2홉, 석이버섯 2홉, 참기름 5홉, 간장 3홉, 후춧가루 2작, 잣 2작으로 만든 탕이다.

열구자탕(悅口資湯)은 쇠등골 1부, 쇠콩팥 1부, 양 1/10부, 천엽 1/8부, 쇠고기 안심육 1/4부, 돼지아기집 1/4부, 곤자소니 1/2부, 꿩 1/2마리, 숭어 1/2마리, 전복 5개, 해삼 5개, 홍합 7개, 추복 3조(條), 무 2개, 오이 2개, 파 1/2단, 도라지 1/2단, 미나리 1/2단, 계란 15개, 간장 3홉, 녹말 5홉, 참기름 1되, 은행 2작, 잣 2작, 후춧가루 2작으로 만든 것으로, 신선로 틀에 담아 즉석에서 먹도록 마련된 탕이다.

미수(味數)는 주칠소원반(朱漆小圓盤)에 갑번자기 3기를 사용하여 음식을 고여 담아 차렸다.

초미는 6치로 고여 담은 소만두과, 골탕, 4치로 고여 담은 생복회 1기로 목단화 1개, 홍도간화 1개를 상화로 꽂았다.

이미는 6치로 고여 담은 양색매화연사과, 잡탕, 연계증으로 홍도별건화 1개, 홍도삼지화 1개를 상화로 꽂았다.

삼미는 6치로 고여 담은 양색한과, 양탕, 부어증으로 월계화 1개, 사계화 1개를 상화로 꽂았다.

소선(小膳)은 주칠소원반에 갑번자기 2기를 사용하여 우육숙편 1기(양지두 1부, 업진육 2부), 양육숙편 1기[중양(中羊) 2구]를 차리고 여기에 목단화 1개, 홍도삼지화 1개를 상화로 꽂았다.

대선(大膳)은 주칠소원반에 갑번자기 2기를 사용하여 저육숙편 1기[중저(中猪) 1구], 계적 [진계 10수(首)] 1기를 차리고 여기에 목단화 1개, 홍도삼지화 1개를 상화로 꽂았다.

염수는 주칠소원반에 갑번자기를 사용하여 백염(白鹽) 1작(勺)을 담아 차렸다.

진탕은 주칠소원반에 갑번자기를 사용하여 금중탕을 담아 차렸다.

진만두는 주칠소원반에 갑번자기를 사용하여 메밀만두를 담아 차렸다.

진다는 주칠소원반에 은다관·은다종을 사용하여 작설차를 올렸다.

찬안 외에 존경하는 마음을 표현하기 위하여 올린 것이 별찬안(別饌案)이다. 홍심흑변조각고족대원반(紅心黑邊彫刻高足大圓盤)에 유기와 당화기(唐畵器) 20기를 사용하여 찬품을 고여 담아 차렸다. 6치로 고여 담은 각색병, 7치로 고여 담은 다식과·만두과·각색다식·삼색매화연사과·오색강정·각색당, 조란·율란·강란·녹말병·서여병·대조·준시, 유자·감자·석류·생이·생률, 5치로 고여 담은 각색정과·전약, 9치로 고여 담은 각색연절육, 7치로 고여 담은 편육·삼색전유화·족병, 각색화양적, 4치로 고여 담은 삼색회 그리고 약반, 면, 만두, 화채, 초계탕, 열구자탕, 청포채, 수란, 백청, 개자, 초장이 별찬안의 찬품이다. 여기에는 소수파련 1개, 각색절화 3개, 홍도삼지화 3개, 홍도간화 1개로 구성된 총 8개의 상화를 꽂았다.

별행과(別行果)는 좌우에 찬안 각각 1좌를 놓고 이 옆에 협안(挾案) 2좌를 합한 것으로 여기에 유기와 공조자기(工曹磁器) 20기를 사용하여 찬품을 고여 담아 차렸다. 면, 소약과, 홍세한과, 백세한과, 녹말다식, 흑임자다식, 유자, 석류, 생이(배), 준시, 생률, 대조, 이숙, 잡탕, 전복절, 문어절, 우육숙편, 전복숙, 해삼증, 어전유화가 찬품이다. 이들 찬품에는 2층 수파련 1개, 목단화 2개, 월계화 3개, 홍도삼지화 3개, 홍도별건화 4개, 홍도간화 4개로 구성된 총 17개의 상화를 꽂았다.

진과합(進果榼)에는 사층왜찬합(四層倭饌榼)을 사용하여 약과, 각색다식, 각색당, 각색절육을 담았다.

헌종과 헌종비에게는 찬안, 미수, 탕, 만두, 차, 별행과, 과합을 올렸는데, 각각의 찬안은 주칠저족찬안(朱漆低足饌案) 4좌를 합한 것으로 여기에 유기와 갑번자기 26기를 사용하여 찬품을 고여 담아 차렸다. 8치로 고여 담은 각색병, 6치로 고여 담은 각색조악·화전·단자병, 각색정과, 각색갑회, 8치로 고여 담은 다식과·만두과, 각색다식, 삼색매화강정·삼색매화연사과, 조란·율란·강란·녹말병·서여병, 전약, 유자·석류, 생이, 준시, 생률·대조, 편육·삼색전유화, 전복초·해삼전, 각색화양적, 1자 1치로 고여 담은 각색절육, 7치로 고여 담은 각색당, 그리고 약반, 건면, 화채, 금중탕, 열구자탕, 연저증, 백청, 개자, 초장이 찬품이다. 이들 찬품에는 중수파련 2개, 소수파련 1개, 각색절화 5개, 홍도삼지화 6개, 홍도간화 2개로 구성된 총 16개의 상화를 꽂았다.

각각의 미수는 주칠소원반에 갑번자기 3기를 사용하여 음식을 고여 담아 차렸는데 6치로 고여 담은 소만두과, 4치로 고여 담은 생복회, 골탕으로 목단화 1개, 홍도간화 1개를 상화로 꽂았다.

각각의 진탕은 주칠소원반에 갑번자기를 사용하여 금중탕을 담아 차렸다.

각각의 진만두는 주칠소원반에 갑번자기를 사용하여 메밀만두를 담아 차렸다.

각각의 진다는 주칠소원반에 은다관·은다종을 사용하여 작설차를 올렸다.

각각의 별찬안은 대왕대비진어별찬안과 똑같이 차려 올렸다.

각각의 별행과는 찬안에 유기와 공조자기 15기를 사용하여 찬품을 고여 담아 차렸다. 면, 소약과, 홍세한과, 백세한과, 흑임자다식, 유자, 석류, 생이, 생률, 대조, 잡탕, 우육숙편, 전복숙, 해삼증, 어전유화가 찬품이다. 이들 찬품에는 2층 수파련 1개, 목단화 2개, 월계화 2개, 홍도삼지화 2개, 홍도별건화 3개, 홍도간화 3개로 구성된 총 13개의 상화를 꽂았다.

각각의 과합에는 사층왜찬합을 사용하여 약과, 각색다식, 각색당, 각색절육을 담았다.
순화궁에는 찬안, 미수, 탕, 만두, 차, 별행과를 올렸는데, 이들 모두는 헌종과 헌종비에
게 올린 상차림과 같도록 하였다.

화폭에 담긴 한식

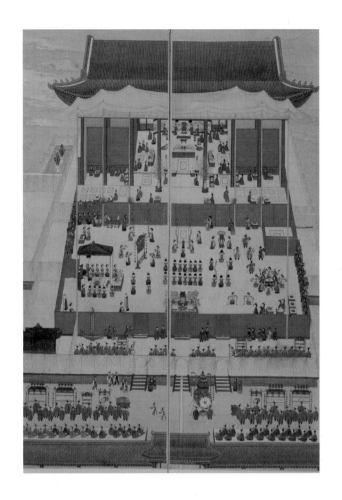

〈통명전 내진찬도〉가 들어 있는 ≪무신년진찬도병≫은
1848년(헌종14년) 당시 대왕대비 순원왕후의 육순과
왕대비 신정왕후의 망오를 기념하여 진찬소에서 만든 병풍이다.
〈통명전 내진찬도〉는 두 번째 장면으로 제3·4첩에 해당한다.
그림을 보면 통명전은 세로가 긴 화면 중앙에 정면으로 부감되었다.
통명전에 설치된 주렴과 황목 휘장은 화면 밖 가상의 소실점을 향해 좁아지게
그려져 강한 시각적 효과를 줌과 동시에 장대하고 깊은 공간감을 살렸다.

한일통상조약 체결 기념 연회도

〈한일통상조약 체결 기념 연회도〉│ 전 안중식 │ 1883년 │ 비단에 담채 │ 33.5×53.5cm │ 숭실대학교 한국기독교박물관

굴욕적인 불평등 조약을 체결하고
일본 대신을 위한 서양식 만찬 차려

〈한일통상조약 체결 기념 연회도(韓日通商條約記念宴會圖)〉는 계미년(癸未年) 1883년(고종 20년)에 체결된 조일통상장정(朝日通商章程)을 기념한 연회를 그렸다. 등장인물은 조선 측의 전권대신인 민영목(閔泳穆), 일본 측의 전권공사인 다케조에 신이치로[竹添進一郎], 조선 정부의 재정고문이자 조약의 초안을 작성한 독일인 묄렌도르프(Paul Georg von Mällendorff), 그리고 통리아문(統理衙門)의 관원들이다. 간단하게 당시의 정치적 상황을 살펴보자.

1867년(고종 4년) 일본은 메이지유신으로 약 700년 만에 막부에서 천황제로 권력체계가 바뀌며 서양의 근대국가를 모방한 근대화 정책을 추진한다. 급기야 신생 일본제국주의는 1875년 고종 12년에 첫 번째 무력 침공인 일본 군함 운양호 사건을 일으키고 1876년에는 외국과 맺은 최초의 수호조약이자 불평등 조약인 병자수호조약을 강압적으로 체결한다. 오랫동안 척화를 국시로 삼아온 조선 왕조는 점차 개국과 개화에 대한 압박으로 인해 국책에 있어 일대 전환기를 맞이하며 세계 열강들과 속속 통상조약을 체결하게 된다.

포크와 나이프가 세팅되어 있는 테이블

일용 상품과 각종 문물이 열강과의 통상조약으로 물밀듯이 들어왔다. 병자수호조약 이후 새로운 지식과 사조가 널리 보급되고, 중인 계급과 평민들도 정치에 참여하는 등 조선은 과거와 다른 시대 조류에 표류하고 있었다.

당시는 정권의 낭비와 탐관오리의 횡포가 만연했던 시기였다. 1882년(고종 19년) 6월에 구(舊) 군인들이 신식 군대인 별기군의 양성과 군제 개혁에 불만을 품고 있던 차에 13개월이나 밀린 급료 문제가 폭발하면서 임오군란이 일어났다. 이로써 이최응·민겸호 등 대신과 일본인 13명이 사망하는 일이 발생하고 대원군이 재집권하게 되었으나 청군과 일본군이 난을 간섭하게 된다. 일본은 임오군란으로 발생한 피해를 보상하라는 압박을 가해 결국 불평등한 제물포조약이 체결된다. 제물포조약으로 일본은 일개 대대 병력을 한성에 주둔시킬 수 있었다.

아울러 진주해온 청나라 군인들도 속속 배치되어 청은 동관왕묘, 동별영, 남대문 밖, 남소영 등 남양만에서 서울까지 부대를 주둔시켰다. 이때 한성에 거주하던 청국의 상인 수는 80여 가구에 600여 명이었고, 병자수호조약 이후 임오군란이 일어난 해인 1882년까지 일본과의 무역량은 매년 2배로 불어났는데, 수입품은 가공품이었고 수출품은 천연자원이었다.

일본은 메이지유신 이후 서양 문화가 급격히 유입되었다. 일본인은 자국 문화보다 서양 문화를 크게 추종하여 커피, 스테이크, 수프, 빵, 치즈, 햄 등 다양한 생필품과 문화 용품이 보급된다. 1804년경 나가사키에 정박 중인 네덜란드 선박을 방문한 일본인이 커피를 대접받은 일이 계기가 되어 커피도 급격히 대중화되어 1888년에 동경 우에노에 커피 파는 찻집[可否茶館]이 생겨날 정도였다. 인스턴트 커피를 발명한 사람도 가토[加藤]라는 일본인으로, 1901년에 솔루블 커피(soluble coffee)라는 이름을 붙여 미국으로 판매하기에 이른다. 서양 요리를 먹을 때 포크와 나이프를 사용하는 테이블 세팅이 상류층을 중심으로 널리 보급되기도 한다.

〈한일통상조약 체결 기념 연회도〉가 나온 1883년은 임오군란이 발생한 이듬해이다. 따라서 일본인들이 추종하는 서양식 연회 장면이 그려졌다. 등받이를 갖춘 의자와 식탁을 한 조로 하여 서양식으로 차린 연석에서 가장 상석은 왼편의 좌석이다. 이 좌석에 앉은 사람은 조선 측 전권대신인 민영목이다. 민영목 왼편에 앉은 사람은 독일인 묄렌도르프이고, 민영목 오른편에 앉은 사람은 일본 측 전권공사 다케조에 신이치로이다.

그 밖에 2명의 일본인과 통리아문의 관원들로 보이는 6명이 앉아 있고, 조선 여성도 1명 앉아 있다. 민영목의 부인일지도 모른다.

식탁 위에는 꽃을 꽂은 2개의 화준(花尊, 꽃병)이 화려하게 놓여 있고, 화준 사이 정중앙에는 만두가 고임 음식으로 차려져 있다. 만두를 중심으로 하여 양 옆에는 단자(團子)인 듯한 것이 역시 고여 있으며, 양 단자 옆에는 대추찜[蒸大棗]인 듯한 것이 두 그릇 고여 담아져 있다. 사람들 앞에는 요리를 먹기 위한 식기들이 세팅되어 있다. 메인 디시는 생선요리인 듯한데, 민영목 앞에 놓인 것을 중심으로 보면 왼편에 나이프와 포크가 오른편에는 숟가락 2개가 있다. 숟가락은 중국풍의 화자시(畵磁匙)이다. 메인 디시 약간 위편의 왼편에는 식탁에 불을 밝혀주는 호롱불이 있다. 그 옆 오른쪽에는 작은 그릇에 각설탕 같은 것이 담겨 있다. 옆에 있는 흰 도자(주전자)는 아마도 물병일 것이다. 각설탕이라면 식사가 끝난 다음 나오는 커피에 넣어 먹게 될 것이다.

고임 음식과 화병이 있는 서양식 테이블

메인 디시 앞에는 포도주잔을 비롯한 술잔과 물컵이 몇 개 배열되어 있다. 술잔의 개수가 여러 개인 점으로 미루어 연회에 올린 술도 2~3종류였을 것이다. 포도주잔 위편 오른쪽에 놓인 것은 후춧가루 또는 소금을 넣은 양념통일 것이다.

상차림을 보면 130년 전 조선 정부와 일본 정부의 공식적인 연회에서 일본 관리가 좋아하는 서양식 식탁 차림을 조선 정부가 받아들여 반영한 결과가 아닐까 한다. 어찌되었든 〈한일통상조약 체결 기념 연회도〉는 개화기 조선시대의 시대상을 잘 반영한 그림으로, 다음과 같은 흥미로운 사실도 알 수 있다.

첫째 내외가 엄격한 시대였음에도 공식 연회에 여인을 대동하였다는 점, 둘째 메인 디시가 생선요리인 것으로 보아 식탁에는 보이지 않지만 수프, 빵, 샐러드, 커피를 포함하는 후식 코스 요리가 선보였으리라는 점, 셋째 사람 앞에 놓인 술잔이 여럿인 것으로 보아 몇 종류의 술을 마셨다는 점, 넷째 국가가 주관하는 공식 연회에서 서양식 상차림법을 적용할 정도로 서양 요리를 조선이 이해하고 있었다는 점, 다섯째 주빈(主賓)과 주인의 좌석 배치가 격식에 맞지 않다는 점이다.

화폭에 담긴 한식

〈한일통상조약 체결 기념 연회도〉는

실제 연회 장면을 그린 기록화라기보다는

조선 측의 의사가 반영되어 자리 배치가 재구성된 그림으로 보인다.

그림의 필법은 세심하고 꼼꼼한 공필의 채색화로 음영의 사용이나

투시도법의 활용 등에서 서양화법의 영향을 보여준다.

또한 주제를 구성하는 방식과 화풍에서 개화와 더불어

새로운 변화가 나타났음을 보여주며, 여러 국적의 인물이 보여주는

용모와 복식, 서양식 식탁 차림 등은 풍속적인 면에서도

개화기의 신구가 교차하는 시대상을 잘 나타내 주는

귀한 사료 자료이다.

함녕전 외진연도

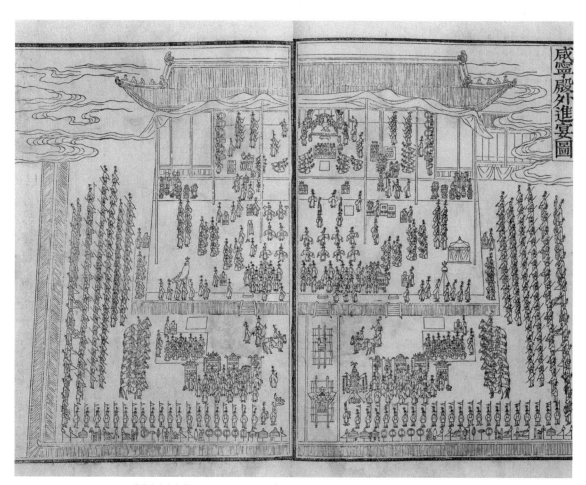

《임인진연의궤》 중 〈함녕전 외진연도〉 | 1902년 4월 | 목판 인쇄 | 고려대학교 도서관

함녕전 내진연도

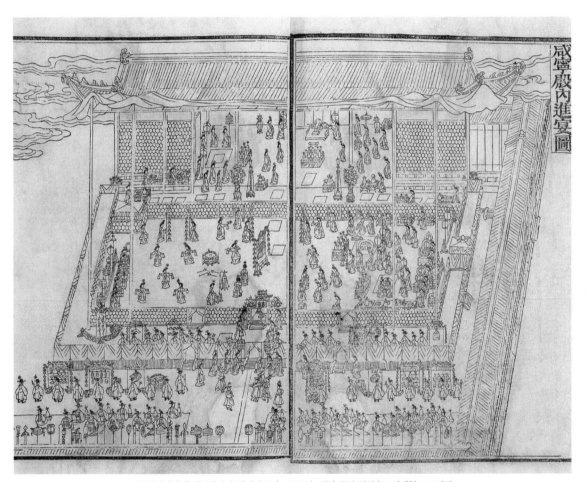

《임인진연의궤》 중 〈함녕전 내진연도〉 | 1902년 4월 | 목판 인쇄 | 고려대학교 도서관

함녕전 야진연도

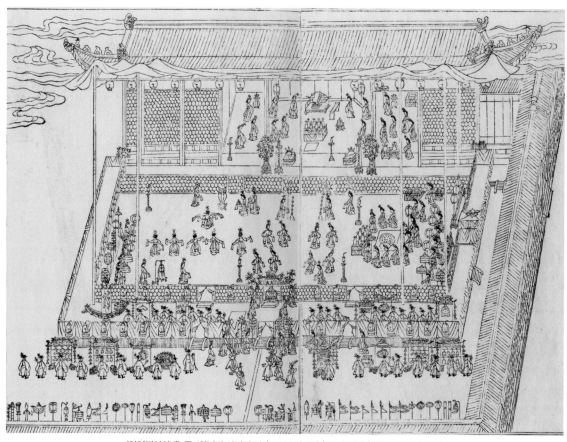

《임인진연의궤》 중 〈함녕전 야진연도〉 | 1902년 4월 | 목판 인쇄 | 고려대학교 도서관

화폭에 담긴 한식

함녕전 익일회작도

《임인진연의궤》 중 〈함녕전 익일회작도〉 | 1902년 4월 | 목판 인쇄 | 고려대학교 도서관

고종의 기로소 입소를 기념하여
국태민안을 기리는 연향상 차려

〈함녕전 외진연도(咸寧殿外進宴圖)〉는 1902년(고종 39년) 4월 23일 함녕전에서 열린 외진연 연향을 그린 그림이다. 고종 황제는 51세가 되어 기로소에 입소하였다. 기로소 입소는 원래 60세 이후에 하는 것이지만 1902년이 망육(望六)에 해당하는 해였기 때문이다. 망육이란 60세를 바라보는 나이란 뜻이다.

숙종과 영조가 기로소 입소 후 연을 베푼 예에 따라 고종도 4월 23일에 외진연, 4월 24일에 내진연, 4월 24일에 야진연, 4월 25일에 익일회작, 4월 25일에 익일야연을 열었다.

내진연이 왕실 집안의 사적인 연향이라면 외진연은 군신 간 남자들만의 공적인 연향이다. 이날 연향에는 종친, 원임대신(原任大臣, 전관대신), 기로소에 들어간 신하들, 정2품 이상의 문신, 정3품 이상이면서 70세 이상의 문신, 음무신(陰武臣, 물러난 무신)으로 실직을 거친 관리 등 모두 356명이 참석하였다.

고종 황제가 51세가 되자 망60세에 기로소에 입소한 영조 때 행한 고사에 따라 2월 20일 완평군 이승응(李昇應)이 고종의 입기로소(入耆老所)를 청하였다. 고종은 검소하게 치르는 조건 하에서 허락하였고, 3월 27일에 태조, 숙종, 영조의 뒤를 이어 왕으로서는 네 번째로 기로소에 들어갔다.

고종은 황태자와 영친왕 이은(李垠)을 대동하고 선원전(璿源殿)과 명성황후의 신위를 모신 경효전(敬孝殿)에 참배한 다음 기로소에 가서 어첩에 친제(親題)하였다. 의식이 끝난 다음 이지용이 궤장(几杖, 안석과 지팡이)을 올렸다. 이때 고종과 함께 기로소에 들어간 대신은 16명이었다. 3월 28일에는 중화전(즉조당)에서 진하례를 하고 4월 23일 외진연 연향을 시작으로 4월 25일까지 야연을 거행하였다.

외진연 연향에서 상을 받은 사람은 고종 황제, 황태자, 제신 등 모두 1002명이었다.

북→동→서→남의 순서로 상석을 정하고 북쪽에 남쪽을 향하여 용교의(龍交椅, 용의 형상을 새긴 임금의 의자)와 답장(踏掌)을 어탑(御榻, 임금이 앉는 상탑) 위에 설치하였다. 이들 뒤에는 웅장한 일월오봉병이 둘러쳐져 있다. 어탑 아래에 황칠고족진작탁(黃漆高足進爵

卓, 술잔을 올려놓는 탁자)을 놓았다. 진작탁 앞에는 황색의 명주보를 덮은 12좌로 구성된 황칠고족어찬안(黃漆高足御饌案)이 있고 그 앞에는 대신들이 황제에게 아홉 잔의 술을 올리는 진작위(進爵位)가 설치되어 있으며, 진작위를 중심으로 머리에 꽃을 꽂은 6명의 제신이 서로 마주하여 부복하고 있다.

다정(茶亭)과 수주정(壽酒亭)이 나란히 전(殿)의 서쪽 문 옆에 왕과 마주하여 놓여 있는데, 수주정에는 받침을 갖춘 술잔과 술병이 올려져 있고 다정에는 찻잔과 주전자가 놓여 있다. 1901년 고종 황제의 50세를 기념하여 열린 것을 기록화로 남긴 〈신축년 진연도병〉에 의하면 황제와 관련된 어탑, 답장, 교의, 진작탁, 찬안, 수주정, 다정, 향안 등은 모두 황색으로 채색되어 있다. 이는 고종이 황제가 되었기 때문에 왕의 색인 붉은색 대신에 황제의 색인 황색으로 모든 기물의 색을 바꾼 까닭이다. 〈외진연〉에서도 기물색은 황색이었을 것이다.

〈함녕전 외진연도〉의 진연상

어좌의 동남쪽에는 황태자 시연위가 있다. 9좌로 구성된 붉은색의 명주보를 덮은 주칠저족찬안(朱漆低足饌案)과 표문(豹文) 방석이 놓여 있다. 황태자 시연위 동남쪽인 전내의 동쪽 문 옆 동편에 황태자 다정을 두고, 다정과 나란히 황태자 주정이 놓여 있다. 주정에는 받침을 갖춘 술잔과 술병이 올려져 있으며, 다정에는 찻잔과 주전자가 놓여 있다. 원래 왕세자의 색은 검은색이지만 황태자가 되었기 때문에 검은색 대신 붉은색을 쓴 것이다. 황제의 수주정, 황태자궁의 주정 옆에는 단지에 들어 있는 술을 퍼서 술잔에 담는 일만을 전적으로 맡아 하는 관원이 서 있다. 주정과 다정을 약간 뒤로하여 향안 한 쌍이 놓여 있다. 향안 뒤에는 화려한 꽃을 담은 화준(花尊) 한 쌍이 준대 위에 올려 있다.

함녕전 문을 지키고 있는 군졸은 신식 군복을 입고 있다. 무동들은 〈만수무(萬壽舞)〉를 추고 있다. 보계 위에는 춤추는 무동을 사이에 두고 동반과 서반이 마주하여 독상인 흑칠원반을 앞에 두고 앉아 있다. 보계 아래에는 헌가(軒架, 대청 아래에 종경 큰북 등을 틀에 걸어놓고 관현을 갖춤)가 늘어서 있다.

남자들로만 구성된 함녕전 외진연은 9헌작의 헌수주에 3작부터 9작까지는 고종 황제와 신하 간에 7차에 걸친 행주가 있었다. 황제에게 진주기(進酒器), 진휘건(進揮巾), 진시첩(進匙楪), 진찬안(進饌案), 진별행과(進別行果), 진염수(進鹽水), 진소선(進小膳), 제1작, 진탕(進湯), 진초미(進初味), 진만두(進饅頭), 진다(進茶) 등으로 음식 의례가 진행되었는데 황제에게 올리는 9헌작의 헌수주를 위한 음식상은 황칠고족찬안 12좌를 합하여 음식을 차린 대탁찬안(大卓饌案), 황칠고족찬안 2좌를 합하여 음식을 차린 찬안, 황칠찬안의 좌와 우에 찬안을 겹쳐 마련하여 음식을 차린 별행과, 황칠소원반에 9번의 술안주를 위해 차린 9미수, 황칠소원반 1좌에 차린 소선(小膳), 소선과 한 조가 되게끔 하기 위하여 황칠소원반 1좌에 차린 염수(鹽水), 황칠소원반 1좌에 차린 대선(大膳), 황칠소원반 1좌에 각각 차린 진탕과 진만두 그리고 진다였다.

행주를 위해 황태자궁에게는 주칠저족찬안 9좌를 합하여 음식을 차린 찬안, 찬안의 좌와 우에 찬안을 겹쳐 마련하여 음식을 차린 별행과, 주칠소원반에 차린 9미수, 주칠소원반 1좌에 차린 소선, 소선과 한 조가 되게끔 하기 위하여 주칠소원반 1좌에 차린 염수, 주칠소원반 1좌에 차린 대선, 주칠소원반 1좌에 각각 차린 진탕과 진만두 그리고 진다를 마련하였고, 연회에 참석한 제신(諸臣) 1000명을 위해서는 1000상에 음식을 차린 흑칠원반이 배선되었다.

황제와 황태자궁에게 올린 상차림의 내용은 거의 비슷하지만 대탁찬안은 황제에게만 올렸다. 황제를 위하여 올린 상차림을 중심으로 살펴보자.

대탁찬안에는 유기(鍮器)와 내하자기(內下磁器, 임금이 내려준 자기) 25기를 사용하여 찬품을 고여 담아 차렸다.

1기는 각색경증병(各色粳甑餠, 여러 종류의 메시루떡)이다. 멥쌀 15말과 찹쌀 8말을 각각 가루로 만들어 합하여 거피팥 8되와 깨 9말 5되를 고물로 사용하여 시루에 담아 찐 것이다. 이때 밤 8되, 대추 9되, 잣 2되를 고명으로 사용하고, 떡의 종류에 따라 신감초가루 4되와 꿀 6되, 계핏가루 1냥을 재료로 사용하였다.

1기는 각색점증병(各色粘甑餠, 여러 종류의 차시루떡)이다. 찹쌀 15말을 가루로 만들어 거피팥 8되와 깨 5말을 고물로 사용하여 시루에 담아 찌는데, 이때 석이버섯 5되, 밤 3말, 대추 2말, 잣 2되를 고명으로 하였다.

1기는 각색조악(各色助岳)과 화전(花煎)이다. 찹쌀 10말을 가루로 만들고 일부에는 신감초가루 7되를 섞어 반죽한 다음, 대추 2말·깨 5되·잣 5홉을 소로 만들어서 꿀과 계핏가루 2냥으로 양념하여 밤톨 크기로 떼어낸 찹쌀가루 반죽 절반에 소를 넣고 송편 모양으로 빚어 참기름으로 지져 만든 것이 조악이고, 찹쌀가루 반죽 절반으로 꽃 모양으로 지져내 꿀로 집청한 것이 화전이다. 참기름 4말, 꿀 9되가 소용되었다.

1기는 각색단자잡과병(各色團子雜果餠)이다. 찹쌀 12말을 가루로 만들어 가루 일부에는 석이가루 5되와 신감초가루 7되를 합하여 물을 내려 시루에 담아 찌고는 밤톨 크기로 떼어서 꿀 8되와 계핏가루 1냥을 양념으로 넣은 거피팥 4말, 잣 8되, 밤 1말 3되, 대추 1말 5되로 소 또는 고물로 하여 만들었다.

1기는 만두과(饅頭果) 400개이다. 밀가루 4말에 참기름과 꿀을 합하여 반죽해서 황률 5되, 대추 6되, 후춧가루 3냥, 계핏가루 3냥으로 만든 소를 넣고 만두 모양으로 빚고는 참기름에 튀겨내어 꿀로 집청한 후 잣 3홉과 사탕 2원으로 만든 고물을 입힌 것이다. 참기름 1말 6되, 꿀 1말 6되가 소용되었다.

1기는 연약과(軟藥果) 500개이다. 밀가루 4말에 후춧가루 5푼, 계핏가루 5푼, 참기름과 꿀을 합하여 반죽해서 홍두깨로 밀어 네모반듯하게 썬 것을 참기름에 튀겨내어 꿀로 집청한 다음 잣 3홉, 사탕 2원으로 만든 고물을 입힌 것이다. 참기름 1말 6되, 꿀 1말 6되가 소용되었다.

1기는 양면과(兩面果) 500개이다. 밀가루 4말을 반죽하여 홍두깨로 얇게 밀어 네모반듯하게 썰어서 양쪽 면이 똑같도록 만든 다음 참기름 1말 6되로 튀겨내어 꿀 1말 6되로 집청한 것이다.

1기는 황률청태다식(黃栗靑太茶食, 황률다식과 청태다식) 각각 1000개이다. 황률가루 1말

5되와, 청태가루 1말 5되에 신감초가루 1되를 합한 것에 꿀 1말 6되를 넣어서 반죽해서 다식판으로 박아낸 것이다.

1기는 강분흑임자다식(薑粉黑荏子茶食, 강분다식과 흑임자다식) 각각 1000개이다. 녹말 1말을 합한 강분(생강가루) 5되와 흑임자가루 1말 5되에 꿀 1말 7되를 넣어서 반죽하고는 다식판으로 박아낸 것이다. 흑임자다식에는 잣 2홉으로 만든 잣가루 고물을 입혔다.

1기는 홍매화연사과(紅梅花軟絲果) 650개이다. 찹쌀 3말 5되로 가루를 만들어 술 9되와 꿀 9되를 넣고 반죽한 것을 시루에 담아 찐다. 이것을 절구에 담아 치대어 찹쌀가루를 뿌린 안반에 올려놓고 0.5cm 두께로 얇게 밀어 4×4cm로 썬다. 뜨거운 방에 쭉 늘어놓고 바싹 말려 참기름에 튀겨낸 후 백당 25근으로 중탕해서 만든 백당액(白糖液, 물엿)으로 집청한 것에 지초기름으로 물들여 만든 건반을 고물로 묻힌 것이다. 건반은 점조(粘租) 7말을 쪄서 말려 볶아 튀겨낸 것이다. 참기름 1말 5되, 지초 3근이 소용되었다.

1기는 백매화연사과(白梅花軟絲果) 650개이다. 재료와 만드는 방법은 홍매화연사과와 같으나 다만 지초기름만 제외되었다. 건반을 고물로 묻혔다.

1기는 백자연사과(栢子軟絲果) 1000개이다, 찹쌀 7말로 가루를 만들어서 술 9되와 꿀 9되를 넣고 반죽하여 찜기에 담아 쪄낸다. 이것을 절구에 담아 치대어 안반에 올려놓고 얇게 밀어 4×4cm로 썰어서 바싹 말리고는 참기름 9되로 튀겨내어 백당 27근으로 중탕하여 만든 백당액으로 집청한 것에 잣 3말 2되를 고물로 묻힌 것이다.

1기는 홍세건반연사과(紅細乾飯軟絲果) 800개이다. 재료와 만드는 방법은 홍매화연사과와 같으나 다만 지초기름으로 물들여 만든 건반을 절구에 찧어 가루로 만들어 고물로 하였다.

1기는 백세건반연사과(白細乾飯軟絲果) 800개이다. 재료와 만드는 방법은 백매화연사과와 같으나 건반을 가루로 만들어 고물로 하였다.

1기는 홍백세건반요화(紅白細乾飯蓼花)로 홍세건반요화 850개, 백세건반요화 750개이다. 밀가루 4말 5되에 소금 4되를 넣고 반죽하여 홍두깨로 얇게 밀어 네모지고 갸름하게 썰어 참기름 1말로 튀겨낸 다음 세건반을 고물로 입힌 것이다. 다만 홍세건반요화는 참기름 5되에 지초 2근을 넣어 붉은색이 나오도록 우려낸 지초기름으로 세건반을 물들여 고물로 하였다.

1기는 사색입모빙사과(四色笠帽冰絲果) 각각 100개, 합 400개이다. 찹쌀 5말을 가루로 만들어 술 1말과 꿀 1말을 넣고 되직하게 반죽해서 시루에 담아 찐다. 이것을 절구에 담아 치댄 후 찹쌀가루 뿌린 안반에 쏟아 0.5cm 두께로 얇게 밀고는 작고 네모반듯하게 썰어 서 뜨거운 방에서 죽 늘어놓고 바싹 말린다. 참기름에 튀겨내어 백당 20근으로 중탕하여 만든 백당액과 합하여 버무려 네모난 틀에 담아 굳힌다. 완전히 식으면 네모반듯한 작은 방형으로 베어낸다. 홍빙사과는 참기름 2되에 지초 1근으로 지초기름을 만들어 백당을 물들여 쓰고, 황빙사과는 말린 치자 200개로 백당을 물들여 쓰며, 청빙사과는 갈매 1근 으로 백당을 물들여 쓴다.

1기는 사색강정(四色强精) 각각 300개, 합 1200개이다. 바탕감은 사색입모빙사과와 같이 만들어 1 × 4cm로 썰어 말려서 참기름에 튀겨내어 백당액에 집청한 것이다. 백세건반강 정은 건반을 절구에 찧어 가루로 만들어 고물로 한 것이고, 홍세건반강정은 지초 1근으 로 참기름 2되에 우려 만든 지초기름을 건반에 넣어 물들여 말린 것을 가루로 만들어 고 물로 한 것이다. 계피강정은 계피가루 2되를 고물로 한 것이며 백자강정은 잣 2되를 가 루로 만들어 고물로 한 것이다. 찹쌀 3말 5되, 술 9되, 꿀 9되, 참기름 9되, 백당 15근, 세 건반 1말 5되가 소용되었다.

1기는 홍매화강정(紅梅花强精) 1200개이다. 바탕감은 사색강정과 같이 만든다. 다만 점 조(粘租) 6되를 쪄서 말려 볶아 튀겨낸 것에 참기름 5되에 지초 3근을 넣어 우려낸 지초 기름으로 물들여 이것을 고물로 사용하였다. 찹쌀 3말, 술 5되, 꿀 5되, 참기름 5되, 백당 8근이 소용되었다.

1기는 백매화강정(白梅花强精) 1200개이다. 찹쌀 3말, 점조 6되, 술 5되, 꿀 5되, 참기름 5되, 백당 8근이 소용되었다.

1기는 사탕귤병(砂糖橘餠)으로 사탕 100개, 귤병 150개이다.

1기는 용안(龍眼) 20근이다.

1기는 여지(荔枝) 20근이다.

1기는 청면(清麵)이다. 녹말 1되 5홉을 반죽하여 세면(細麵, 발이 가는 국수)을 만들어서 오미자 3홉, 꿀 1되, 연지 1/2종지, 잣 1홉으로 만든 오미자물에 만 것이다.

1기는 간전유화(肝煎油花)이다. 쇠간 15부를 삶은 다음 저며 떠서 소금 1되를 뿌려 재운 것에 메밀가루 8되로 옷을 입히고 참기름 1말을 사용하여 지져낸 후 깻가루 5되를 고물 로 입힌 것이다.

1기는 각색화양적(各色花陽炙) 1200꽃이다. 잡적(雜炙)·어화양적(魚花陽炙)·생복화양
적(生鰒花陽炙)·화양적(花陽炙)으로 구성되었다. 달걀 40개로 만든 달걀지단, 도라지 5말,
쇠우둔육 4부, 쇠양 1/2부, 쇠곤자소니 3부, 쇠등골 3부, 돼지다리 1부, 숭어 1마리, 전복
10개, 해삼 30개, 표고버섯 2되를 산적고기 썰듯 썰어 후춧가루 2홉, 파 5단, 간장 3되,
잣 5홉 5작, 소금 5홉, 마늘 10통으로 양념한 것을 그대로 혹은 볶아서 꽂이에 꽂는데 그
대로 꽂은 것은 밀가루 3홉이나 메밀가루 3홉으로 옷을 입히고, 밀가루옷을 입힌 것은
계란으로 덧옷을 입혀서 참기름 5되를 사용하여 지져낸 것이다. 양념하여 꽂은 화양적에
는 깻가루 4되로 고물을 입혔다.
대탁찬안에는 대수파련 2개, 중수파련 2개, 홍도별건화 2개, 각색절화 각 8개, 목단화 7개,
홍도삼지화 3개로 구성된 총 24개의 상화를 꽂았다.

찬안에는 유기와 내하자기 15기를 사용하여 찬품을 고여 담아 차렸다.
1기는 방약과(方藥果) 200개이다. 밀가루 4말, 참기름 1말 6되, 꿀 1말 6되, 잣 3홉, 후춧
가루 5작, 계핏가루 5작, 사탕 2원을 재료로 하여 약과 만드는 방법과 같이 만든 것이다.
1기는 다식과(茶食果) 200개이다. 밀가루 4말에 계핏가루 5작, 후춧가루 5작 그리고 참
기름과 꿀을 합하여 반죽해서 다식판으로 박아내어 참기름에 튀겨내고는 꿀로 집청한
후 잣 3홉과 사탕 2원으로 만든 고물을 입힌 것이다. 참기름 1말 6되, 꿀 1말 6되가 소용
되었다.
1기는 사색다식(四色茶食) 1000개이다. 송화다식·흑임자다식·홍다식·백다식으로 구성
되었다. 송홧가루 7되 5홉, 흑임자가루 7되 5홉, 녹말 7되 5홉에 꿀을 넣고 반죽하여 다
식판으로 박아낸 것이다. 홍다식을 위해서 연지 1종지와 오미자 5홉을 사용하여 녹말에
홍색을 입혀 만들었다. 꿀 1말이 소용되었다.
1기는 홍백세한과(紅白細漢果) 각 1200개, 합 2400개이다. 밀가루 4말에 참기름과 꿀을
합하여 반죽해서 홍두깨로 0.5cm 두께로 민 다음 중박계보다 작고 네모지게 썰어 참기
름에 튀겨낸 후 백당 2근으로 중탕하여 만든 백당액에 집청하였다. 홍세한과는 백당액에
참기름 2되에 지초 1근을 넣어 붉은색이 나도록 우려낸 지초기름을 백당액에 넣어 다홍
물을 들여서 붉게 집청하였다. 참기름 1말 6되, 꿀 1말 6되가 소용되었다.
1기는 홍백차수과(紅白叉手果) 각 300개, 합 600개이다. 밀가루 4말에 꿀을 넣고 반죽하

여 홍두깨로 얇게 밀어서 가는 국수처럼 썬다. 이것을 실타래처럼 만들어 참기름 4말로 튀겨낸 것을 꿀로 집청한 것이다. 홍차수과는 참기름 2되에 지초 1근을 넣어 붉은색이 나도록 우려낸 지초기름을 꿀에 합하여 집청하였다. 꿀 1말이 소용되었다.

1기는 생이(배) 200개이다

1기는 대조(대추) 5말이다.

1기는 각색절육이다. 건홍어 50마리, 건상어 50마리, 건대구 70마리, 건광어 30마리, 건문어 5마리, 전복 70개, 관포(官脯) 10접, 편포 5접, 건오징어 5접, 강요주 10동(同), 추복(搥鰒) 5동, 건대하 50급을 칼로 아름답게 오려 해태 20조, 잣 1되와 함께 고여 담았다.

1기는 생선증(生鮮蒸)이다. 도미 한 마리를 포로 떠서 밀가루 1홉과 계란 5개로 옷을 입혀 참기름으로 전을 지진 다음 냄비에 담아 잘게 썬 쇠고기 안심육 1/4부에 후춧가루 5푼과 참기름으로 양념하여 쑥갓 10단, 표고버섯 1홉, 파 5뿌리, 잣 3작을 합하여 끓여 찜하였다. 참기름 3홉이 소용되었다.

1기는 생선전유화이다. 숭어 20마리를 포로 떠서 소금 5홉을 뿌린 것에 밀가루 2말과 계란 2접(200개)으로 옷을 입혀 참기름 8되로 지졌다.

1기는 양전유화(胖煎油花)이다. 쇠양 5부를 무르도록 삶은 다음 얇게 저며 썰어 소금 5홉을 뿌린 것에 녹말 2말로 옷을 입혀 참기름 1말로 지졌다.

1기는 생하전(生鰕煎)이다. 생새우 15급에 소금 5홉을 뿌린 것에 밀가루 1말과 계란 100개로 옷을 입혀 참기름 1말로 지졌다.

1기는 삼색갑회(三色甲膾)이다. 양령(胖領) 5부, 천엽 5부, 콩팥 10부를 잘게 썰어 육회를 만들고 잣 2작을 곁들였다.

1기는 각색화양적 150꽂이이다. 우둔 1부, 도라지 5말, 돼지다리 1/2부, 쇠양 5부, 곤자소니 5부, 등골 2부, 전복 10개, 해삼 30개, 파 10단, 표고버섯 3홉, 계란 50개, 참기름 5되, 후춧가루 2냥, 깻가루 1되, 소금 1되, 녹말 5작, 잣 5작, 간장 2되가 소용되었다.

1기는 연계전체소(軟鷄全體燒)이다. 연계 50마리에 참기름 5되, 후춧가루 5전, 잣 1홉으로 만든 잣가루, 깻가루 1홉, 파 3뿌리, 마늘 10통으로 만든 마늘즙, 소금 1되, 간장 1되를 양념 발라 통째로 구운 것이다.

찬안에는 중수파련 2개, 목단화 2개, 각색절화 3개, 홍도삼지화 3개, 홍도별건화 5개로 구성된 총 15개의 상화를 꽂았다.

이상과 같이 대탁찬안과 찬안을 중심으로 각 1기당 들어가는 재료를 중심으로 만드는 대략적인 방법을 살펴본 것은 각 1기에 담기는 음식 양을 가늠하기 위해서이다. 이렇듯 대탁찬안 25기와 찬안 15기에 담긴 엄청난 양의 음식은 연회가 끝난 다음 황제의 덕(德)을 드러내 보이기 위하여 제신(諸臣)들에게 사찬하였다. 연회 도중에는 먹지 않고 연회가 끝난 후 음복하기 위한 음식으로 동원된 것이다.

다음은 황제가 연회 중 직접 먹었던 음식을 중심으로 살펴보기로 한다.
유기와 내하자기 15기를 사용하여 차린 별행과에는 약반(藥飯), 면(麵), 오색소연사과, 오색령강정, 사색감사과, 각색숙실과, 각색당, 각색정과, 생률, 준시, 호두, 청면, 편육·생선전유화, 우설·우낭숙편, 연계증을 차리고 상화 14개를 꽂았다. 생률의 경우 2000개를 한 그릇에 고여 담아 생률 1기로 하는 것으로 되어 있어 별행과 역시 높게 고임 음식으로 차렸음을 알 수 있다.
9번의 술의 헌수에 따라 9번의 술안주로 올리는 각 미수는 유기와 내하자기 7기를 사용하여 차렸다.
초미는 소만두과, 생률, 우태율편육, 천엽전유화, 전복초, 저육전유화, 초계탕이고 상화 7개를 꽂았다.
이미는 홍미자, 황률, 생합초, 수란, 도미전유화, 해삼전, 완자탕이고 상화 7개를 꽂았다.
삼미는 백매화강정, 생이, 석화전유화, 생선문주, 생복회, 붕어증, 골탕이고 상화 7개를 꽂았다.
사미는 백자강정, 대추, 양전유화, 감화부, 생합회, 해삼증, 저포탕이고 상화 7개를 꽂았다.
오미는 소다식과, 호도, 연계전, 생복초, 숭어전, 어만두, 양숙탕이고 상화 7개를 꽂았다.
육미는 황세건반강정, 은행, 난과, 육만두, 홍합증, 생복화양적, 추복탕이고 상화 7개를 꽂았다.
칠미는 백미자, 잣, 건낭병, 어채, 연계전유화, 우족초, 저육장방탕이고 상화 7개를 꽂았다.

팔미는 홍세건반강정, 준시, 족병, 각색채회, 낙지화양적, 연계초, 홍어탕이고 상화 7개를 꽂았다.

구미는 연행인과, 용안여지, 생합전유화, 부화초, 병시, 어화양적, 칠지탕이고 상화 7개를 꽂았다.

자기 1기에 담아 차린 염수는 흰소금 1홉을 담았다.

자기 2기에 담아 차린 소선에서 1기는 양지머리 10부로 만든 우육숙편을 담고 나머지 1기에는 양 5마리로 만든 양육숙편을 담고 상화 2개를 꽂았다.

자기 2기에 담아 차린 대선에서 1기는 돼지 4마리로 만든 저육숙편을 담고 나머지 1기에는 진계 50마리로 만든 계육숙편을 담고 상화 2개를 꽂았다.

자기 1기에 담아 차린 진탕은 용봉탕으로 하였다.

자기 1기에 담아 차린 만두는 메밀만두이다.

은다관과 은다종을 사용하여 차린 진다는 작설차이다.

다음은 외진연을 치른 이튿날에 거행된 내진연을 살펴보자. 내진연에서 연향상을 받은 사람은 고종 황제, 황태자, 황태자비, 영친왕, 연원군부인, 내입 2명, 별찬안 2명, 별상상 2명, 상상 300명, 상반기 325명, 내외빈상상 53명, 진연청당랑상상 11명, 전선사당랑상상 5명을 합하여 705명, 이 밖에 반사(頒賜)상이 468명으로 총 1173명이다.

〈함녕전 내진연도(咸寧殿內進宴圖)〉는 북→동→서→남의 순서로 상석을 정하여 북쪽에는 남향하여 황색의 용교의와 답장이 어탑 위에 설치되어 있고, 어탑 주변에는 머리에 꽃을 꽂은 여관들이 시위하고 있다. 어탑 아래에 진작탁이 있고, 진작탁 앞에는 황색 명주보를 덮은 12좌로 구성된 황칠고족어찬안이 있는데, 어찬안 양 옆에는 2명의 여관이 서로 마주하여 부복하고 있다. 어찬안 앞에는 아홉 잔의 술을 올리는 진작위가 있다. 다정과 수주정이 나란히 전의 동쪽 문 옆에 황제와 마주 보게 놓여 있다. 보계 위에서 시연하는 사람들은 좌명부와 우명부 및 군부인이다.

주렴 밖 보계 위 동남쪽에는 황태자 시연위가 있다. 9좌로 구성된 붉은색 명주보를 덮은 주칠저족찬안과 표문 방석이 설치되어 있다. 붉은색을 칠한 황태자의 다정과 주정이 나란히 전의 보계 끝 동편에 놓여 있다.

명성황후가 1895년 시해되었으므로 황비 시연위 자리에 황태자비 시연위가 있다. 9좌로 구성된 주칠저족찬안이 놓여 있고, 그 뒤에는 표문 방석이 깔려 있다. 황태자비의 다정과 수주정이 나란히 전의 서쪽 문 뒤에 놓여 있다.

〈함녕전 내진연도〉의 진연상

남쪽에서 북향하고 있는 악공들 앞에는 휘장을 만들어 시야를 차단하였다. 뒤에는 제신들이 원반인 독상을 앞에 차려놓고 북쪽을 향하여 앉아 있다. 화면에는 〈쌍무고(雙舞鼓)〉 정재가 공연되고 있다.

황제에게 진휘건, 진시첩, 진찬안, 진소반과, 진화, 제1작, 초미, 진미수, 진염수, 진소선, 진탕, 진대선, 진만두, 진과합, 〈헌선도〉 정재 등으로 의례가 이어졌는데 진어찬안은 황칠고족찬안 12좌를 합하였다.

여기에 유기와 자기 68기를 사용하여 찬품을 고여 담아 차렸다. 1자 5치로 고여 담은 각색경증병, 각색점증병, 각색조악과 화전, 각색단자병, 대약과, 대다식과, 대만두과, 율말다식·녹말다식·청태말다식, 강분다식·흑임자다식·송화다식, 홍매화연사과, 백매화연사과, 홍매화강정, 백매화강정, 홍세건반강정, 백세건반강정, 오색강정, 오색령강정, 홍백입모빙사과, 청황입모빙사과, 홍세건반연사과, 백세건반연사과, 홍세건반요화, 백세건반요화, 사색감사과, 계백강정, 삼색한과, 대사탕·귤병, 각색당, 용안, 여지, 생이, 준시, 생률, 대조, 황률, 실호도, 실은행, 송백자, 각색절육, 1자 2치로 고여 담은 각색어채, 편육, 각색숙실과, 각색정과, 저육, 족병, 생선전유화·간전유화, 천엽전유화·양전유화, 생합전유화·낙제전유화, 육만두, 전복초·홍합초, 해삼전, 각색화양적, 연계전체소, 각색갑회, 어회, 수란, 생복초 그리고 연저증, 청면, 가련수정과, 용봉탕, 초계탕, 약반, 건면, 도미증, 백청, 개자, 초장이 찬안의 찬품이다. 여기에는 대수파련 1개, 중수파련 2개, 소수파련 2개, 각색절화 17개, 홍도삼지화 17개, 홍도별건화 7개, 홍도별간화 7개로 구성된 총 53개의 상화를 꽂았다.

진어소반과(進御小盤果)는 황칠조각고족별대원반(黃漆雕刻高足別大圓盤)에 유기와 자기 30기를 사용하여 찬품을 고여 담아 차렸다. 1자 2치로 고여 담은 각색병, 다식과, 만두과, 각색다식, 삼색매화연사과, 오색강정, 사색입모빙사과, 삼색한과, 각색당, 생이, 준시, 생률, 대조, 각색 절육, 9치로 고여 담은 편육·저육, 삼색전유화, 각색숙실과, 각색정과, 연계적, 수란, 각색화양적, 각색갑회 그리고 약반, 면, 청면, 완자탕, 초계탕, 도미증, 백청, 개자, 초장이 소반과의 찬품이다. 여기에는 중수파련 2개, 각색절화 6개, 홍도삼지화 8개, 홍도별건화 3개, 홍도별간화 2개로 구성된 총 21개의 상화를 꽂았다.

진어과합(進御果榼)은 사층 찬합(四層饌榼)에 약과, 각색다식, 각색당, 각색절육을 담았다.

진어별행과(進御別行果)는 협안(挾案) 4좌를 합하여 유기와 내하자기 30기를 사용하여 찬품을 고여 담아 차렸다. 각색경증병, 각색조악·단자·잡과병, 약반, 면, 방약과, 만두과, 홍세한과(1200개), 백세한과(1200개), 삼색매화연사과(650개), 사색입모빙사과(400개), 오색다식, 사색감사과, 용안(20근), 여지(20근), 각색숙실과, 각색당[사당, 귤병, 팔보당, 옥춘당, 밀조, 추이당(推耳糖), 인삼당, 수옥당, 금전병, 청매당, 진자당, 오화당, 설당, 어과자], 생이(200개), 준시, 생률, 황률, 대조, 청면, 각색정과, 칠지탕, 초계탕, 도미증, 생선문주, 생선전유화, 연계적, 각색화양적이 별행과의 찬품이다. 여기에는 대수파련 2개, 중수파련 2개, 목단화 6개, 홍도삼지화 5개, 각색절화 7개, 홍도별건화 7개로 구성된 총 29개의 상화를 꽂았다.

진어미수(進御味數)는 황칠소원반에 유기와 내하자기를 사용하여 찬품을 고여 담아 차렸다. 초미는 소만두과, 생률(1000개), 우태율편육, 천엽전유화, 초계탕, 전복초, 저육전유화이다. 이것들에는 각색절화 1개, 홍도삼지화 1개, 홍도별건화 5개의 상화를 꽂았다.

이미는 홍미자, 황률(4말), 생합초, 수란, 도미전유화, 해삼전, 완자탕이다. 이것들에는 각색절화 1개, 홍도삼지화 1개, 홍도별건화 5개의 상화를 꽂았다.

삼미는 백매화강정, 석화전유화, 생선문주, 생복회, 부어증, 골탕이다. 이것들에는 각색절화 1개, 홍도삼지화 1개, 홍도별건화 5개의 상화를 꽂았다.

사미는 백자강정, 대조(4말), 양전유화, 감화부, 생합회, 해삼증, 저포탕이다. 이것들에는 각색절화 1개, 홍도삼지화 1개, 홍도별건화 5개의 상화를 꽂았다.

오미는 소만두과, 실호도(4말), 연계증, 생복초, 수어증, 어만두, 양숙탕이다. 이것들에는 각색절화 1개, 홍도삼지화 1개, 홍도별건화 5개의 상화를 꽂았다.

육미는 황세건반강정, 실은행(6말), 난과, 육만두, 홍합증, 생복화양적, 추복탕이다. 이것들에는 각색절화 1개, 홍도삼지화 1개, 홍도별건화 5개의 상화를 꽂았다.

칠미는 백미자, 송백자(5말), 건낭병, 어채, 연계전유화, 우족초, 저육장방탕이다. 이것들에는 각색절화 1개, 홍도삼지화 1개, 홍도별건화 5개의 상화를 꽂았다.

팔미는 홍세건반강정, 준시(500개), 족병, 각색채회, 낙제화양적, 연계초, 홍어탕이다. 이들에는 각색절화 1개, 홍도삼지화 1개, 홍도별건화 5개의 상화를 꽂았다.

구미는 연행인과, 용안(10근), 여지(10근), 생합전유화, 부화초, 병시, 어화양적, 칠지탕이다. 이것들에는 각색절화 1개, 홍도삼지화 1개, 홍도별건화 5개의 상화를 꽂았다.

진어염수(進御塩水)는 황칠소원반에 자기 1기를 사용하여 백염(白塩, 흰소금) 1홉을 담아 차렸다.

진어소선(進御小膳)은 황칠소원반에 자기 2기를 사용하여 찬품을 고여 담아 차렸다. 1기는 우육숙편(양지두 10부)이고, 나머지 1기는 양육숙편(양 5구)이다. 이들 각각에 월계화 1개씩을 상화로 꽂았다.

진어대선(進御大膳)은 황칠소원반에 자기 2기를 사용하여 찬품을 고여 담아 차렸다. 1기는 저육숙편(돼지 4구)이고, 나머지 1기는 계육숙편(진계 50수)이다. 이들 각각에 월계화 1개씩을 상화로 꽂았다.

진탕(進湯)은 황칠소원반에 자기 1기를 사용하여 용봉탕을 담아 차렸다.

진만두(進饅頭)는 황칠소원반에 자기 1기를 사용하여 메밀만두를 담아 차렸다.

진다(進茶)는 황칠소원반에 은다관과 은다종을 사용하여 작설차 1기를 차렸다.

내진연 연향이 거행되고 밤에는 황태자가 아버지 고종을 위로하기 위하여 고종에게 1헌의 헌수주를 올리는 야진연이 열렸다. 그 한 장면을 그린 것이 〈함녕전 야진연도(咸寧殿

夜進宴圖)〉이다. 이 연향에서 상을 받은 사람은 고종 황제, 황태자궁, 내입 7명, 진연청 당랑상상 11명, 전선사당랑상상 5명을 합하여 26명, 이 밖에 반사상이 55명으로 총 81명이다.

〈함녕전 야진연도〉의 진연상

북→동→서→남의 순서로 상석을 정하여 북쪽에는 남향하여 용교의와 답장이 어탑 위에 설치되어 있고, 임금의 어탑 주변에는 머리에 꽃을 꽂은 여관들이 시위하고 있다. 어탑 아래에 진작탁이 있다. 그 앞에는 황색의 명주보를 덮은 황칠고족어찬안이 설치되어 있다. 어찬안 양 옆에는 2명의 여관이 서로 마주하여 부복하고 있고, 앞에는 1헌의 진작을 위한 진작위가 있다.

주렴 밖 보계 위 동남쪽에는 황태자 시연위가 있다. 6좌로 구성된 붉은색 명주보를 덮은 주칠저족찬안과 표문 방석이 설치되어 있다. 황태자의 다정과 주정이 나란히 전의 보계 끝 동편에 놓여 있다. 머리에 꽃을 꽂은 시위 여관들이 황태자의 시연위 옆에서 시위하고 있다.

남쪽에서 북향하고 있는 악공들 앞에는 휘장을 만들어 시야를 차단하였다. 화면에는 연회가 끝난 후 행해진 〈선유락〉 정재가 공연되고 있다.

황제에게 진주기(進酒器), 진휘건(進揮巾), 진시첩(進匙楪), 진찬안(進饌案), 〈장생보연지무〉 정재, 제1작 진탕(進湯), 진다(進茶) 등으로 의례가 이어졌다.

진어찬안은 황칠고족찬안 6좌를 합한 것이다. 여기에 유기와 자기 45기를 사용하여 찬품을 고여 담아 차렸다. 1자 2치로 고여 담은 각색증병, 각색조악·화전·단자병, 대약과, 다식과, 만두과, 각색다식, 홍매화연사과, 백매화연사과, 백세건반연사과, 홍백입모빙사과, 청황입모빙사과, 삼색매화강정, 오색강정, 홍백세건반요화, 사색감사과, 오색령강정, 삼색한과, 각색당, 용안, 여지, 생률, 준시, 대조, 실호도, 송백자, 각색절육, 9치로 고여 담은 각색숙실과, 각색정과, 편육·저육, 삼색전유화, 각색어채, 수란, 각색화양적, 각색갑회 그리고 약반, 면, 청면, 초계탕, 도미증, 연계적, 백청, 개자, 초장, 백염이 찬안의 찬품이다. 여기에는 대수파련 1개, 중수파련 1개, 소수파련 1개, 각색절화 14개, 홍도삼지화 9개, 홍도별건화 3개, 홍도별간화 3개로 구성된 총 32개의 상화를 꽂았다.

진탕은 황칠소원반에 자기 1기를 사용하여 용봉탕을 담아 차렸다.

진다는 황칠소원반에 은다관과 은다종을 사용하여 작설차 1기를 차렸다.

〈함녕전 익일회작도(咸寧殿翌日會酌圖)〉는 4월 25일 함녕전에서 거행된 익일회작 연향을 그린 것이다. 전날 열린 내진연과 야진연이 고종 황제를 위한 연회라면, 익일회작은 황태자를 위한 연향이다. 연향상을 받은 사람은 황태자궁, 내입 160명, 내빈상상 15명, 여관상상 50명, 진연청당랑상상 11명, 전선사당랑상상 5명을 합하여 242명, 이 밖에 반사상이 55명으로 총 297명이다.

북→동→서→남의 순으로 상석을 정하여 북쪽에는 남향하여 황태자 교의가 있고 교의 주변에는 머리에 꽃을 꽂은 여관들이 시위하고 있으며, 교의 앞에는 주칠한 진작탁이 있다. 진작탁 앞에는 붉은색 명주보를 덮은 6좌로 구성된 주칠고족찬안이 놓여 있다. 찬안 양 옆에는 2명의 여관이 서로 마주 보며 부복하고 있다. 한 쌍의 촉대가 찬안 앞에 있는데, 촉대 앞에는 한 쌍의 명주보를 덮은 향안이 놓여 있고 주색 칠을 한 다정과 주정이 나란히 전(殿)의 동쪽 문 옆에 황태자와 마주 보게 놓여 있다.

〈함녕전 익일회작도〉의 진연상

남쪽에서 북향한 등가(登架)의 악공들 뒤에는 황색 천으로 휘장을 만들어 시야를 차단하였다. 휘장 뒤 보계 아래에는 8명의 제신들이 원반인 독상을 앞에 차려놓고 북쪽을 향하여 앉아 있는데〈헌선도(獻仙挑)〉정재가 현란하게 공연되고 있다.

황태자에게 진휘건(進揮巾), 진화(進花), 진시첩(進匙楪), 진찬안(進饌案), 진별반과(進別盤果), 진작(進爵), 진미수(進味數), 진탕(進湯), 진다(進茶) 등으로 식의례가 이어졌다.

진찬안은 주칠고족찬안 6좌를 합하여 여기에 유기와 자기 53기를 사용한 찬품을 고여 담아 차렸다.

1자 2치로 고여 담은 각색경증병, 각색점증병, 각색조악·화전·단자병, 대약과(60립), 다식과(200립), 만두과(200립), 각색다식(1000개), 홍매화연사과(450개), 백매화연사과(450개), 홍백세건반연사과(각 300개), 홍매화강정(1350개), 백매화강정(1350개), 오색강정(각 240개), 홍백세건반강정(각 500개), 홍백입모빙사과(각 140개), 청황입모빙사과(각 140개), 홍세건반요화(1300개), 백세건반요화(1300개), 오색령강정, 사색감사과, 삼색한과(800개), 각색당, 용안(14근), 여지(14근), 생이(130개), 준시(500개), 생률(2000개), 대조(4말), 황률(4말), 실호도(4말), 송백자(1말 2되), 각색절육, 9치로 고여 담은 각색숙실과, 각색정과, 편육·저육, 생선전유화·간전유화, 양전유화·천엽전유화, 각색어채, 전복초·홍합초, 해삼전, 수란, 각색화양적, 각색갑회 그리고 약반, 면, 청면, 초계탕, 완자탕, 도미증, 연계적, 백청, 개자, 초장이 찬안의 찬품이다. 여기에는 대수파련 1개, 중수파련 2개, 소수파련 2개, 각색절화 12개, 홍도삼지화 14개, 홍도별건화 5개, 홍도별간화 5개로 구성된 총 41개의 상화를 꽂았다.

진별반과는 주칠조각고족별대원반(朱漆雕刻高足別大圓盤)에 유기와 자기 30기를 사용하여 찬품을 고여 담아 차렸다. 1자 2치로 고여 담은 각색병, 다식과(60립), 만두과(60립), 각색다식(400개), 삼색매화연사과(각 120개), 오색강정(각 200개), 사색입모병사과(각 50개), 삼색한과(325개), 각색당, 생이(120개), 준시(500개), 생률(800개), 대조(3말), 각색절육, 9치로 고여 담은 각색숙실과, 각색정과, 편육·저육, 삼색전유화, 수란, 각색화양적, 각색갑회 그리고 약반, 면, 청면, 완자탕, 초계탕, 도미증, 연계적(연계 50마리), 백청, 개자, 초장이 별반과의 찬품이다. 여기에는 중수파련 2개, 각색절화 6개, 홍도삼지화 8개,

홍도별건화 3개, 홍도별간화 2개로 구성된 총 21개의 상화를 꽂았다.

진미수는 주칠소원반에 유기와 내하자기 7기를 사용하여 찬품을 고여 담아 차렸다. 만두과, 대조, 우설숙편, 우낭숙편, 양숙탕, 생합회, 저육장방탕, 연계증이 미수의 찬품이다. 여기에는 각색절화 1개, 홍도삼지화 1개, 홍도별간화 5개로 구성된 상화를 꽂았다.

진탕은 주칠소원반에 자기 1기를 사용하여 용봉탕을 담아 차렸다.

진다는 주칠소원반에 은다관과 은다종을 사용하여 작설차 1기를 차렸다.

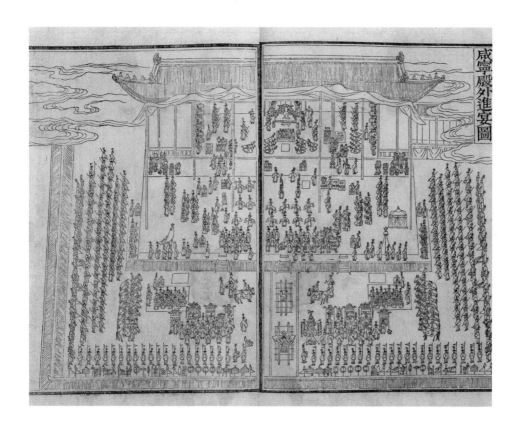

〈함녕전 외진연도〉는 화면 중앙의 함녕전을 크게 배치하고
주위의 행각 일부로 화면을 구획하였다.
전체적으로 보면, 건물 표현에 화면 밖을 향해
소실점을 의식한 원근법이 적용되었으나 그 정도는 매우 미약하다.
19세기 이후에는 내연에 비해 외연이 드물게 거행되었다.
그런 면에서 이 〈함녕전 외진연도〉는 대한제국기에
외연으로 치러진 궁중예연으로서 중요한 의미를 갖는다.

화폭에 담긴 한식

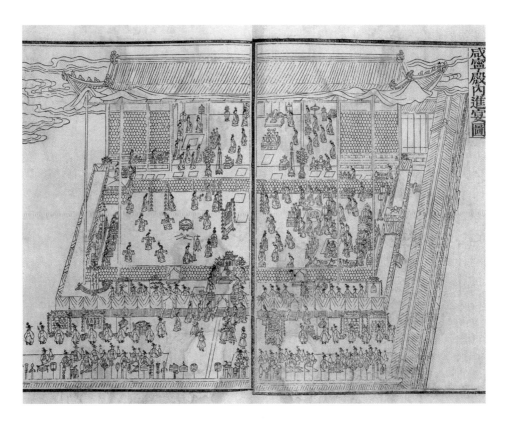

〈함녕전 내진연도〉는 함녕전의 오른쪽 위에서

비스듬히 부감한 시점에서 연향을 묘사하였다.

외진연과 같은 함녕전에서 치러졌지만,

내진연이었으므로 외진연과 달리 행사장의 설비가 많이 바뀌었다.

행사장으로 활용하기 위해 대청마루와 잇대어 만든

보계는 주렴으로 공간이 구획되었고

보계 가장자리에는 황주갑장을 설치하여

보계 아래 자리한 남성들로부터 시야를 차단하였다.

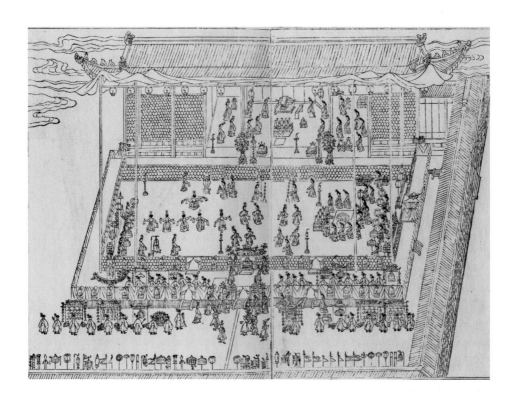

〈함녕전 야진연도〉는 『임인진연의궤』의
권수에 수록된 『도식』 중의 하나이다.
평행사변 구도로 배치된 함녕전의 모습과
주렴으로 구획된 공간 설비, 의장물의 배치 등
기본적인 설비는 〈함녕전 내진연도〉와 같다.
다만 야진연이므로 양각등 15쌍과 유리원화등
20쌍을 유둔 차일 밑에 걸었다.

화폭에 담긴 한식

〈함녕전 익일회작도〉는 본 진연과 야연을 마친 다음 날
황태자가 주관하고 진연청의 당랑과 며명부가 참석하는
연향으로서 황태자회작이라고도 한다.
함녕전을 포착한 시점과 구도는 〈함녕전 내진연도〉나
〈함녕전 야진연도〉와 동일하다.
다만 연향의 주관자와 참여자의 신분이 달라졌으므로
공간의 구획은 차이가 있다.

선묘조제재경수연도

〈선묘조제재경수연도〉 | 화권 | 19세기에 모사 | 종이에 채색 | 34.0×125.8cm | 고려대학교 박물관

노모에 대한 효심을
수연상과 상수주에 담아

　　70세 이상의 노모를 모신 재신(宰臣)들이 삼청동 관아에서 거행한 경수연 장면을 그린 것이다. 이 연회가 열리기 2년 전인 1603년 9월, 중추부동지 이거(李蘧)가 100세를 맞은 모친 채부인(蔡夫人)을 위해 열었던 연회를 계기로 여러 재신들이 노모를 위한 봉로계(奉老契)를 조직하여 개최하게 된 것이다. 계원 명단을 보면 강신, 박동량, 윤돈, 홍이상 등 13명과 입시 자제(入侍子弟) 7명 등 총 20명이다.

1592년(선조 25년)에 발발한 임진왜란이 7년 동안 지속되어 국가가 혼란에 빠져 있었기 때문에 선조는 연회에서 음악을 금했다. 이에 봉로계 계원인 진흥군 강신(姜紳), 공조판서 윤돈(尹暾), 동지중추부사 홍이상(洪履祥), 이조참판 한준겸(韓浚謙), 형조참판 남이신(南以信), 여흥군 민중남(閔中男), 병조참지 윤수민(尹壽民), 장악원첨정 권형(權洞) 등이 예조에 경수연에서 음악을 사용하게끔 허락해 달라는 단자(單子, 성명을 적은 글)를 올렸다. 이에 예조는 선조에게 단자를 포함하는 다음과 같은 글을 올렸다.

　　중추부동지 이거의 어머니 정부인[貞夫人, 정·종2품의 문무관 아내에게 내린
　　봉작(封爵). 숙부인(淑夫人) 위, 정경부인(貞敬夫人) 아래 품계] 채씨는 지금 연세가
　　102세로 이것은 예전에 없는 드문 일입니다. 노인을 존경하는 전하의 은혜를
　　특별히 받아 남다른 은전을 지금까지 거듭 내리셨습니다. 그리하여 은총과 영광이
　　비할 바가 없는 까닭에 온 세상이 칭송하고 있습니다.
　　강신도 홀어머니가 계시는데 70세가 넘었습니다. 강신의 어머니 정경부인 윤씨는
　　83세이고, 윤돈의 어머니 정경부인 남씨는 80세이며, 홍이상의 어머니 정부인
　　백씨는 78세입니다. 한준겸의 어머니 정부인 신씨는 74세이고, 남이신의 어머니
　　정부인 신씨는 70세이며, 민중남의 어머니 정부인 이씨는 84세입니다. 윤수민의
　　어머니 조씨는 82세이고, 권형의 어머니 김씨는 88세입니다.
　　그러므로 효도로 나라를 다스리는 때, 녹봉으로 봉양하는 영광을 받아 일찍이

봉로계를 조직하여 나라의 은덕을 함께 즐기고자 계획하였습니다. 이는 임금의
덕화 속에 있는 하나의 훌륭한 일입니다. 노인들이 움직이기가 쉬운 따뜻한 시기를
맞아서 여러 친분 있는 사람들이 한집에 모여 앉아, 채부인을 상석에 모시고
장수를 축하하여 술을 올리고자 합니다. 이렇게 함으로써 한편으로는 노인들의
마지막 회포를 위안하고, 한편으로는 자식들이 부모를 사랑하는 심정을 펼치고자
합니다.

이달(4월) 9일에 여러 자손들이 힘을 합쳐 자리를 마련하여 술과 안주를 차리고자
합니다. 염려되는 것은 전하께서 지시한 연회에서의 음악 금지로 인하여 이때
음악 한 곡조도 연주할 수 없습니다. 해서 강신 등은 음악을 사용할 수 있는 근거가
혹시 있나 예조에 문의하기에 이르렀습니다. 전례에 따라 지시하시어 부모를
위하는 자식들의 정성이 헛되지 않도록 해주시면 다행하기 그지없겠습니다.

이상이 단자 내용입니다만, 대체로 사대부들 사이에 늙은 부모를 위하여 장수를
축하하는 연회를 차릴 때 한 곡조의 음악을 사용하는 것은 원래 전란(임진왜란)
전에 있는 일이었습니다. 그러니 비록 음악을 쓰지 않는 시기라 하더라도 특별히
금하지 않고 허락하는 것은 원래의 옛 관례를 따르는 것입니다. 그러나 전란을
겪은 다음은 전란 전과 판이하여 의리상 마음대로 할 수가 없습니다. 강신 등은
어머니들이 모두 세상을 떠날 연세가 되었기 때문에 날을 받아 가지고 모여 앉아
한집에서 즐기려는 것이니 이야말로 임금의 덕화 중에서 하나의 훌륭한 일입니다.
음악을 금지하지 않음으로써 여러 사람들이 정성으로 부모를 사랑하는 심정을
펴게 하고 효도로써 나라를 다스리는 덕화를 크게 밝히도록 하게 하는 것이
어떻겠습니까.

이러한 청을 들은 임금은 "제의한 대로 시행하라"고 계하했다.

임금의 허락을 받고 개최된 뜻 깊은 연회가 선묘조(宣廟朝)의 수연(壽宴)이었으므로, 수
연의 경사(慶事)가 이루어졌음을 후대에 남기고자 한 것이 바로 〈선묘조제재경수연도〉
이다.

절목에 의하면 계원과 차부인(次夫人)들은 진시(辰時, 오전 7~9시)까지 대부인(大夫人)
들을 모시고 행사장에 왔으며, 여러 자제들은 해가 뜰 무렵에 모였다. 각 댁의 시비(侍

화폭에 담긴 한식

婢)는 2명을 넘지 않았다. 모든 예절과 치사(致辭)는 나이 든 의녀가 주관하였다.

중앙 북쪽에는 경수연의 주인공인 부인들의 연회 장면이다. 차일을 친 큰 공간에는 정면에 4명, 그 앞에 좌우로 각기 8명씩 모두 20명이 좌정하여 음식상을 받고 있다. 이거의 어머니인 102세의 대부인 채씨를 가장 상석에 모셨으므로

북쪽 벽에서 남쪽을 향하여 앉아 있는 2명의 여인 중 동쪽에 앉아 있는 시녀의 시중을 받고 있는 여인이 대부인 채씨이다. 대부인 채씨의 오른편에 앉아 있는 여인이 88세 권형의 어머니 대부인 김씨가 아닐까 한다. 좌석의 상석 순서는 북→동→서이므로 오른편 안쪽의 네 분은 민중남의 어머니 대부인 이씨(84세), 강신의 어머니 대부인 윤씨(83세), 윤수민의 어머니 대부인 조씨(82세), 윤돈의 어머니 대부인 남씨(80세)이고 왼편 안쪽의 네 분은 홍이상의 어머니 대부인 백씨(78세), 박동량의 어머니 대부인 임씨(75세), 한준겸의 어머니 대부인 신씨(74세), 남이신의 어머니 대부인 신씨(70세)로 경수연의 주인공들이다.

주인공들의 각각 앞에는 원반이 놓여 있는데, 원반 중앙에는 높게 고여 담은 약과가 차려져 있고, 약과에는 상화가 꽂혀 있다. 이 상화는 복숭아꽃일 것이다. 당시 격(格)이 있는 연회일 경우 연상(宴床)에 고임 음식으로 차렸던 가장 품격 있는 찬품은 약과였으며, 약과에 꽂는 상화는 연꽃 또는 복숭아꽃이었다. 그 밖의 찬품은 수육과 장, 초장이 아닐까 한다. 주인공들 뒤에는 머리에 꽃을 꽂은 며느리[次夫人]들이 자리하고 앉아서 시어머니[大夫人]를 보필하고 있다.

내외가 엄격하게 적용된 듯 무대 중앙에는 2명의 기생이 춤을 추고 있고, 이거로 보이는 사모를 쓰고 관복을 입은 한 남자가 상수(上壽)를 올리고 절을 하고 있다. 중앙 무대 앞에는 꽃[紅桃花]을 꽂은 꽃병[花尊] 2개가 준대(尊臺)에 올려져 있는데, 여자들로 구성된 해금·거문고·박·비파·장구 등을 연주하는 5명의 여악(女樂)이 서쪽에서 동쪽을 향하여 앉아 풍악을 울리고 있으며, 동쪽에는 북쪽을 향하여 흰색으로 된 술단지[酒尊] 두 개가 놓여 있다. 이 술은 상수주(上壽酒)이다. 화준 앞에서 머리에 꽃을 꽂은 2명의

남자가 춤을 추고 있다. 상수는 계원에 한하여 행하며, 상수가 끝난 후에는 두 사람이 짝을 이루어 춤을 춘다고 되어 있다.

연회가 열린 청사(廳舍)의 오른쪽에는 음식을 준비하는 조찬소(造饌所)에서 2명의 여인이 원반에 음식을 차려 눈썹까지 받들어 올려서 나르고, 왼쪽에는 행사의 주관자인 남자 계원들이 축하연을 하는 모습이다. 남자 계원 각각 앞에는 음식을 차린 원반이 놓여 있고, 남자들로 구성된 악대들이 음악을 연주하고 있다. 북 치는 남자가 손을 들어올려 막 북을 내리치려 하고 있다.

〈선묘조제재경수연도〉는 연회에서 음악을 금지한 임진왜란 후의 상황과 사대부가의 연회에서조차 내외가 엄격하여 남자들로 구성된 연회 공간, 여자들로 구성된 연회 공간이 별도로 존재하였음을 보여준다. 같은 맥락에서 남자 공간에서는 남악(男樂)이, 여자 공간에서는 여악(女樂)이 철저히 분리되어 있다.

〈선묘조제재경수연도〉는 1605년(선조 38년) 4월 신하들이

70세 이상의 노모를 모시고 벌인 경수연의 전모를

다섯 장면으로 나누어 그린 화권이다.

원화는 병자호란 중에 소실되어 1655년경에 다시 그린 것으로

의령남씨 가전화첩 중에 수록되어 있었다.

그림은 화권의 마지막 장면이다.

제1 장면은 사람들이 모이는 모습을, 제2 장면은 음식을 준비하는 과정을,

제3 장면부터 마지막 장면까지는 경수연의 모습을 묘사하였다.

참고문헌

- 『고종실록(高宗實錄)』
- 『국조속오례의(國朝續五禮儀)』
- 『국조오례의(國朝五禮儀)』
- 『선조실록(宣祖實錄)』
- 『예기(禮記)』
- 『진연의궤(進宴儀軌)』(1902)
- 『경도잡지(京都雜志)』
- 『규합총서(閨閤叢書)』
- 『도문대작(屠門大嚼)』
- 『동국세시기(東國歲時記)』
- 『동의보감(東醫寶鑑)』
- 『목민심서(牧民心書)』
- 『묵재일기(默齋日記)』
- 『본초강목(本草綱目)』
- 『부인필지(夫人必知)』
- 『북사(北史)』
- 『산림경제(山林經濟)』
- 『삼국지(三國志)』
- 『성재집(省齋集)』

- 『성호사설(星湖僿說)』
- 『세시기(歲時記)』
- 『세종실록(世宗實錄)』
- 『송남잡식(松南雜識)』
- 『수작의궤(受爵儀軌)』(1765)
- 『숙종실록(肅宗實錄)』
- 『시의전서(是議全書)』
- 『아언각비(雅言覺非)』
- 『어제국혼정례(御製國婚定例)』
- 『여유당전서(與猶堂全書)』
- 『여지도서(與地圖書)』
- 『열양세시기(洌陽歲時記)』
- 『영접도감의궤(迎接都監儀軌)』(1609)
- 『영조실록(英祖實錄)』
- 『옹희잡지(饔饎雜志)』
- 『용재총화(慵齋叢話)』
- 『음식디미방〔飮食知味方〕』
- 『의례(儀禮)』
- 『임원십육지(林園十六志)』

- 『자산어보(玆山魚譜)』

- 『제민요술(齊民要術)』

- 『朝國の冠婚葬祭』

- 『朝鮮の鹽政』

- 『조선만화(朝鮮漫畵)』

- 『조선무쌍신식요리제법
  (朝鮮無雙新式料理製法)』

- 『조선사정(朝鮮事情)』

- 『조선여속고(朝鮮女俗考)』

- 『조선요리제법(朝鮮料理製法)』

- 『朝鮮人の衣食住』

- 『조선잡기(朝鮮雜記)』

- 『주방문(酒方文)』

- 『주서(周書)』

- 『중종실록(中宗實錄)』

- 『증보사례편람(增補四禮便覽)』

- 『증보산림경제(增補山林經濟)』

- 『진연의궤(進宴儀軌)』(1719)

- 『진연의궤(進宴儀軌)』(1744)

- 『진찬의궤(進饌儀軌)』(1848)

- 『진찬의궤(進饌儀軌)』(1868)

- 『청장관전서(靑莊館全書)』

- 『태종실록(太宗實錄)』

- 『택리지(擇里志)』

- 『해동죽지(海東竹枝)』

- 『형초세시기(荊楚歲時記)』

- 『도서지』하, 충청남도, 1997.

- 『영접도감의궤(迎接都監儀軌)』(1609)

- 『원행을묘정리의궤(園幸乙卯整理儀軌)』

- 『진연의궤(進宴儀軌)』(1744)

- 『진연의궤(進宴儀軌)』(1779)

- 『진연의궤(進宴儀軌)』(1848)

- 『진작의궤(進爵儀軌)』(1873)

- 『삼국사기(三國史記)』

- 『농가월령가(農家月令歌)』

- 『전원사시가(田園四時歌)』

- 국립국악원, 『조선시대 연회도』,
  민속원, 2001.

- 국립국악원, 『조선시대 음악 풍속도 1』, 민속원, 2002.
- 국립민속박물관, 『어촌민속지』, 1996.
- 김대길, 『시장을 열지 못하게 하라』, 가람기획, 2000.
- 김상보, 『사도세자를 만나다』, 북마루지, 2011.
- 김상보, 『음양오행사상(陰陽預行思想)으로 본 조선왕조(朝鮮王朝)의 제사음식문화(祭祀飲食文化)』, 수학사, 1996.
- 김상보, 『조선시대의 음식문화』, 가람기획, 2005.
- 김상보, 『조선왕조 궁중의궤 음식문화』, 수학사, 1995.
- 김상보, 『조선왕조 혼례연향 음식문화』, 신광출판사, 2003.
- 김상보, 『한국의 음식생활문화사』, 광문각, 1997.

- 박정혜, 『조선시대 궁중기록화 연구』, 일지사, 2000.
- 방신영, 『조선요리제법』, 한성도서주식회사, 1917.
- 수원시, 『원행을묘정리의궤 역주』, 1996.
- 안길정, 『관아를 통해서 본 조선시대의 생활사』 상, 사계절, 2000.
- 이성우, 『한국식품문화사』, 교문사, 1984.
- 이성우, 『한국요리문화사』, 교문사, 1985.
- 정종수, 『사람의 한평생』, 학고재, 2008.
- 진단학회, 『한국사-근세 후기편』, 을유문화사, 1978.
- 한국고문서학회, 『조선시대 생활사』, 역사비평사, 2000.
- 한국역사연구회, 『조선시대 사람들은 어떻게 살았을까』, 청년사, 1996.
- 한국학중앙연구원, 『조선 후기 궁중연향문화』 권3, 민속원, 2005.

• 김상보, 「17·18세기 조선왕조 궁중연향
  음식문화」, 『조선 후기 궁중연향문화』 권1,
  민속원, 2003.

• 김상보, 「19세기의 조선왕조 궁중연향
  음식문화」, 『조선 후기 궁중연향문화』 권2,
  민속원, 2005.

• 김상보, 「19세기의 조선왕조 궁중연향
  음식문화」, 『조선 후기 궁중연향문화』, 민속원,
  2005.

• 김상보, 「충남의 젓갈과 식해 문화」, 『충남의
  민속문화』, 국립민속박물관, 2010.

• 김동철, 「서울상업」, 『조선시대 생활사』,
  역사비평사, 2000.

• 이종길, 「어촌생활」, 『조선시대 생활사』,
  역사비평사, 2000.

찾아보기

한
식
문
화
총
서
4

화 한
폭 식
에 담
  긴

2014년 2월   1판 1쇄 발행
2017년 10월   2판 2쇄 발행

기획   KFF 한식재단
              KOREAN FOOD FOUNDATION
글쓴이   김상보(대전보건대)
펴낸이   임상백
편집   Hollym 기획편집팀
디자인   Hollym 디자인팀
표지디자인   더그라프

펴낸곳   한림출판사
              Hollym

주소   (110-111) 서울 종로구 종로12길 15
등록   1963년 1월 18일 제 300-1963-1호
전화   02-735-7551~4   전송   02-730-5149
전자우편   hollym@hollym.co.kr   홈페이지   www.hollym.co.kr

ISBN 978-89-7094-818-8   04910

* 값은 뒤표지에 있습니다.
* 잘못 만든 책은 구입하신 곳에서 바꾸어 드립니다.
* 이 책에 담긴 사진은 모두 저작권이 있는 것으로 무단 전재와 무단 복제를 할 수 없습니다.